YVONE LENARD
Düfte der Provence

YVONE LENARD

Düfte der Provence

Deutsch
von Ingrid Altrichter

WUNDERLICH

Die Originalausgabe erschien 2000
unter dem Titel «The Magic of Provence.
Pleasures of Southern France» bei Elysian Editions,
an Imprint of Princeton Book Company, New Jersey
Im Einvernehmen mit der Autorin für die
deutsche Übersetzung bearbeitete Ausgabe
Redaktion Heiner Höfener

1. Auflage März 2001
Copyright © 2001 by Rowohlt Verlag GmbH,
Reinbek bei Hamburg
«The Magic of Provence. Pleasures of Southern France»
Copyright © 2000 by Yvone Lenard
Veröffentlicht in Übereinstimmung mit
The Doubleday Broadway Publishing Group,
A Division of Random House Inc.
Alle deutschen Rechte vorbehalten
Umschlaggestaltung any.way,
Barbara Hanke/Cordula Schmidt
(Foto: stone/Michael Busselle)
Satz Cochin PostScript, QuarkXPress 4.0
Gesamtherstellung Clausen & Bosse, Leck
Printed in Germany
ISBN 3 8052 0707 7

Die Schreibweise entspricht
den Regeln der neuen Rechtschreibung.

INHALT

Über Lavendel

*D*as Lavendelsträußchen am Anfang jedes Kapitels erinnert an die Pflanze, deren betörender Duft die Provence und ihren sinnlichen Reiz prägt.

Säckchen mit getrockneten Blüten werden zwischen die Laken im Wäscheschrank gelegt oder an Schubladengriffe und Fensterriegel gehängt. Lavendel besänftigt, heilt und fördert ruhigen Schlaf. Schon wenige Tropfen Lavendelöl vertreiben den Muff aus lange nicht benutzten Räumen. Frischer, unschuldiger Lavendelgeruch auf sonnenwarmer Haut ist der Duft des Sommers schlechthin. Er dient als Grundlage für berühmte Parfums wie Jicky von Guerlain, das Jacqueline Kennedy so gern gemocht hat, oder das erst kürzlich auf den Markt gekommene Lavande Velours aus demselben Haus.

Lavendel wächst fast überall, gedeiht aber am besten auf den Hochebenen der Provence (in tieferen Lagen wird der *lavandin* kultiviert, ein naher Verwandter des Echten Lavendels, der von ihm kaum zu unterscheiden ist). Wagen Sie sich in die Julisonne und besuchen Sie die Felder bei Valensole in der Haute-Provence, die sich gleich blauen und lila Teppichen bis zu den fernen Bergen erstrecken. Atmen Sie in tiefen Zügen ein, bis Sie trunken sind. Jede Pflanze wird von Bienen umschwirrt, die man eigens in ihren Körben hergebracht hat, damit sie himmlisch duftenden Lavendelhonig sammeln. Nach der Ernte pusten die Destillieranlagen allerorts ihre wohlriechenden Dunstschwaden in die Lüfte.

Auch Sie können an einem trockenen, sonnigen Fleck in Ihrem Garten oder auf Ihrer Terrasse Lavendel ziehen. Schneiden Sie die blühenden Reiser, lassen Sie sie trocknen, dann streifen Sie die kleinen Blüten ab und füllen sie in Säckchen. Wenn sie eins unter Ihr Kopfkissen legen, werden Sie von der Provence und ihren Wonnen träumen.

Der Prinz
und der Müllmann

Die Provence lächelte an jenem ersten Morgen, und so selten, wie wir Alkohol trinken, waren wir beide beschwipst, noch ehe es Mittag wurde.

Am Abend davor waren mein Mann und ich in unserem neuen Haus auf einem Hügel hoch oben im Luberon eingetroffen, im Herzen der Provence. Noch nicht an die Zeitverschiebung gewöhnt, hatten wir unruhig geschlafen und beinahe die ganze Nacht irgendwo Hähne krähen hören. Mit wachsendem Eifer begrüßten sie schließlich den Tag. Etwas später schien dann die Sonne durch die offenen Fenster herein und weckte uns vollends, während die Turmglocke gerade acht schlug. Als wir aufstanden, war es in den Räumen noch frisch, und die Bodenfliesen fühlten sich unter unseren Füßen kühl an.

Nichts zu essen im Haus, doch vor lauter Jetlag spürten wir keinen Hunger. Wayne machte sich alsbald in einem gemieteten Lastwagen auf den Weg nach Marseille, wo er während der knappen Öffnungszeiten des Zollamts die Kisten zu finden hoffte, die wir von den Staaten aus per Schiff vorausgeschickt hatten.

Kaum allein, wanderte ich von Zimmer zu Zimmer, erkundete das noch nicht vertraute Domizil und frohlockte über das Abenteuer. Glück und Erwartung hingen in der Luft wie die leuchtenden Staubkörnchen im Sonnenlicht, das in Streifen durch die zum Schutz vor der aufkommenden Hitze bereits halb geschlossenen Fensterläden einfiel.

Oberhalb des Hauses stand die Burg, die uns bei unserem ersten – und einzigen – Besuch im Dorf so bezaubert hatte. Ihre rote Fahne mit dem goldenen Löwen knatterte im Wind. Plötzlich brachen aus einem offenen Turmfenster Klavierklänge hervor und sprudelten gleich einer Kaskade über die Zinnen talwärts. Jemand spielte Chopin. Nicht die zögernden Finger eines Kindes. Eine sichere, geübte Hand spann Töne zu schwereloser Musik. Wie angewurzelt stand ich da und verlor mich in Träumereien. Waren wir etwa, ohne es zu wissen, in ein Feenreich geraten?

Das laute Klappen der Küchentür riss mich aus meiner Trance. Später sollte ich noch lernen, dass Besucher in der Provence von formelleren Eingängen keine Notiz nehmen, durch die Küchentür hereinspazieren und sich nicht einmal die Mühe machen anzuklopfen, sondern nur rufen: «*Y a quelqu'un?*» Jemand zu Hause? So fand ich mich Auge in Auge mit einem hoch gewachsenen, gut aussehenden blonden Mann in den Dreißigern wieder, der eine bauchige Korbflasche mit Henkel in der Hand hielt.

Er stellte sich nicht vor, ergriff jedoch meine Fingerspitzen und beugte sich tief über sie. «*Salut*», sagte er, «wir haben erfahren, dass Sie angekommen sind. *Il faut arroser ça*, das muss begossen werden. Haben Sie

Gläser?» Aus dem noch recht leeren Geschirrschrank förderte ich zwei Gläser zutage und spülte sie, während ich unablässig überlegte: Das kann kein Dörfler sein, dazu ist er viel zu leger gekleidet. Einheimische machten Fremden vermutlich nicht in abgeschnittenen Jeans und einem in der Taille geknoteten Hemd ihre Aufwartung. Aber *wer* mochte er sein?

Er füllte die Gläser mit Roséwein. «Probieren Sie den», drängte er mich. «Hab ihn gerade aus der Kellerei unten geholt. Unser Rosé ist der beste in der ganzen Provence. Er verträgt zwar keinen Transport und lässt sich nicht lange lagern, aber wenn er jung ist ... Wie die Jungfrau Maria in Seidenhöschen. Schmeckt er Ihnen? Er ist noch kühl vom Fass.»

Der klare, hellrote Wein roch und schmeckte fruchtig. Ein unmerkliches Prickeln auf der Zunge, und er floss in der Tat ganz leicht die Kehle hinunter. «Na dann», fuhr mein Besucher fort, «auf Ihre Gesundheit und willkommen! Hoffentlich gefällt es Ihnen hier. Die meisten Dörfer im Luberon haben schon ein paar amerikanische Einwohner, aber anscheinend holen wir jetzt auf.» *Wir?* Er und wer noch? Das hätte ich gern gewusst. *«Cul sec!»*, sagte er schließlich. Ex! Dann füllte er erneut unsere Gläser.

Ich habe genügend Kinderstube, um Gästen einen Platz anzubieten, also bat ich ihn auf die Terrasse, wo er wenigstens auf der niedrigen Einfassungsmauer hätte sitzen können, oder vielleicht ins Wohnzimmer. Doch das reizte ihn nicht.

«Hier sitzt sich's viel besser», erklärte er. «Die Fliesen sind hübsch und kühl. Da, auf dem Boden.» Und er machte mir vor, wie man sich, die Füße auf den Steinstufen, in den Kücheneingang setzt, klopfte dabei auf den Platz neben ihm und stellte die Weinflasche zwischen uns. Zaghaft, dennoch entzückt, setzte ich mich ebenfalls auf die Türschwelle.

Wer, *wer* in aller Welt konnte das sein? Sein lässig geknotetes Hemd hatte keine Knöpfe, dafür trug er einen Siegelring, jedoch mit beinahe abgewetzter Gravur. Auch kein Fingerzeig. Zweifellos kannte ich ihn nicht, aber trotzdem kam er mir irgendwie bekannt vor. Ein Schauspieler vom Fernsehen oder vom Film? In der französischen Prominenz bin ich nicht sehr bewandert. Blondschöpfe sind allerdings rar in diesem mediterranen Landstrich voll dunkelhaariger Menschen mit olivenfarbenem Teint. Aber dieses Profil, diese hellen blauen Augen, die hohe Stirn und die etwas wuchtige Kinnlade, weshalb meinte ich nur, ich hätte dieses Gesicht schon einmal irgendwo gesehen? Eine Kette mit einem schweren goldenen Siegel hing um seinen Hals, und ich verrenkte mir so unauffällig wie möglich den meinen bei dem Versuch, aus der Gravur schlau zu werden. Waren es vielleicht Initialen oder sonst ein Hinweis? Während ich so tat, als winde ich mich in eine bequemere Sitzposition, gelang mir ein verstohlener Blick darauf. In die Siegelplatte war so etwas wie ein doppelköpfiger Adler eingraviert, womöglich das Wappen eines Königshauses.

Natürlich, jetzt konnte ich mir erklären, weshalb dieses ansprechende Gesicht mit dem kantigen Kinn in mir eine Art Déjà-vu-Gefühl ausgelöst hatte. Obgleich mich der Rosé immer mehr besäuselte, fügte ich schließlich eins zum anderen. Sowohl die aristokratische Ausstrahlung des Mannes als auch seine Lässigkeit verrieten die hohe Geburt. Ja, das war's! Vor einigen Jahren hatte eine Reportage in *Town and Country* meine Aufmerksamkeit erregt. Das Aufmacherfoto zeigte ein hübsches Mädchen: lächelnd, mit Grübchen, auf der Terrasse einer Burg in der Provence, Arm in Arm mit ihrem Verlobten. Sie, so stand da zu lesen, war aus berühmtem Geschlecht, die Nichte eines Herzogs und eine angehende Konzertpianistin, er ein Spross der Königsfamilie eines anderen europäischen Landes. Wenn sein Vater auch etwa zehn Jahre davor bei einem Militärputsch oder einem sonstigen politischen Umsturz seinen Thron verloren hatte, so war *er* doch ganz und gar königlichen Geblüts. Zur Hochzeit in der provenzalischen Burg – in ebenderselben, die da vor mir aufragte und die ich nach den Bildern von damals wieder erkannte – hatten sich gekrönte und ungekrönte Häupter sowie die gesamte Dorfbevölkerung eingefunden. Die Festlichkeiten gipfelten darin, dass auf der Wiese *Farandole* getanzt wurde und ein Feuerwerk das ganze Tal erhellte.

Bedenkt man, wie unbeständig Politik ist, dann könnte der Mann, der jetzt in meinem Mücheneingang saß, mein Glas wieder nachfüllte und unmittelbarer Anwärter auf einen Thron war, eines Tages durchaus als Nachfolger seines Vaters König werden. Unmöglich? Nicht, wenn die Staatsbürger seines Landes der Militärjunta oder eines beliebigen anderen Regierungssystems ohne höfischen Glanz überdrüssig wurden und beschlossen, dass es zur Belebung ihrer Boulevardblätter spannender wäre, wieder einen eigenen König, eine Königin sowie Prinzen und Prinzessinnen zu haben, um bei Geschichten über höfische Skandale nicht mehr auf die Engländer und andere angewiesen zu sein.

Wie benimmt man sich in Gegenwart eines Mitglieds einer Königsfamilie? Man stand wohl zumindest einmal vom Küchenboden auf, also tat ich das. Er sah mich an.

«Was ist? Mögen Sie den Rosé nicht?»

Ich kann keinen Hofknicks machen. Außerdem wäre das ohnehin schwierig gewesen vor jemandem, der auf dem Fußboden saß.

«*Monseigneur*, Eure Hoheit ...», stammelte ich, «ich finde, es ist nicht angebracht, dass ich in Gegenwart eines Mannes, der König sein könnte, sitzen bleibe.»

Er lachte lauthals.

«*C'est pas demain la veille.* Dafür ist die Zeit noch nicht reif, weder morgen noch übermorgen, bis dahin können Sie also nicht gut stehen bleiben. Irgendwann müssen Sie sich doch wieder hinsetzen. Übrigens, auf Französisch heiße ich Louis.»

Da nannte ich ihm meinen Namen.

«Ich weiß», antwortete er. «Soviel ich gehört habe, warten schon alle auf Sie, und jeder ist neugierig. Trotzdem hätte es niemand gewagt, so bei Ihnen hereinzuplatzen wie ich.»

Das Klavier, das eine Weile geschwiegen hatte, ließ von neuem die Flut seiner Töne strömen.

«Akustische Umweltverschmutzung?», fragte er zwinkernd. «Falls es Sie stört, kann ich meiner Frau sagen, sie soll das Fenster zumachen. Sie übt für eine Chopin-Konzerttournee im Herbst.» Er lächelte. «Und sie ist angeblich die Beste.» Kein Wunder also, dass ich kurz zuvor so bezaubert gewesen war.

Darauf schickte er sich an, wieder zu gehen, fügte aber noch hinzu:

«Übrigens, ehe ich's vergesse, ich soll Ihnen ja etwas ausrichten: Die Duchesse, die herzogliche Tante meiner Frau, möchte Sie und Ihren Mann zu einem Mittagessen in der Burg einladen, am Mittwoch in einer Woche. Ganz zwanglos, hauptsächlich Familie. Ich hoffe, Sie können kommen und – auf glückliche Tage im Luberon!» Dabei schenkte er den restlichen Rosé ein und erhob sein Glas. Dann beugte er sich erneut über meine Hand und schritt, die Melodie des Klaviers mitpfeifend, davon.

Halten Sie mich für einen Snob, aber mir war, als sollte ich gläserne Pantoffeln statt Sandalen an den Füßen tragen, und der Rosé dämpfte auch nicht gerade das Gefühl, durch das Kaninchenloch direkt in ein Wunderland gestapft zu sein.

Mir drehte sich alles und ich schüttelte noch immer den Kopf – nein, dachte ich, ich kann unmöglich *betrunken* sein, es ist nur ein netter, kleiner Schwips –, als die Küchentür schon wieder aufging. Kommt der Prinz so schnell zurück? Ich hätte mich wenigstens frisieren sollen. Aber nein. Ein kleiner, weißer Lastwagen hatte in der schmalen Einbahnstraße vor unserem Haus gehalten. Die Aufschrift *Sanitation* ließ darauf schließen, dass es sich um die Müllabfuhr handeln musste. Ein rotgesichtiger, stämmiger Mann mit einer Gauloise im Mundwinkel stand im Eingang. Er tippte sich an die Baskenmütze, schüttelte mir die Hand und erklärte, dass er, Monsieur Bérange, und sein junger Helfer (der anscheinend nicht aussteigen durfte) für das Entsorgen der Abfälle und für die öffentliche Sauberkeit zuständig seien. Er habe unsere *volets*, unsere offenen Fensterläden, bemerkt, also waren wir wohl da und unser Müll musste abgeholt werden.

«Wir kommen jeden zweiten Tag vorbei, früh am Morgen. Stellen Sie Ihre *ordures* raus und passen Sie auf, dass der Deckel richtig zu ist, sonst zerren streunende Katzen und Hunde Ihren Abfall durch die Gegend, und so steil, wie dieser Hang da ist, rollen leere Dosen und so Zeug bis in den unteren Teil vom Dorf runter.»

Während ich mich bei ihm bedankte, löste Waynes Ankunft mit dem gemieteten Lastwagen in der schmalen Straße einen größeren Verkehrsstau aus, worauf beide Männer erst einmal mit viel Geschick die Fahrzeuge rangieren mussten. Danach kam Monsieur Bérange noch einmal herein, in der eindeutigen Absicht, den Herrn des Hauses kennen zu lernen und sicherzugehen, dass seine Worte auch an die zuständige Adresse gelangten.

Auf dem Rückweg hatte Wayne eiserne Rationen angeschafft, und als er die Einkaufstüten auf den Küchentresen stellte, sah Monsieur Bérange aus einer den Hals einer Flasche Pastis, des bevorzugten Aperitifs der Provence, herausragen.

«Ist ja auch schon fast Zeit für den Aperitif», stellte er unverblümt fest. Wayne, der sich schnell den jeweiligen örtlichen Sitten anpasst, spülte die beiden Gläser, goss in jedes einen Fingerbreit Pastis und füllte es mit Leitungswasser auf.

«Aha, Sie mögen Ihren Pastis nicht zu stark, genau wie ich – *manchmal*, zum Beispiel wenn ich im Dienst bin», bemerkte Monsieur Bérange. Sie stießen an,

Monsieur Bérange fasste sich mit einem Blick in meine Richtung wieder höflich an die Baskenmütze und trank sein Glas in einem Zug leer. Da Wayne den Wink mit dem Zaunpfahl verstanden hatte, schenkte er von neuem ein, diesmal gut zwei Fingerbreit Pastis.

«Brrr!», bremste ihn Monsieur Bérange. «Soll ich vielleicht trinken wie ein *Américain*?» Trotzdem kippte er auch seinen zweiten Pastis ohne abzusetzen, dann leckte er sich die Lippen und entschwand nach überschwänglichem Händeschütteln mit der Zusicherung: «*A votre service.*» Niemand hatte mich aufgefordert, an diesem Umtrunk teilzunehmen, das war reine Männersache. Wohlerzogene Ladys zechen nicht mit Männern in der Küche. Es sei denn, dachte ich selbstgefällig, in Gesellschaft eines Prinzen. In meinem Kopf drehte sich inzwischen auch so schon alles immer schneller, ich hatte sogar Mühe, überhaupt gerade zu stehen, und, um die Wahrheit zu sagen, keinerlei Bedürfnis nach einem Schluck aus irgendeiner Pulle.

Dafür konnte ich es kaum abwarten, Wayne meine Geschichte zu erzählen, die er mir einfach nicht glaubte. Er litt noch unter dem Jetlag und war, wenn überhaupt, höchstens ein Gelegenheitstrinker, aber gewiss nicht an harte Getränke morgens um elf auf leeren Magen gewöhnt. Sein Blick verschwamm, er schwankte, geriet sichtbar aus dem Lot und hielt sich am Tresen fest, um nicht das Gleichgewicht zu verlieren. Doch ich blieb hartnäckig.

«Ich will dir bloß erzählen, dass heute Morgen ein Prinz da war. Er hat eine Korbflasche voll Rosé mitgebracht und …»

«Eine Korbflasche voll Rosé? Du hast den ganzen Vormittag Rosé getrunken?»

«Nein, nicht den *ganzen* Vormittag. Nur ein paar Glas, *glaube ich*.»

«Kein Wunder, dass du so betrunken aussiehst.»

«Hör doch zu, Wayne! Es war ein Prinz. Er hat gesagt ...»

«Du musst sehr, sehr betrunken sein», erklärte er streng. «Wirklich sehr betrunken. Ein Prinz? Das war *kein* Prinz. Es war der Müllmann. Ich hab ihn auch gesehen. Er ist eben weggegangen.»

Und so kam es, dass wir schließlich viel lachten und den ganzen Nachmittag unsere Promille ausschliefen. Um sechs wachten wir auf, wieder nüchtern und hungrig wie die Wölfe.

«Ich hab nicht nur Hunger», stellte Wayne gähnend fest, während er sich das Haar aus der Stirn strich, «ich hab auch Durst.»

«Haarspitzenkatarrh? Soll man da nicht mit dem weitermachen, womit man aufgehört hat?», neckte ich ihn und erwartete von meinem für gewöhnlich so abstinenten Ehemann eine Moralpredigt über die üblen Folgen des Trinkens. Ich wusste ja nicht, dass die Provence ihn bereits umgarnte und seinen Sinn für die Freuden des Augenblicks weckte.

«Nein ... heute Abend wirklich keinen Pastis mehr. Den spare ich mir für früher am Tag auf. Weißt du was, ich mixe uns einen Kir, während du dich fertig machst. Dann gehen wir irgendwo gut essen. Wetten, dass wir da nicht lange suchen müssen. Und du beeilst dich, ja?»

Unter dem kalten Strahl der Dusche überlegte ich

unablässig, ob mir an diesem Morgen tatsächlich ein Prinz einen Besuch abgestattet hatte. Doch eins stand wohl fest: Das Glück hatte uns an einen Ort verschlagen, der noch so manches bereithalten mochte, was an ein Wunder grenzte.

Trinken Sie zur Aperitifzeit einen Pastis oder einen …

Kir und seine Variationen

Der Aperitif, vor dem Essen getrunken, regt den Appetit an. Obwohl man in der Provence überwiegend dem Pastis zuspricht, wird auch der Kir hier ebenso serviert wie andernorts.

Nachdem der Kanonikus Felix Kir zum Bürgermeister von Dijon gewählt worden war, sah er es als seine Pflicht an, die besten Produkte der Region zu fördern: weißen Burgunder und schwarze Johannisbeeren, die auf Französisch *cassis* heißen, in rauen Mengen gezogen und zu einem Likör gleichen Namens verarbeitet werden. Deshalb ersann er ein köstliches Getränk aus Burgunder und Cassis, den nach seinem Erfinder benannten *Kir*.

Der klassische Kir

Gießen Sie in ein langstieliges Weinglas gut einen Esslöffel Cassis und füllen Sie es zu drei Vierteln mit sehr kaltem weißem Burgunder auf. (Chardonnay ergibt einen ausgezeichneten Kir.)

Der Kir Royal

Benutzen Sie als Gläser Tulpen oder Champagner-
flöten, die Sie vorher in die Gefriertruhe oder ins
Tiefkühlfach gelegt haben, damit sie hübsch bereifen.
Gießen Sie den Cassis ein und füllen Sie mit sehr
kaltem Champagner auf.

Variationen des Kir

Der Aperitif des Hauses. In guten Restaurants
sollten Sie stets fragen, ob es einen *apéritif maison*
gibt. Die meisten haben einen und es ist oft
eine Art Kir.
Im Luberon serviert die Auberge de L'Aiguebrun
eine Mischung aus Champagner und einem Likör
aus Walderdbeeren. Die Hostellerie des Fines-
Roches, ein Weingut in Châteauneuf-du-Pape, verwendet Pfirsichlikör. Unsere Freunde aus Memphis,
Tennessee, waren erst skeptisch – ist das nicht zu
süß? –, hielten dann aber auf dem Rückweg eigens
an, um Champagner und eine Flasche dieses Likörs
zu kaufen. Sie meinten, der Drink würde gut zum
Frühstück am nächsten Morgen passen,
als Start in den Tag.
Roger Vergé, der Küchenchef des berühmten Moulin
de Mougins, empfiehlt, statt des Weins weißen
Wermut zu nehmen, mit Himbeerlikör.

Ein Kir Bistro

Der *cardinal* wird aus Rotwein und Cassis gemischt
und in schweren, für Bistros typischen Gläsern serviert. Wer sich nichts aus Weißwein oder Champagner macht, kann sich also einen *cardinal* bestellen.

Wir kauften ein Haus in der Provence!

Wir leben und arbeiten in Kalifornien. Dennoch kauften und restaurierten wir beinahe unbeabsichtigt ein baufälliges Haus in einem Bergdorf der Provence. Das überraschte uns selbst ebenso wie alle anderen.

Etwa ein Jahr davor waren wir für einige Zeit nach Aix-en-Provence berufen worden. Wir kannten die Region nicht richtig, da wir nur wenige Male durchgefahren waren – auf dem Weg an die Riviera, die, wie ich zugeben muss, mit den stetig wachsenden Menschenmassen und Abgasschwaden jedes Jahr ein wenig mehr von ihrem Charme einbüßt. Oh, wir hatten die kühle Geruhsamkeit auf den von Platanen überschatteten Straßen genossen, hatten da und dort einen Blick auf felsige Landschaften erhascht, alte Städte passiert und eine Weile in Cafés gesessen, deren Sonnenschirme wie Blumen aus den Gehsteigen wuchsen. Aber von einem kurzen Aufenthalt unter mörderischer Sonne abgesehen, hatten wir dort nicht verweilt, nie eigene Erfahrungen mit dem Leben in der Provence gesammelt, nie an ihm teilgehabt.

Die Provence? Eher *die Provencen*, denn die Region hat viele Gesichter. In kleine Buchten am Mittelmeer, an den ewigen «dunklen Wassern», durch die Homers Helden gesegelt sind, schmiegen sich die Fischerdörfer der Küste. Mögen sie heute auch Urlaubsorte sein, so haben sie sich trotzdem ihren dörflichen Charakter bewahrt, und an Sommerabenden sitzen Einheimische auf den Bänken längs der Kais. Und die Städte sind in all ihrer Geschäftigkeit stolz auf die Ehre, die ihnen ihre römischen Eroberer haben angedeihen lassen: Die ehemalige Hauptstadt Arles lagert sich um das gewaltige Amphitheater, das noch heute für Stierkämpfe und derlei Veranstaltungen ausgiebig genutzt wird. Doch schon lange vor dem Einfall der Römer hatten die Griechen hier ihre Handelsniederlassungen. Marseille war das um 600 v. Chr. von den Phokäern gegründete Massalia; Antibes – das frühere Antipolis – wurde so genannt, weil es *gegenüber der polis* Nikaia lag, dem heutigen Nizza, dessen Name auf die Siegesgöttin Nike zurückgeht.

Aber es gibt auch die steinige Provence, einen verwitterten Landstrich, den das schroffe, wie ausgebleichte Knochen anmutende Kalkgebirge der Alpilles, der kleinen Alpen, durchzieht. Und es gibt die Provence der Hochebenen, über die Lavendelfelder gleich blauen Schleiern wallen, so weit das Auge reicht, während in der Provence der Obstgärten unter der orgiastischen Sonne Pfirsiche und Aprikosen in verschwenderischer Fülle reifen. Nicht zu vergessen die Provence der Weingärten, wo die *côtes*, die Rebhänge des Rhônetals, die kräftigen Côtes-du-Rhône-Weine hervorbringen, von denen der Châteauneuf-du-Pape am meisten gepriesen wird. In wieder einem anderen Teil der Provence trotzen frühe Gemüse dem Winter, Spargel schieben bereits im Februar ihre lila Köpfe aus dem Boden, und die kleine Kantalupemelone aus Cavaillon parfümiert sommerliche Gerichte mit ihrem aromatischen Duft. Heutzutage dehnen sich überall Sonnenblumenfelder aus und versprechen einträgliche Ernten. Die hochgezüchteten Hybriden, die sich entgegen der weit verbreiteten Meinung von der Sonne wegdrehen und nicht zu ihr hin – wir wissen es, denn wir haben sie vom Auto aus heimlich dabei beobachtet –, weisen nicht mehr viel Ähnlichkeit mit den wilden, zerzausten *tournesols* aus van Goghs Zeiten auf.

Und dann gibt es da noch die Höhendörfer, *les villages perchés*, die Bergkuppen krönen oder sich an deren Abhängen hinunterziehen. Schwer zugänglich, waren sie im Mittelalter von Menschen erbaut worden, die Schutz suchten vor den Schrecken plötzlicher Überfälle der Piraten aus den Barbareskenstaaten, dem heutigen Nordafrika.

Diese Höhendörfer faszinierten mich. Malen Sie sich einmal aus, wie sie sich da oben an ihre strategisch günstige Kuppe klammern: ein Gewirr fahler, jahrhundertelang von der Sonne durchglühter Dachziegel, von Festungsmauern umgeben. Ganz oben steht die Burg, deren Turm der höchste Aussichtspunkt ist. Die Kirchenglocken rufen zum Gebet oder läuten bei einem drohenden Angriff Sturm. Obwohl die Dörfer aus der Ferne ziemlich intakt wirken, zeigt sich leider bei näherem Hinsehen oft, dass die Burg nur noch eine Ruine ist, die Kirchenglocken inzwischen schweigen und in den Gassen zwischen leer stehenden Häusern Schutt liegt.

Da seit langem keine Piratenüberfälle mehr zu befürchten sind, ist es nicht verwunderlich, dass jüngere Generationen lieber weiter unten inmitten ihrer Felder komfortablere Häuser gebaut haben. Der dreifache Schutz durch Festungsmauern, Burg und Kirche hatte nämlich auch einen Preis gefordert: wenig Lebensraum, am Morgen ein weiter Weg ins Tal hinunter und nach einem anstrengenden Arbeitstag der steile Rückweg mit den schweren Werkzeugen, oft bei noch sengender Sonne oder in beißendem Mistral. Deshalb haben die Kinder nach dem Tod der Eltern tragende Balken aus den Dachstühlen entfernt – ein Trick, der ein Haus unbewohnbar macht und damit von der Steuer befreit – und den Rest dem Wetter überlassen. Unterdessen konnten sie ihre eigenen Kinder im vergleichsweise größeren Komfort der neuen, geräumigen Häuser großziehen.

Trotz dieser Trostlosigkeit wurde ich nie müde, die gewundenen, schmalen Straßen zu erkunden, die ins Herz dieser Dörfer führen, und jedes Mal war ich traurig, wenn ich verrottende Fassaden, bröckelndes Mauerwerk und eingesunkene Dächer vorfand. Nur noch wenige Häuser waren bewohnt. Und dennoch tauchten die ersten Anzeichen einer Erneuerung auf: Inmitten der Ruinen zeugten schön restaurierte Anwesen, die meistens Ausländern gehörten, davon, dass dem weiteren Verfall des Dorfes Einhalt geboten wurde.

Oft fragte ich mich, wie es wohl sein mochte, in einem dieser selbstgenügsamen Dörfer zu leben, die in meinen Augen mehr mit einer Korallenbank, mit organisch Gewachsenem, zu tun hatten als mit Architektur. Ich phantasierte davon, durch ein kleines Fenster in diesen dicken Mauern – zweifacher Schutz gegen Sonne und Wind – auf Weingärten, Olivenhaine und Sonnenblumenfelder hinunterzublicken. Oder auf Lavendelfelder in Myriaden verschiedener Schattierungen, denn die vielen Sorten haben jeweils eigene Farbtöne. Würde es mich frustrieren, wenn mir bei dem Versuch, das ineinander verschwimmende Gewoge zu beschreiben, keine besseren Wörter als malvenfarben, lila und blau einfielen? Derlei Gedanken gingen indes nie über das Stadium flüchtiger Träumerei hinaus, denn wir hatten bereits ein Zuhause, allerdings in ganz anderer Umgebung: am Pazifik, in Malibu, Kalifornien. Dennoch muss der Gedanke, auf einem Berg in der Provence zu wohnen, direkt in mein Unterbewusstsein geflattert sein und dort Wurzeln geschlagen haben.

Zehn Monate in der quirligen Stadt Aix-en-Provence waren eine großartige Erfahrung. Und das Kostbarste daran: wir gewannen dort so gute Freunde, dass wir wussten, es würde uns schwer fallen, sie zu gegebener Zeit verlassen zu müssen. Freunde wie Bill Hope, ein Amerikaner aus dem tiefen Süden, der seinem Wesen nach aus einem Stück von Tennessee Williams oder einem Roman von Truman Capote hätte stammen können. Zum ersten Mal war er als Student in die Provence gekommen und später zurückgekehrt, um hier zu leben – und zu sterben, was er schließlich auch getan hat. Ebenso Poet wie opernbesessener Musik-

wissenschaftler, war er bereit, jedem den Kampf anzu-
sagen, der Rosa Ponselle nicht als die einzige wahre
Diva anerkannte, und er las Poes *The Raven* oder
Annabelle Lee, dass es einem kalt den Rücken hinunter-
lief, oder verlieh den Versen von Langston Hughes
den Akzent der Schwarzen aus den Südstaaten. Er
wohnte in einem ehemaligen, mehr oder minder zu
Apartments umgebauten Kloster.

Als wir ihn kennen lernten, lud er uns dorthin ein:

«Kommt mal abends vorbei, kurz vor Sonnen-
untergang. Dann mixe ich euch meine berühmten
Manhattans und zeig euch den Cézanne auf meinem
Balkon.»

Bills Balkon, eher eine breite Steinterrasse, lag genau gegenüber der von Cézanne so oft gemalten Montagne Sainte-Victoire. Der pyramidenförmige Berg
füllte den Horizont, und wir sahen zu, wie er sich bei
Einbruch der Nacht von Goldtönen in ätherisches
Azur verfärbte. Dabei fühlten wir uns wirklich in ein
Gemälde von Cézanne hineinversetzt.

Als musikalischer Berater der Marseiller Oper bekam Bill Karten für die sonntäglichen Frühvorstellun-
gen. Noch nie hatten wir Winternachmittage so voller
Musik verbracht. Wir sahen *Faust, Carmen, Ein Mas-
kenball, Madame Butterfly*, den *Bajazzo* und den *Rosenka-
valier*, auch Operetten wie *Die Fledermaus* oder *Cibou-
lette*, für die der Regisseur einen lebenden Esel, einen
Hummer, Hühner, Kaninchen sowie Tauben als Mit-
wirkende auf die Bühne brachte. Nach der Vorstellung aßen wir in einer kleinen Kneipe hinter dem
Theater, in der sich auch die Künstler einfanden, noch
eine Fischsuppe oder eine Calzone, dann fuhren wir

im Dunkeln nach Hause und Wayne pfiff – vollkommen richtig – die Arien, an die er sich am besten erinnerte. Oft redeten wir darüber, wie hoffnungslos langweilig dagegen die Sonntagnachmittage in Kalifornien wieder sein würden. Rechnungen bezahlen und liegen gebliebene Post beantworten, unser üblicher Zeitvertreib, konnten da nicht mithalten.

Und schließlich bescherte mir das Leben in der Provence eines der allerschönsten Geschenke: eine wahre Freundin. Elisabeth verkörpert den ganzen Charme, die Wärme und die zu Herzen gehende Großzügigkeit des Landes. Da Wayne Namen immer abkürzt, erklärte er sie sofort zur *Liz*. Und ich fand in Liz die Schwester, die ich nie gehabt hatte, die beste Freundin, nach der ich nie Ausschau zu halten wagte. Der Abschied würde eine schmerzliche Leere hinterlassen. Dennoch hatten wir uns mit dem unvermeidlichen Aufbruch abgefunden, auch wenn wir vage Pläne schmiedeten, «eines Tages» in die Provence zurückzukehren.

Wir hatten beschlossen, am Abend aus Aix abzureisen und nachts nach Paris zum Flugplatz zu fahren, um sowohl den Verkehr als auch die Hitze des Tages zu meiden. Die Ausrüstung war verpackt, der letzte Koffer geschlossen. Liz und ich umarmten einander unter Tränen, und weil Bill nicht wusste, was er sagen sollte, schimpfte er mit jedem. Als unsere Freunde gegangen waren, ließ Wayne das Auto noch warten, und ich blieb für eine Weile allein.

In sehr melancholischer Stimmung versuchte ich, das Beste aus diesen Augenblicken des Abschieds zu machen, und schlenderte ein letztes Mal zum Cours Mirabeau, in der traurigen Erkenntnis, dass ich zwar bald fort sein würde, aber ein Stück meines Herzens in dieser Stadt zurückblieb.

Der bezaubernde Cours Mirabeau ist der belebteste Platz von Aix-en-Provence, eine breite Avenue mit einer Doppelreihe prächtiger Platanen, die Schatten spenden und deren Kronen gleich dem Deckengewölbe einer Kathedrale ineinander wachsen. In den mit Moos überzogenen Brunnen plätschert Thermalwasser, und in den zahllosen Cafés auf der linken Seite drängen sich Touristen und Studenten, viele Studenten, denn Aix ist eine alte Universitätsstadt.

Aber anstatt mich müßig hinzusetzen, etwas zu trinken und dabei Leute zu beobachten, wie ich es oft getan hatte, ging ich plötzlich mit unbewusster Zielstrebigkeit auf der rechten Straßenseite, wo sich keine Cafés auf den Gehwegen ausbreiten. Dort säumen nur Banken, Bürohäuser und ein paar Läden den Cours. Ehe ich mich's versah, hatte ich die *Agence des Thermes* betreten, ein Maklerbüro, das mir zuvor noch nie aufgefallen war. Selbst völlig verblüfft, hörte ich mich fragen:

«Haben Sie Häuser zu verkaufen? In einem Bergdorf?»

Was war bloß in mich gefahren? In drei Stunden würden wir abreisen, ohne die Aussicht, jemals hierher zu ziehen oder auch nur in absehbarer Zukunft wiederzukommen. Ich versuchte, mich selbst zu beruhigen, dass es ja nur ein Spiel sei.

«Ein Haus in einem Bergdorf?», hauchte die Maklerin. «Was für ein Glück für Sie! Zufällig haben wir etwas Reizendes in Ventabren. Dürfte genau das Richtige für *Sie* sein.» Wir waren einmal in Ventabren: ein malerisches Dorf auf einem Hügel zwischen Aix und Marseille. Wegen seiner Nähe zu zwei großen Städten war es bereits übermäßig restauriert, mit einem gewaltigen Hang zu Pseudorustikalem und kitschigen Antiquitätenläden. «Sie werden von diesem Haus begeistert sein», schwärmte die Dame. «Es hat sogar eine Kellerbar.»

Wir werden nichts kaufen, sagte ich mir. Aber ansehen kostet ja nichts. Bis zum Abendessen war noch Zeit. Ein verdutzter Wayne, telefonisch herbeigerufen, ließ mir lieber großmütig meinen Willen, als dass er mich vor der Maklerin bloßstellte.

Lange Schlangen aus Marseiller Autos wanden sich wie eine Ameisenkarawane nach Ventabren hinauf und verstopften die kurvenreiche Straße. «Freitagabend», erklärte die Dame. «Die kommen alle übers Wochenende her, und Sie werden sehen, es ist wirklich was los, genau wie in Amerika, glaub ich.»

Jedenfalls dröhnte aus verschiedenen Quellen Rockmusik, und ein Heavy-Metal-Beat untermalte Sammy Hagars lautstarke Warnung vor einer *Danger Zone*. «Am Samstagabend wird's noch besser», versprach uns die Dame.

Das Haus? Nun ja, es *war* alt und gewiss liebevoll, wenn auch nicht klug saniert worden. Ich zählte zehn verschiedene geblümte Tapeten, bevor ich die Übersicht verlor, und so viel auf Louis-quinze getrimmtes Holz, dass man das ganze Ding hätte abreißen müssen, um alles loszuwerden. Die Terrasse, hoch oben, hätte hübsch sein können, wenn man erst den Plastikbrunnen und die Keramikzwerge wegräumte und es einem nichts ausmachte, drei steile Treppen hinaufzusteigen. Dann belohnte einen die Aussicht mit einem ungehinderten Blick auf die Ölraffinerien von Marseille, die in der Ferne weiße Schwaden ausspuckten. Ich wartete nur darauf, dass die Maklerin sagen würde: «Genau wie in Amerika!», aber sie lotste Wayne bereits nach unten.

Die steinernen Gewölbe, auf denen das Haus stand, waren ausbetoniert, verputzt und in glänzendem Braun gestrichen worden, auf dem grüne und schwarze Linien ein Blockhaus andeuten sollten. Schwingende Saloontüren führten in eine «echt amerikanische Westernbar», in der nicht einmal die umgedrehten Whiskyflaschen fehlten. Ich wusste genau, dass mir der Sinn nicht danach stand, überhaupt etwas zu kaufen, aber weshalb wurde ich dann beinahe zornig?

«Leider verstehe ich nicht ganz, was Sie eigentlich möchten», murmelte die Maklerin auf dem Rückweg nach Aix ratlos und enttäuscht. Kein Wunder, überlegte ich, wir möchten doch gar nichts, gleich wird sich Wayne, dieser nette Mensch, bei ihr bedanken und entschuldigen, dann verabschieden wir uns und – auweia! – ich muss ihm erklären, was ich mir denn dabei gedacht habe.

Überrascht stellte ich jedoch fest, dass *er* inzwischen die Spielführung übernommen hatte.

«Können Sie uns nicht noch etwas anderes zeigen?», fragte er begierig, ohne sich darum zu kümmern, dass ich ihm gegen den Knöchel trat.

«Nichts, was so ideal wäre, insbesondere für Amerikaner», wiederholte sie und merkte mittlerweile vielleicht, dass wir keine ernsten Kaufabsichten hegten. Nach langem Schweigen fügte sie hinzu:

«In einem Dorf oben im Luberon, ungefähr eine halbe Stunde von Aix entfernt, da gibt es eine Frau, die baufällige Häuser restauriert. Wir haben ein paar für sie verkauft. Sie ist *maître d'œuvre*, etwas zwischen Bauunternehmerin und Architektin. Die könnten Sie fragen, das heißt, wenn Sie wirklich interessiert sind. Aber ich bezweifle doch sehr, dass Sie dort so etwas finden werden, wie ich es Ihnen gezeigt habe. Im Übrigen ist dieses Dorf recht abgelegen, mit sehr begrenzten Möglichkeiten, wegen der Burg. Am Wochenende ist da nichts los.» Sie sah auf die Uhr. «Schon beinahe Zeit fürs Abendessen, setzen Sie mich bitte am Büro ab. Falls Sie sich an diese Frau wenden wollen, sie heißt Ariel Arnaz, und jeder im Dorf kann Ihnen zeigen, wo sie wohnt. Also dann, gute Nacht und viel Glück. Tut mir Leid, dass ich Ihnen nicht helfen konnte.»

Und nun, so dachte ich schaudernd, würde Wayne wirklich über mich herfallen und ich wäre ihm einige Erklärungen schuldig. Stattdessen faltete er zu meiner Verwunderung seine Landkarte auseinander und suchte den Weg zu dem Dorf, das die Maklerin genannt hatte.

Zugegeben, manchmal vergisst er, dass er ein Spiel spielt, und steigert sich mit solchem Todernst hinein, dass es in Realität umschlägt. In *seine* Realität. Das habe ich schon früher erlebt, etwa bei dem Fotoprojekt *Auf den Spuren von Vincent van Gogh*, als er van Gogh *wurde*, die schwere Ausrüstung durch die Gegend schleppte und unter der mörderischen Sonne von Arles mit einem verstauchten Knöchel und so visionärem Leuchten im Blick herumhumpelte, dass ich ihm androhen musste, jeden Abend seine Ohren zu zählen. Jetzt suchte er ehrlich nach einem Haus, das er kaufen könnte, und hoffte womöglich noch, eins zu finden. Einer von uns beiden musste wohl unser eigentliches Anliegen wieder einigermaßen in den Griff kriegen. Wie das auch aussehen mochte, den Erwerb eines Hauses in der Provence schloss es gewiss *nicht* ein.

Doch kaum war die Maklerin ausgestiegen, da kämpften wir uns auch schon durch den Feierabendverkehr stadtauswärts und fanden uns nach wenigen Kilometern auf einer Autobahn wieder, auf der wir alsbald zu einer schmalen, nahezu verwaisten Landstraße gelangten. Sie schlängelte sich zwischen Weingärten und Sonnenblumenfeldern durch die Ausläufer einer Gebirgskette, des Luberon.

Als wir um die Kuppe einer Anhöhe herumfuhren, kam in der Ferne das Dorf in Sicht. Klein und golden schimmernd hob es sich vom Violett der Berge ab, ein Anblick, der mir den Atem verschlug: ein makelloses Juwel von einem Dorf, dicht zusammengedrängt auf seinem eigenen Hügel, eine Kaskade aus Dächern, und ganz oben thronte eine majestätische Burg, in deren Fenstern die untergehende Sonne aufflammte. «Eine lebendige Skulptur», murmelte Wayne, der immer poetischer ist als ich. Weshalb waren wir nicht früher hierher gekommen, während der Monate, in denen wir die Region erkundeten? Weil der Ort fernab jedweder Schnellstraße liegt? Weil er in seinen Mauern kein renommiertes Restaurant beherbergt? Aus unbegreiflichem Grund hatte ich das Gefühl, heimgekehrt zu sein. Heimgekehrt, im absoluten, im biblischen Sinn des Wortes.

Nachdem wir den Torbogen an der Einfahrt ins Dorf passiert und die schmale Straße bewältigt hatten, die sich zur Place du Château hinaufwindet, fanden wir mühelos Madame Arnaz' Haus. Auf unser unerwartetes Klopfen öffnete sie lächelnd die Tür, eine kleine, lebhafte Frau in einem schmalen Futteralkleid, das Haar nach hinten gekämmt und mit einem Seidentuch zusammengebunden, eine echte Französin trotz des spanisch klingenden Nachnamens, der, wie wir später erfahren sollten, das Erbe eines kastilischen Vorfahren war.

Sie hörte sich Waynes Frage an, dann schüttelte sie den Kopf.

«Es tut mir Leid, dass Sie den weiten Weg auf sich genommen haben, denn im Dorf steht nichts zum Verkauf an, was Sie möglicherweise haben wollten. Oh, Ruinen gibt's hier schon, jede Menge! Die alten Leute sterben nach und nach ... Erst vorige Woche haben wir die Witwe Martin beerdigt, die das Schulessen gekocht hat ...» Sie hielt inne. «Warten Sie, das könnte doch etwas für Sie sein. Ich hab gehört, es soll für so gut wie nichts verkauft werden. Ist natürlich eine Bruchbude, aber traumhaft gelegen und ließe sich hübsch restaurieren. Ich zeig's Ihnen mal.»

Da war ich nahe daran, ihr ins Wort zu fallen und zu gestehen, dass wir ein schlechtes Gewissen bekämen, wenn wir ihre Zeit vergeudeten, weil wir nicht vorhätten, wirklich ein Haus zu kaufen, geschweige denn eines zu restaurieren. Schließlich lebten wir auf der anderen Seite des Planeten und kämen vielleicht nie mehr in diese Gegend zurück. Aber Wayne heftete sich bereits an ihre Fersen. Sie zeigte auf einen hoch aufragenden Wachturm, und wir gingen an einem wuchtigen, mit Zinnen bekrönten Tor vorbei, in dem ein eisernes Fallgitter den Zugang zu einer Zugbrücke versperrte.

«Es ist noch nicht lange her, dass das Herzogspaar die tausend Jahre gefeiert hat, seit denen die Burg im Familienbesitz ist. Der Herzog ist ja inzwischen verstorben, aber sie wohnt noch die meiste Zeit hier. Im Sommer kommen ihre Kinder immer zu Besuch, auch andere Verwandte und sonst noch viele Gäste.» Ehrfürchtig blickten wir zu dem in Stufen angelegten Bauwerk hinauf.

Die Behausung der Witwe Martin erwies sich als bei weitem weniger eindrucksvoll: schäbige, kleine Räume, von denen sich zwei ein einziges Fenster teilten, eine ramponierte Terrasse, die völlig verbogener Hühnerdraht wie eine Girlande umwallte und ein windschiefes, von zwei krummen Pfählen gestütztes Stück gewellter Kunststoff überschattete. An den Wänden lehnende Bretter sollten verhindern, dass noch mehr Steine ins Tal kullerten. Ein löchriges Dach sackte ins morsche Gebälk des Speichers.

Die erbärmliche Wohnstatt war vor Jahrhunderten – das in den Türsturz eingravierte Datum lautete 1539 – über etwas noch Älterem errichtet worden, das lange als Müllplatz des Dorfes gedient haben musste. Ein paar Ziegen reckten ihre Mäuler in die Luft, meckerten klagend, und ich fütterte sie mit einer Hand voll von dem Gras, auf dem ich stand. Wayne sah geknickt aus. Unterdessen zeichnete Madame Arnaz, ihren eigenen Gedanken folgend, mit kleinen, ausdrucksvollen Händen Bilder in die Luft.

«Wie Sie sehen, ist das die beste Lage im Dorf, direkt am Fuße der Burg mit einem Blick über das ganze Tal, wie im Bug eines Schiffes. Diese Ziegen lassen es sich vermutlich an einem Ort wohl sein, der einmal ein Teil der Kasematten der Burg gewesen sein muss. Wenn man hier mindestens zwanzig Wagenladungen Unrat abtransportiert hat, dürfte sich herausstellen, dass diese bäuerliche Heimstätte direkt über mittelalterlichen Gewölben errichtet worden ist.»

«Woher wollen Sie das wissen?», fragte Wayne, und ich könnte beschwören, dass es hoffnungsvoll klang.

«Die sind unter Häusern wie diesem üblich», erklärte sie. «Eigentlich steht der Großteil des Dorfes auf solchen *voûtes*. Sie waren ursprünglich Steinbrüche der Römer, in den Berg getriebene kurze Stollen, aus denen sie das Baumaterial für ihr *castrum* gewonnen haben. Später wurden sie dann abgesteift und ausgemauert und die Decken zu romanischen Gewölben gerundet, damit man sie als Lagerräume und Unterkünfte sowohl für die Burgwache als auch für die Dorfbewohner nutzen konnte.»

Sie hielt einen Augenblick inne, dann fuhr sie lebhaft fort: «Am Haus selbst werden wir das Dach anheben, sodass Sie ein zusätzliches Stockwerk bekommen, statt dieses armseligen, halb eingestürzten Speichers. Und der Steinhaufen da vorn wird wieder eine Terrasse, Ihr Esszimmer für den Sommer. Ich sehe es schon genau vor mir.» Sie warf mir einen misstrauischen Blick zu.

«Können Sie in drei Dimensionen denken?»

Hilflos schüttelte ich den Kopf. Nein. Ariel zog die Stirn kraus.

«Bei Häusern», erklärte sie ungeduldig, «*müssen* Sie in drei Dimensionen denken.»

Wayne war zu fasziniert, um in irgendeiner Anzahl von Dimensionen zu denken. Er reichte Madame Arnaz seinen Füller und einen alten Briefumschlag. Während sie Linien zog und Rechtecke zeichnete, redete sie weiter:

«Klar? Ich bin sicher, dass Sie sich das vorstellen können.» Wieder schüttelte ich den Kopf, doch sie kümmerte sich nicht darum, sondern bat uns stattdessen, ihr zu folgen.

«Schauen Sie da hinüber. Wenn Sie schon einmal dabei sind, dann sollten Sie auch das kaufen.» Sie zeigte auf eine klaffende, halb mit unidentifizierbaren Gebäuderesten gefüllte Lücke, die sich an das Haus anschloss.

«Das war früher ein *jas*, eine Schäferei. Die Schafe haben unten gelebt und der Schäfer oben, in zwei Räumen mit einem Vorplatz zum Trocknen von Kräutern und Fellen. Der untere Teil könnte eine Garage werden, mit einem großen Rundbogen als Einfahrt. Das Stockwerk darüber bauen wir wieder auf, das ergibt ein Gästeapartment mit zwei Schlafzimmern, die auf eine sonnige Terrasse hinausgehen.

Wir könnten die Mauer durchbrechen, um die beiden Häuser miteinander zu verbinden. Wird aber ganz schön schwierig, die sieht nämlich so aus, als wäre sie mindestens einen Meter fünfzig dick.» Mehr kabbalistisches Gestikulieren, mehr Gekritzel auf dem Briefumschlag.

«Haben Sie das Gefühl, dass es das Richtige für Sie wäre?»

Mein Gott, dachte ich, wer bringt es bloß übers Herz, ihr zu sagen, dass wir gar nichts kaufen werden? Wir reisen noch heute Abend ab, und das war's dann.

«Wie lange würde es dauern, bis alles fertig wäre?», fragte Wayne.

«Wann haben Sie vor wiederzukommen?»

Ohne mit der Wimper zu zucken oder lange herumzureden, antwortete Wayne:

«Nächstes Jahr im Juni.» (*Was?* Ich wusste gar nicht, dass wir überhaupt wiederkommen, geschweige denn nächsten Juni. Steht vielleicht auch schon der *Tag* fest?)

«Am fünften Juni», präzisierte Wayne, als habe er in meinen Gedanken gelesen.

«Bis dann wäre es fertig.»

«Also», sagte Wayne, «Sie wissen ja wohl, was die beiden Grundstücke mit den Gebäuden kosten und wie teuer es wäre, sie instand zu setzen, können Sie mir da nicht einen Gesamtpreis angeben, alles inklusive und bezugsfertig?»

Der Betrag, den sie nach einigem Nachdenken nannte, hörte sich ganz vernünftig an, lag vielleicht sogar im Bereich des Möglichen. Genau genommen wäre in Los Angeles dafür nicht einmal ein Ein-Zimmer-Apartment zu haben gewesen … Oh, nein, das war zu lächerlich. Was taten wir da bloß?

37

Bevor Wayne sich weiter vorwagen konnte und es sogar noch schwieriger machte, uns da wieder herauszuwinden, schaltete ich mich ein:

«Bitte verstehen Sie, Madame, das kommt recht plötzlich, und wir brauchen Zeit, darüber nachzudenken.» Ich versuchte, den Schock, dass wir ablehnen, zu mildern. «Wir reisen heute Abend ab und werden Ihnen aus den Staaten schreiben, wie wir uns entschieden haben. Wir leben wirklich sehr weit von hier entfernt, sodass eine solche Anschaffung für uns nicht besonders praktisch wäre.» Das kann man wohl sagen, dachte ich, schließlich haben wir bereits den Gedanken an ein Ferienhaus in Palm Springs verworfen, nur zwei Autostunden von uns entfernt, weil uns das zu weit weg war, um regelmäßig hinzufahren.

Wir gingen in Madame Arnaz' Haus zurück. Durch ihr Küchenfenster konnten wir in den Garten hinausspähen, wo sich die Äste eines Kirschbaums unter der Last ihrer glänzenden, dunkelroten Früchte derart bogen, dass sie gestützt werden mussten, um nicht abzubrechen. Im Spülbecken stand ein Sieb mit ein paar Hand voll dünnster grüner Bohnen, und an der Wand hing ein Knoblauchzopf. Unerklärlicherweise wünschte ich mir sehnlicher, als ich mir jemals etwas zu essen gewünscht hatte, von diesen Kirschen zu kosten und von diesen Bohnen, nicht zu lange gekocht, mit frischem Knoblauch gewürzt … Stattdessen bat ich um ein Glas Wasser. Sie zapfte es direkt aus der Leitung.

Es schmeckte überraschend rein. Ich trank andächtig, dann gab ich das Glas an Wayne weiter. «Mystisch», sagte er.

Wahrscheinlich ist die Entscheidung in diesem Moment gefallen, tief im Unbewussten und lange bevor wir es selbst begriffen.

Ich drängte zum Aufbruch, und schon bald fuhren wir in der zunehmenden Dämmerung Richtung Autobahn. Als wir uns umsahen, konnten wir nur noch die Umrisse des Dorfes erkennen. Da ging, gleichsam als Zeichen für uns, in der Burg das Licht an, und der finstere, wuchtige Bau erstrahlte auf einmal wie eine ätherische Erscheinung, die durch die Dunkelheit schwebt.

Zum Abendessen hielten wir in Pertuis, dem kleinen Marktflecken, in dem wir einkaufen gehen würden, falls ... Ich schob den Gedanken beiseite, er war zu lächerlich, um ihm länger nachzuhängen. Wayne kritzelte Zahlen auf das Papiertischtuch, was ihn derart in Anspruch nahm, dass er zu essen vergaß.

Auf der langen Fahrt nach Paris redeten wir nur wenig, und als wir am nächsten Tag in der Abflughalle saßen, stand er plötzlich auf, ging weg und kam mit einer Postkarte und einer Briefmarke wieder.

«Da», sagte er.

«Da, was?»

«Willst du nicht Madame Arnaz schreiben, dass der Handel gilt? Das möchtest du doch, oder?»

Ich erinnere mich nicht mehr daran, ob ich gezögert habe oder nicht, ich weiß nur, dass die Karte noch an jenem Tag vom Flughafen Charles de Gaulle abgeschickt wurde. Es mochte ja sein, dass wir uns verschuldeten, aber viel wichtiger war, wir hatten uns gewissermaßen verliebt.

Wieder zu Hause, füllte ich ganze Seiten eines gelb linierten Schreibblocks mit Zahlen. Nachdem die Bedingungen vereinbart waren, konnten wir nur noch unsere Ohren vor den schrecklichen Prophezeiungen der Familie und der Freunde verschließen.

Im Oktober ließ uns Ariel – inzwischen nannten wir einander beim Vornamen – in einem Brief wissen, dass die Arbeit Fortschritte machte. Die Ziegen hatten eine andere Bleibe gefunden, und die Beseitigung des Unrats förderte, wie sie es geahnt hatte, große Gewölbe zutage: drei herrliche, miteinander verbundene Räume, von denen der letzte vollständig aus dem Fels gehauen war. «Beim Säubern der Steine kam der für diese Region typische, rosig angehauchte, helle Farbton zum Vorschein. Und in einen zerbrochenen Türsturz ist die Jahreszahl 1185 eingeritzt.»

Im November berichtete sie, dass das Haus darüber allmählich Gestalt annehme. Sollte der Geist der Witwe Martin je zurückkehren, würde er die neuen Räume nicht wieder erkennen. Die Bauernküche mit dem Brotbackofen sei zwar in ihrer Anlage erhalten geblieben, aber antike Türen, die Ariel aufgestöbert habe, würden die Schränke verschließen und sowohl den Kühlschrank als auch die Spülmaschine den Blicken entziehen, wie die Behörde für Denkmalschutz in Avignon es fordere, die offenbar ein wachsames Auge auf jede Restauration hatte. In einem kleinen Küchenanbau könnten die Gefriertruhe, ein Ausguss und Regale für Eingewecktes und Eingekochtes untergebracht werden. Oh, Visionen von Kirschmarmelade! Ein Sims aus geschnitztem Holz würde die Kaminverkleidung abschließen. «Unter dem schadhaften Deckenputz haben wir noch authentische, mindestens dreihundert Jahre alte Putzträger gefunden.»

Später schrieb sie: «Ihr Schlafzimmer wird Ihnen gefallen. Eine zweiflügelige, sprossenverglaste Tür führt auf eine zusätzliche Terrasse hinaus, die ich noch anlegen konnte. Hübsch fürs Frühstück.» Und noch später: «Ein Keramiker aus dem Dorf hat Fliesen fürs Badezimmer angefertigt – ein handglasiertes, türkisfarbenes Mosaik. Statt einer langweiligen Wannenverkleidung machen wir eine aus dem gleichen Mosaik. Ach ja, und auf einem Schrottplatz habe ich das ideale Waschbecken aus Zinn entdeckt.»

Inzwischen warnte uns der Chor unserer Freunde und Verwandten immer eindringlicher: «Glaubt ja kein Wort davon! Jeder hat doch schon Horrorgeschichten über derlei Dinge gehört. Nichts wird richtig gemacht, ihr werdet Waschbecken in Kniehöhe und grellbunt gestrichene Türen vorfinden.» Ein Zeitungsartikel, den man uns unter die Nase hielt, berichtete gar von dem extremen Fall eines Bauunternehmers, der es versäumt hatte, Wasserrohre und elektrische Leitungen zu verlegen. Oder sie sagten: «Wenn ihr ankommt, werdet ihr feststellen, dass haufenweise Baumaterial herumliegt, aber nur sehr wenig Arbeit geleistet wurde. Dann wird euch erklärt, dafür sei euer Geld draufgegangen und es wären mehr, viel mehr Mittel nötig, falls ihr das Projekt zu Ende führen wollt. Und wie war das mit dem Fall, bei dem die ganze Arbeit in ein Anwesen gesteckt wurde, das nach französischem Recht gar nicht ordnungsgemäß erworben war? Woher wisst ihr denn, ob sie diese Ruine überhaupt *gekauft* hat?»

Alle waren sich darin einig, dass uns auf die eine oder andere Art bestenfalls eine herbe Enttäuschung bevorstand. «Ihr werdet's schon merken, in dem Preis, den ihr zahlt, ist das Dach nicht enthalten oder sonst was. Die Franzosen sind doch für solche Tricks bekannt. Und ihr müsst zugeben, sie müssten auch Engel sein, um der Versuchung zu widerstehen, euch reinzulegen, so naive und gutgläubige Bauherren, die so weit weg sind.»

Dennoch hörten wir aus all dem bekundeten Mitgefühl ob des drohenden Reinfalls die vage oder vielleicht gar nicht so vage Hoffnung heraus, dass sie eventuell rüberkommen und sich selbst davon überzeugen könnten, wie übel es in diesem Dorf wirklich zuging. Für ein paar Tage, womöglich eine Woche?

Zu Weihnachten eine gekritzelte Grußkarte:

«Erinnern Sie sich noch an den halb leeren Platz neben Ihrem Haus? Nach den Plänen, denen Sie zugestimmt haben (auf der Rückseite jenes Briefumschlags?), bekommen Sie eine Garage mit einem großen Torbogen. Der wird gerade hochgezogen. Aber bevor ich weitermache: Mir ist in den Sinn gekommen, dass Sie auf der oberen Terrasse vielleicht einen Pool haben möchten, einen Minipool. Als nette Abkühlung nach dem Sonnenbad. Meine Männer könnten einen kleinen Springbrunnen bauen, dann hätten Sie das Geräusch von plätscherndem Wasser. Dürfte Ihren Gästen gefallen, zumal die beiden Zimmer direkt auf diese Terrasse hinausgehen. Natürlich

kommen rundherum Pflanzkübel, in die ich Zwergzypressen und Geranien setzen werde.»

Als Nächstes fragte Ariel, ob wir nicht per Schiff
einen Wasserfilter schicken könnten, weil die in den
USA hergestellten die besten, aber in Frankreich entsetzlich teuer seien. Wayne trieb nur einen mit der
Standardleistung für ziemlich große Pools auf, sodass
unser Minibecken blubbern und sprudeln würde wie
ein Jacuzzi.

Wo, oh, wo war nur der Haken an der Sache?
«Das kriegt ihr noch früh genug raus», prophezeiten
unsere Freunde, «und ihr werdet es gar nicht lustig
finden. Sicher, eine Geschichte, die sich später ganz
toll erzählen lässt, *viel später*. Bis dahin geloben wir,
nicht zu lachen, wenn wir rüberkommen, um nachzu-
schauen, wie es euch geht. Habt ihr gesagt: *zwei* Gästezimmer?»

Monatelang keine Nachricht. Unterdessen leiste-
ten wir, wie vereinbart, brav auch unsere letzte Zah-
lung. Außerdem planten wir, am vierten Juni in Paris
einen kleinen Renault in Empfang zu nehmen.

Schließlich, im Mai, ein paar Zeilen samt einem
Stoffmuster:

«An zwei Wänden im Wohnzimmer bleibt der
Stein sichtbar. Die anderen gedenke ich mit diesem
Tweed zu beziehen. Ein hiesiger Hippie, der *tisserand*
geworden ist, hat ihn aus naturbelassener Schafwolle
gewebt. Und wenn ich schon mal dabei bin, könnte
ich gleich Schaumstoffblöcke für zwei Couches und
Kaminsessel zuschneiden lassen. Sehr bequem. Die
beziehe ich dann mit dem gleichen Tweed. Dadurch
wirkt der Raum nicht kunterbunt, und Sie können

sich bei Ihrer Ankunft wenigstens irgendwo hinsetzen.»

(Gott segne dich, Ariel, aber das kann nicht wahr sein. Die Sache *muss* irgendwo einen Haken haben.)

Einige Tage später eine Postkarte: «Ich habe mich nach ein paar antiken Möbeln umgesehen, die von der Größe her in Ihre Räume passen würden. Ich lasse sie von den Händlern aufstellen. Wenn sie Ihnen gefallen, können Sie sie bei ihnen direkt kaufen. Wenn nicht, nehmen sie sie wieder zurück. Keine teuren Stücke. Bis zu Ihrer Ankunft ist alles fertig.»

Endlich war der große Tag gekommen. Wir flogen nach Paris und holten unseren Renault ab. Er sah aus wie ein freundliches, von Disney gezeichnetes, kauerndes Tier. Die Farbe, die wir ausgesucht hatten, weil sie am provenzalischsten aussah, hieß im Katalog *Chipper Orange*. Also tauften wir ihn Chipper, ein passender Name für ein bescheiden motorisiertes, aber wendiges kleines Auto, das die *Autoroute du Soleil* nur so hinunterschnurrte.

Wie ein Jahr zuvor bogen wir im Licht eines Sommerabends um die Hügelkuppe, hinter der das Dorf plötzlich vor uns lag. Ich musste schlucken: Jetzt hatten wir hier ein Zuhause. Wir kamen wirklich heim. Wayne griff nach meiner Hand. «Ich hatte vergessen, wie schön es ist», murmelte er vor sich hin.

Wir fuhren an den prächtigen Platanen und den Blumengärten der Burg vorüber und durch den Torbogen ins Dorf hinein. Ein neues Straßenschild gestattete die Zufahrt nur den *riverains*. Den Anwohnern? Damit waren *wir* gemeint. Wenn wir nicht alles

44

nur geträumt hatten, dann waren wir in der Tat *riverains*. Chipper brummte tapfer die schmale Straße hinauf, die sich Grande Rue nennt und in den oberen Teil des Dorfes führt.

Da stand das Haus: fertig, makellos, und ich brach in Tränen aus. Durch die Zwergzypressen auf der Terrasse konnten wir den Pool blau schimmern sehen. Ein herrliches Zuhause, ein Schmuckstück, sehr alt und zugleich ganz neu, mit all seinen Lichtern, die für uns leuchteten. Ein Springbrunnen plätscherte tatsächlich in den Pool. Die Wäsche, die ich aus Kalifornien geschickt hatte, lag an Ort und Stelle, im türkisfarbenen Bad hingen Handtücher, und in einem Eiskübel war Champagner kalt gestellt.

Ich weinte und lachte zugleich, dass mir schier das Herz zersprang. Wayne schaltete Lampen ein und wieder aus, öffnete Türen, inspizierte Wandschränke. Suchte er womöglich nach dem Haken und fand ihn nicht?

Wir stiegen treppauf und treppab, erforschten die drei Stockwerke: die kühlen, vornehmen Räume mit den Deckengewölben ganz unten, die Bauernküche sowie ein Wohnzimmer und den Essplatz darüber und das große Schlafzimmer samt einem Studio ganz oben. Durch die neu durchgebrochene Tür – ja, die Mauer hatte sich als mindestens einen Meter fünfzig dick erwiesen! – gelangten wir in den Gästeflügel, in dem wir zwei Schlafzimmer und ein Bad vorfanden, das ein lustiges Fresko an einer fensterlosen Wand schmückte. Es zeigte, welche Aussicht man von hier hätte, wenn es die Wand nicht gäbe. Da fiel mir ein, dass Ariel einmal etwas von einem Künstler erwähnt

45

hatte, mit dem sie befreundet sei. Alles war fertig, sofort bewohnbar.

«Sprungfederrahmen und Matratzen sind hier nützlicher als auf meinem Speicher. Geben Sie sie mir zurück, wenn Sie sich neue besorgt haben. Vorhänge und Bettdecken? Die habe ich selbst genäht», erklärte Ariel später. «Ich sage Ihnen, wie viel der Stoff kostet, sobald ich die Rechnung gefunden habe. Die Arbeit? Ich dachte, wir seien Freunde.»

Wir improvisierten auf der Terrasse eine Art Picknick aus dem, was wir unterwegs gekauft hatten: duftende Kantalupemelone, in Scheiben geschnittene Salami, ein Glas *tapenade* und ein Baguette. Der Champagner? Von dem gossen wir ein wenig in den Pool und tranken den Rest, während wir hüfttief im beleuchteten Wasser standen und uns immer wieder umarmten.

Später schlüpften wir zwischen zart getönte Laken und schliefen unter dem sägenden Gesang der Zikaden und gedämpften Krähen der Hähne, bis wir bei strahlendem Sonnenschein aufwachten und mir der Besuch eines Prinzen ins Haus stand.

Andere Ausländer, die später zuzogen, hatten weniger Glück, und ihre ganz und gar nicht schönen Erfahrungen beim Restaurieren ihrer Häuser trugen höchstens die Züge eines Albtraums. Also hatten unsere kalifornischen Freunde letzten Endes doch Recht gehabt. Das Schlimmste konnte passieren und passierte auch zuweilen. Doch sie hatten auch Recht, wenn sie prophezeiten, dass all diese neuen Hausbesitzer im Dorf ein paar Jahre später herzlich über ihre

Missgeschicke lachen würden. Insbesondere zur Cocktailzeit auf ihren *terrasses* mit Blick über den blauvioletten Luberon.

Aber wir sind auch im Laufe der Jahre aus diesem Traum von einem Haus inmitten eines malerischen Dorfes noch nicht aufgewacht. Der Haken an der Sache? Es gab keinen. Ebenso unvermutet, wie wir das Haus gekauft hatten, waren wir an Ariels untrüglichen Geschmack, ihr nie versiegendes Talent und ihre Großzügigkeit geraten. Als Naivlinge, die wir waren, hatten wir das seltene Glück, auf derart unbezahlbare Gaben zu stoßen.

Salsa der Provence ...

Tapenade
Der Name dieser kalten Sauce kommt
von *tapeno*, dem provenzalischen Wort für Kapern.
Erfunden wurde sie vor mehr als hundert Jahren
in einem Marseiller Restaurant, das La Maison
Dorée hieß. Sie hält sich gut im Kühlschrank,
weshalb Sie auch die doppelte Menge
zubereiten können.

200 g entsteinte schwarze Oliven, grob gehackt
1 Dose (ca. 90 g) Thunfisch in Öl oder Wasser, abgetropft
1 Dose (ca. 60 g) Anchovisfilets, in Stücke geschnitten
100 g Kapern
2 EL Dijon-Senf

3 EL Weinessig
1 Gläschen Cognac (nach Belieben)
schwarzer Pfeffer
Olivenöl

Alle Zutaten mit Ausnahme des Olivenöls
im Mixer mischen, bis eine grobe Paste entsteht
(kein Püree). In eine Schale füllen und
so lange Öl unterrühren, nur wenige Tropfen auf
einmal, bis die *tapenade* geschmeidig genug ist,
um sich streichen zu lassen.
Servieren Sie die *tapenade* zur Aperitifzeit mit
Butter auf getoasteten Baguettescheiben oder
Crackers; oder (mit etwas mehr Öl) als Dip
für Gemüse; füllen Sie damit Stangen von Bleich-
sellerie oder (mit dem Eigelb vermischt) hart
gekochte Eier. Sie eignet sich auch als Würzsauce
zu kaltem Fleisch, und wahrscheinlich fallen Ihnen
noch mehr Verwendungsmöglichkeiten ein.

Tage voller Pastis
und Lavendel

*I*m Juli hat der in ganzen Polstern an der Terrasse gepflanzte Lavendel bereits lange Halme getrieben. Einige Tage später sprießen an ihnen überaus aromatische, unregelmäßige kleine Blüten, die veilchenblauen Ohren gleichen und deren schon mit der Morgensonne aufsteigender Duft durch unser offenes Fenster hereinweht.

Wie wir wissen, ist zu noch früherer Stunde in der Bäckerei im unteren Dorf Brot gebacken worden. Etwa um die Zeit, als die sechs Schläge der Turmglocke ertönten, haben wir es riechen können. Außerdem wissen wir, dass man mit dem Sturm auf die Croissants nicht zu lange warten darf, denn um acht sind schon alle weg. Der Bäcker hat sich noch nicht auf den Zustrom von Neulingen wie wir eingestellt, die nach und nach ins Dorf ziehen, und produziert deshalb beharrlich zu wenig.

Barfuß läuft Wayne über die Terrakottafliesen und braut Espresso in einer Maschine, die wir von Italien nach Kalifornien importiert hatten und die er dann wieder in die Provence verschiffte. Die Reisen der Espressomaschine hätten wesentlich kürzer ausfallen können, da wir hier keine zweihundert Kilometer von Italien entfernt sind. Aber derlei unwirtschaftliche Transporte sind ja heutzutage üblich. Wir sitzen auf unserer Terrasse, nippen am Espresso und verstreuen Croissantkrümel für die aufdringlichen Spatzen. Von einem nahe gelegenen Turm, einem der wenigen, die von den ursprünglich zweiundzwanzig Wehrtürmen noch stehen, keckert uns ein Elsternpaar einen Gruß zu oder, was eher anzunehmen ist, eine Warnung. Eine scheckige Katze sitzt nämlich auf dem äußersten Rand des überhängenden Daches und schaut mit größter Aufmerksamkeit auf uns herunter.

Doch dieses gemütliche Frühstück hat seine Grenzen, denn es gibt unbeugsame Regeln, die es hier zu lernen gilt. Alle Pforten schließen Punkt zwölf Uhr, mit Ausnahme die der Lebensmittelläden, die *vielleicht* noch etwas länger offen sind: Geschäfte, Postamt, Tankstellen, Werkstätten, Rathaus und Banken werden verriegelt und verrammelt, weil ihre Angestellten zum *déjeuner* nach Hause gehen. Und dieses Mittagessen in Frankreich hat nichts gemein mit dem, was wir in Amerika als *lunch* kennen. Mancherorts wird gegen zwei Uhr wieder geöffnet oder gegen halb drei oder drei, während manche Türen nicht vor vier wieder aufgehen und andere gar nicht mehr. Deshalb sollten Besorgungen samt und sonders erledigt sein, ehe mittags geschlossen wird, und falls Sie Pläne für den Nachmittag oder zum Abendessen Gäste haben, dann sputen Sie sich, bevor es zu spät ist. Abgesehen davon will auch niemand die beste Zeit des Vormittags in der Stadt verpassen: die Stunden, die dem Einkaufen der Lebensmittel vorbehalten sind.

In Pertuis, unserem nahe gelegenen Marktflecken, werden die Straßen am frühen Morgen gesprengt, sodass sie den ganzen Vormittag feucht und kühl bleiben. Die Türen stehen einladend weit offen, und auf den Gehsteigen drängen sich die Verkaufstische mit Bergen von Obst und Gemüse: saftige Strauchtomaten, bundweise zusammengeschnürte rosa Radieschen, glänzende Zucchini, junge Zwiebeln gleich weißer, blassgrün geäderter Jade, leuchtend rote Erdbeeren und kleine Kantalupemelonen, deren Aroma man schon am Anfang der Straße riechen kann.

Die Bäckereien sind überfüllt, weil der zweite Schub gerade aus dem Ofen gekommen ist und jeder sich für den Rest des Tages eindeckt. Baguettes und *ficelles*, die dünnere und knusprigere Variante, werden auf tausenderlei phantasievolle Arten fortgetragen: quer über einen Kinderwagen gelegt, an einem Rucksack festgezurrt, zusammen mit dem Griff eines Aktenkoffers umklammert oder geschwungen wie ein Taktstock, wobei sie sich am besten dazu eignen, in eine Richtung zu weisen oder Gesagtem Nachdruck zu verleihen.

In der *charcuterie*, die nach einem uralten, nie außer Kraft gesetzten königlichen Erlass ausschließlich Schweinefleisch und Schweinefleischprodukte verkaufen darf, werden der gekochte *jambon de Paris* und der luftgetrocknete *jambon de Bayonne* in dünnen Scheiben feilgeboten, die an Haken unter der Decke hängenden Riesensalami mit einer langen Stange heruntergeholt und Pasteten klumpenweise in Wachspapier eingewickelt.

Wir eilen von Laden zu Laden und stellen unterwegs Menüs zusammen. Zum *déjeuner* wird es Tomatensalat geben, gefolgt von *ravioles de Romans* – diesen mit Ziegenkäse gefüllten kleinen Ravioli, die man nur kurz in kochendes Wasser wirft und mit einem Hauch von Butter und zerstoßenem Pfeffer serviert – und Obst zum Nachtisch. Da wir für den Abend Gäste erwarten, brauchen wir papierdünn geschnittenen *jambon de Bayonne*, um ihn auf Melonenscheiben zu drapieren, Zucchini für einen Gratin, einen Lammbraten und *mesclun*, der mit dunkelgrünem Olivenöl aus der örtlichen Ölmühle beträufelt wird. *Mesclun* ist eine Mischung aus ganz jungen Salatblättern aller Art: verschiedene Kopfsalate, Chicorée, Rucola, römischer Salat und Endivie; manche von ihnen leicht süß und manche bitter. Schließlich haben wir alles beisammen bis auf das Dessert, und wo wir das holen, wissen wir genau.

Wir kehren zum Auto zurück, das wir auf einem *parking payant* abgestellt haben, auf dem immer viel Platz ist, da die Franzosen lieber etwas einfallsreicher parken – auf Gehwegen, vor Einfahrten oder sogar in zweiter Reihe auf der Straße –, um ein paar Franc zu sparen, ja, aber viel mehr noch, um diesem gallischen Mangel an Disziplin Ausdruck zu verleihen, der ihrem Leben Pfiff gibt.

Während wir bereits die Türen aufschließen, merken wir, dass auf der Terrasse vor dem Café Thomas jemand heftig winkt und zu uns herüberruft. Es ist Monsieur Estain, einer unserer Nachbarn, der mit einem Freund dort sitzt, den wir kennen lernen sollen. Jeder schüttelt jedem die Hand. Dem Brauch nach gibt jeder Mann eine Runde aus, und was könnte man kurz vor Mittag schon trinken außer Pastis?

Bébé, des Wirts großer weißer Pudel, trottet heran, um diese Neuankömmlinge zu identifizieren, schnuppert und wird am Kopf gekrault, dann tappt er träge zum nächsten Tisch. Der Kellner bringt ein Tablett mit Gläsern, Eiswürfeln, einer Karaffe Wasser und einer Flasche Pastis. In einer Gaststätte wird es Damen offenbar zugestanden, mit den Herren ein Glas zu trinken, doch es zeugt von guter Erziehung, das Nachschenken abzulehnen. Wir bitten um einen *pastis léger*, bei dem nur ein wenig des goldfarbenen Alkohols ins Glas gegossen wird, ehe man es mit Wasser auffüllt. Es ist hübsch anzusehen, wie sich die gelbe Flüssigkeit in milchig weiße Schlieren verwandelt, während sie sich mit dem Wasser vermischt und uns ein intensiver Anisgeruch in die Nase steigt. Für die Einheimischen gibt es freilich keinen *léger*. Empfohlen wird ein Teil Pastis auf fünf Teile Wasser, aber sie mögen ihn lieber *tassé*, praktisch halb und halb.

An anderen Tischen wird *perroquet* getrunken. Dieser Papagei ist ein Aperitif wie unserer, nur mit einem zusätzlichen Schuss Pfefferminzlikör. Manche färben ihren Pastis auch mit Grenadine rot, dann heißt er *tomate*. Ein Zusatz von Mandelmilch ergibt einen *mauresque*, einen Mauren. Aber sogar dann ist Pastis nie süß; er bleibt recht herb und ist wirklich erfrischend.

In meiner pastisseligen Stimmung beobachte ich in aller Gemütsruhe, wie ein junger Mann in Uniform in Autos hineinspäht, ohne dass ich mir dabei Böses dächte. Als er sich über Chipper beugt, ruft Monsieur Estain: «He, Lucien! Trinkst du einen mit?»

Er kommt vom Parkplatz herüber, nimmt seine Mütze ab, wischt sich die Stirn, schüttelt reihum Hände und setzt sich. «Nichts dagegen», willigt er ein. «Die Sonne knallt heut ganz schön runter.» Dann sieht er uns an. «Ist das nicht Ihr Auto, da drüben, neben dem Brunnen?»

Monsieur Estain fällt ihm ins Wort:

«Lucien ist aus unserem Dorf. Ich kenne ihn, seit er so klein war. Sein Papa und ich gehen miteinander auf die Jagd.» In scherzhaft rauem Ton wendet er sich dem jungen Mann zu: «Na, du Schlingel, hast du also endlich Arbeit gefunden? Wurde ja auch Zeit, möcht ich meinen. Aber fall jetzt bloß nicht ehrlichen Leuten lästig. Sieh zu, dass du stattdessen Verbrecher fängst. Davon gibt's ja, wie man so hört, jede Menge, obwohl ich mir nicht vorstellen kann, dass ausgerechnet hier Verbrechen geschehen sollen.»

«Ja, aber», stammelt Lucien, «ich bin doch nicht hinter Gaunern her. Ich bin bloß für Parksünder zuständig. Und bei dem Auto da drüben ist die Zeit seit einer Viertelstunde um.» Man steckt Münzen in einen Automaten, der einen Parkschein mit Datum und Uhrzeit auswirft, den man auf das Armaturenbrett legen muss. Bei unserem ist die Parkzeit offenbar überschritten.

«Was?», brüllt Monsieur Estain und läuft dabei rot an. «Na und? Ist das nicht mehr die gute Erde unseres Herrn? Muss man jetzt schon dafür zahlen, dass man irgendwo sitzt?»

Lucien versucht zu argumentieren. Schließlich hat er nicht nur das Recht auf seiner Seite, sondern auch eine Pflicht zu erfüllen. «Sie können ja rumsitzen, soviel sie wollen», stellt er die Dinge klar. «Es geht bloß um ihr Auto. Die Parkzeit ist abgelaufen …»

Monsieur Estain hat mittlerweile einen vor Empörung hochroten Kopf und gibt mehr als deutlich zu verstehen, falls Lucien, dieser nichtsnutzige Grünschnabel, etwa glaubt, er könne gute, rechtschaffene *Américains* behelligen, ja, just die, die 44 in der Normandie gelandet sind, um die Franzosen zu befreien, und für die er, Monsieur Estain *lui-même*, sich persönlich verbürgt, dann solle er sich das lieber zweimal überlegen. Monsieur Estain ist nämlich zufällig Gemeinderat, wohlgemerkt, er braucht nur ein Wort an der richtigen Stelle fallen zu lassen, und Lucien ist sofort wieder arbeitslos.

Wir protestieren.

«Nein, nein, Lucien hat Recht. Er tut doch nur, was er muss, ist ja nicht persönlich gemeint. Geben Sie uns den Strafzettel, Lucien, das nehmen wir überhaupt nicht krumm, den bezahlen wir. Rücken Sie ihn schon raus, Lucien!»

Aber Monsieur Estains Finger legen sich wie eine Schraubzwinge um mein Handgelenk. Er erteilt uns eine Lektion in Dorfleben und es stört ihn nicht im Geringsten, uns dabei seine Ehrfurcht gebietende Autorität vorzuführen. Inzwischen ist Luciens Aperitif eingetroffen, Gläser klirren: *«Santé!»* Mit gespieltem Unmut stopft Monsieur Estain den Block mit den Knöllchen in Luciens Uniformtasche, während der junge Mann beteuert, er würde nie und nimmer Freunden von Monsieur Estain eine *contravention*, ein Strafmandat, verpassen. Jetzt, wo er unser Auto kennt, werde er seinen Kollegen Bescheid sagen, sie sollten sich auch daran halten … Im Übrigen habe er gehört, wir kämen aus Kalifornien. Stimmt es, dass er wie Tom Hanks aussehe? Seine Freundin schwört, er gleiche ihm aufs Haar.

Die Ähnlichkeit fällt einem nicht gerade auf den ersten Blick auf, aber jetzt, im Profil, nehme ich an ihm tatsächlich etwas von der Figur wahr, die Tom Hanks in *Forrest Gump* gespielt hat. Also versichere ich ihm wahrheitsgemäß, ja, sein Mädchen habe Recht, er strahle wirklich dieses gewisse Etwas aus, besonders im Profil von rechts.

«Vielleicht solltest du nach 'ollyvood gehen und Schauspieler werden, hm?», spöttelt Monsieur Estain. «Aber weißt du, diese Kerle dort, die sehen vielleicht dämlich aus, aber sie sind schlau. Deshalb bist du hier besser dran.»

Lucien nimmt's nicht übel. Er wendet mir sein Profil zu, sogar als wir reihum Hände schütteln. Dann sausen wir zu Chipper, dessen Parkschein dank einflussreicher Fürsprache jetzt seit mehr als einer Stunde ungeahndet abgelaufen ist.

Und nun der Sturm aufs Dessert.

Einige Kilometer außerhalb von Pertuis, inmitten akkurat angelegter und bestens gepflegter grüner Weingärten, in denen die dicken Trauben allmählich Farbe bekommen, verkündet an einem Feldweg ein Schild: *Michel Perrière, L'Art Glacier*. Ein Hinweis, dem nur Eingeweihte folgen, aber wir haben uns bereits dem kleinen Kreis jener Glücklichen angeschlossen.

Der von Rosmarinbüschen gesäumte Weg ist schmal, nicht mehr als zwei ausgefahrene Furchen, zwischen denen Gras wächst. Chipper holpert voran, streift mit seinem tief sitzenden Auspuff ein paar Mal tückische Steine oder wie Schlangen aussehende Wurzeln, und in den Scheibenwischern verfangen sich Rosmarinzweige, bis der Weg endlich in einen mit hohen Kiefern bestandenen Parkplatz mündet. Er liegt vor einem schmucken, in dunklem Ocker verputzten Haus mit weißen Fensterläden und Geranienkästen. Draußen, im Schatten, sitzt eine Gruppe junger Leute, von denen einige Erdbeeren entstielen und andere aus den neben ihnen gestapelten Kisten reife Pfirsiche holen, sie schälen, zerschneiden und mit den saftigen Früchten große weiße Bottiche füllen. Sie erzählen uns, dass sie aus England und den Niederlanden kommen, in der Nähe campen und auf diese Weise ihre Ferienkasse ein wenig aufbessern.

Michel Perrière und sein Sohn sind *Maîtres Glaciers*, ja, Meister in der Herstellung von Speiseeis, denn es gibt tatsächlich einen solchen offiziell anerkannten Titel, der nach dem Abschluss einer anspruchsvollen Ausbildung in Ernährungswissenschaft und natürlich in der Zubereitung von Speiseeis verliehen wird. Dabei herrscht Michel über Bottiche voll frischer Früchte und über frostkalte Edelstahlwannen, um die beständig Kältenebel wallen.

Wie eine Elfe schwebt Sissi Perrière eilends herbei und küsst uns überschwänglich. «Ihr kommt gerade recht, unsere neuen Sorbets zu probieren!»

Die Perrières stellen Speiseeis und Sorbets her, die sie sowohl an Privatkunden verkaufen als auch in größeren Mengen an Spitzenrestaurants, sorgsam ausgewählte Geschäfte und Cafés in der Region. Ihre

Anlage im Erdgeschoss des großen provenzalischen Hauses ist unerwartet modern, während Berge von Kisten mit Aprikosen, Birnen und Beeren, Eierkartons sowie die von einem Kühlwagen abgeladenen Behälter mit noch gefrorener Sahne davon zeugen, dass nur natürliche Zutaten verwendet werden.

Eigentlich könnte man für die vielen Eissorten selbst hinschmelzen, so geschmeidig, so fruchtig sind sie und doch nie zu süß. Aber wir sind als eingeschworene Liebhaber von Sorbets bekannt. Bisher war Waynes bevorzugte Geschmacksrichtung *cassis*, diese so herbe schwarze Johannisbeere. Ich schwanke noch zwischen Aprikose und Bitterschokolade (ja, Schokoladensorbet).

«Wir haben die ganze Woche experimentiert und Rezepte mit neuen Aromen ausgearbeitet», erklärt Sissi, während sie winzige Keramikschalen hervorholt. «Jetzt haben wir gerade Sorbets mit Rosmarin, Tomaten und Lavendel gemacht. Ihr seid die Ersten, die sie zu kosten kriegen.»

Sie stellt uns drei Schalen hin und füllt in zwei von ihnen ganz kleine Portionen ein. Der Urteilsspruch: Das rote Tomatensorbet ist vollmundig, pikant und schmeckt intensiv nach Tomate; eine Kugel davon kann ich mir gut auf eisgekühltem Gazpacho vorstellen. Als Nächstes versuchen wir das bläuliche, das mit Rosmarin; sehr aromatisch, leicht bitter, aufregend; könnte zu einem Geflügelsalat mit Ananas passen, müsste man aber in Ruhe ausprobieren. Zuletzt, nach einer Pause, lässt Sissi mit glänzenden Augen einen Teelöffel voll blaues Lavendelsorbet in die dritte Schale gleiten.

Ich beobachte, wie Wayne erst daran schnuppert, das Schüsselchen unter seiner Nase vorbeizieht, mit der Zungenspitze daran leckt und aussieht, als horche er in sich hinein. Schließlich lächelt er, dass seine Augen in Falten verschwinden, und isst die Kostprobe mit ebenso viel Andacht auf wie jemand, der zum Abendmahl geht. «Nehmen wir davon doch ein Viertel mit», bittet er, «wenn es keine größeren Packungen gibt.» Am Ende kaufen wir die gesamte versuchsweise hergestellte Menge auf. Und natürlich ein *Gâteau Sissi*, um unsere Gäste damit zu erfreuen.

Das *Gâteau Sissi* ist die jüngste Kreation im Repertoire der *Art Glacier*, die gewiss jedes Dessertproblem löst. Es ist nach seiner Erfinderin benannt und besteht aus einer dünnen Schicht Haselnusseis, auf der hübsche kleine Kugeln aller Sorbets und Eissorten des Hauses Perrière sitzen. Pastelltöne wie Pink, zartes Gelb, Rosa oder helles Grün kontrastieren mit den dunklen Farben von Schokolade, schwarzen Johannisbeeren oder blauen Weintrauben. Jede Kugel ist mit einem essbaren, mandelförmigen, kleinen grünen Blatt verziert. Nach Meinung aller ebenso spektakulär wie lecker.

Diese Kostproben nach dem Pastis haben unseren Appetit ein wenig gedämpft, aber was kann man sonst während der Mittagsstunden schon unternehmen? Alles ist zu, sogar Museen und Denkmäler sind geschlossen. Die Franzosen sind zu Hause und zelebrieren das Ritual ihres *déjeuner*. Da tut man es ihnen besser gleich. Zwar könnte man durch verwaiste Straßen schlendern oder mutterseelenallein über Land fahren, nur, wer will das schon?

Also essen wir, ganz langsam, und lassen es uns auf unserer luftigen, überdachten Terrasse genüsslich schmecken. Der unechte Lavendel verströmt in der prallen Sonne seinen intensiven Geruch. Wayne streckt die langen Beine aus und seufzt zufrieden.

«Mir ist nach Schlemmen zumute.»

Und er bringt zwei Schüsselchen mit Lavendelsorbet heraus. Dann setzt er sich auf den Rand eines Pflanzkübels, wo ihm die Blütenrispen über das Gesicht streichen, probiert einen Löffel voll, hält inne, um an seinem Sorbet zu riechen, wieder einen Löffel voll … Er schließt die Augen, lächelt hingerissen … Erneutes Schnuppern, erneutes Kosten …

Blume und Blüten, Wohlgeschmack und betörender Duft, Eiskaltes unter heißer Sonne, das sind die unverwechselbaren Ingredienzien dieses Sommertags. Die Stille ist mit Händen zu greifen, nur eine Biene summt, während sie über Waynes beinahe leerer Schale kreist, bis sie schließlich in ihr landet.

Die Grundlage
einer mediterranen Diät …

Die Salate der Provence

Alle folgenden Salate werden mit der gleichen Vinaigrette zubereitet. Sie ist sehr leicht herzustellen und enthält nur dreierlei Zutaten.

Vinaigrette

1 Tasse Olivenöl
¹/₂ Tasse Weinessig (am besten weißer Balsamico)
3 EL Dijon-Senf
(Auf Salz und Pfeffer kann verzichtet werden,
da der Senf gewöhnlich ausreicht. Bei Bedarf dem Salat
direkt hinzufügen.)

Marinierte Paprika

Ein Klassiker der provenzalischen Küche
und sehr einfach zu machen. Sie können eine größere
Menge zubereiten, als Sie benötigen, da die Paprika
umso besser werden, je länger sie in der
Marinade liegen.

4 große, glänzende rote Paprikaschoten
1 Knoblauchzehe, fein gehackt
Salz und Pfeffer
einige Basilikumblätter
Vinaigrette
Anchovisfilets und Kapern (nach Belieben)

Paprikaschoten längs halbieren. Stielansätze,
Samen und die weißen Rippen entfernen. Mit der
gewölbten Seite nach oben auf ein Kuchenblech
legen und unter den Grill schieben.
Sobald die Haut runzlig und dunkel wird (nach
ca. 10 Min.), die Schoten herausnehmen und in ein
Tuch einschlagen. Nach dem Auskühlen lässt sich
die Haut leicht abziehen. Die Paprika in Streifen
schneiden und in eine ovale Schüssel legen.

Salzen, pfeffern, mit dem gehackten Knoblauch
bestreuen, mit Vinaigrette übergießen und die
Basilikumblätter darauf verteilen. Mehrere
Stunden ziehen lassen.

Serviervorschlag: Sie können die marinierten
Paprika um einen kleinen Hügel aus pikant gewürz-
tem grünem Salat herum anrichten und sie sparsam
mit gehackten Anchovis und großzügig mit
Kapern bestreuen.

Tomatensalat

Während der Sommermonate werden in der
Provence nur selten Mahlzeiten serviert, ohne dass
eine Schüssel Tomatensalat auf dem Tisch steht.

5 Strauchtomaten (noch sehr fest)
1 Gemüsezwiebel, in feine Ringe geschnitten
Vinaigrette
Salz und Pfeffer

Die Tomaten mit einem sehr scharfen oder
einem Sägemesser in dünne Scheiben schneiden,
mit den Zwiebelringen in eine Salatschüssel schich-
ten, Vinaigrette darüber gießen und mit Salz
und Pfeffer bestreuen.

Gurkensalat

Noch ein Standardgericht! Es schmeckt auch allein
ausgezeichnet, passt aber besonders gut zu Fisch, vor
allem zu kaltem pochiertem Lachs.

4 oder 5 Gurken
grobkörniges Salz
Vinaigrette
Joghurt oder saure Sahne oder Crème fraîche
(nach Belieben)

Die Gurken so schälen, dass noch ein wenig
Grün erhalten bleibt. Der Länge nach halbieren
und mit einem Teelöffel die Kerne herausschaben.
Leicht schräg in dünne Scheiben schneiden.
In ein Sieb füllen, 1 EL Salz untermischen und mit
einem beschwerten Teller abdecken, damit ihr
bitterer Saft abfließt (mindestens 1 Stunde).
Dann die Gurken zwischen Papiertüchern aus-
pressen, um das letzte überschüssige Wasser zu
entfernen. Sie sollten weich, aber noch bissfest sein.
Mit Vinaigrette, Salz und Pfeffer würzen.
Nach Belieben Joghurt, saure Sahne oder Crème
fraîche hinzufügen.

Bohnensalat mit Champignons und Tomaten

Dieser Salat ergibt eine schmackhafte Vorspeise,
wird aber oft auch als Hauptgericht serviert, dem
eine Käseplatte und ein Korb mit Obst folgen.

450 g grüne Bohnen (frisch oder tiefgefroren)
150 g Champignons
Olivenöl
4 Strauchtomaten (noch sehr fest)
Vinaigrette
Salz und Pfeffer

gehackte frische Kräuter (Estragon, Kerbel oder
Schnittlauch) nach Belieben

Champignons putzen, in Scheiben schneiden
und in sehr heißem Öl anbraten, damit sie schnell
bräunen, ohne ihre Flüssigkeit abzugeben.
Grüne Bohnen in Salzwasser bissfest kochen,
abschrecken und abtropfen lassen. Tomaten in
Achtel schneiden und mit den grünen Bohnen und
Champignons vermischen. Mit Vinaigrette
übergießen, erneut mischen und mit Salz und Pfeffer
würzen. Nach Belieben mit gehackten
Kräutern bestreuen.

Mittagessen
in der Burg

*F*alls der Rosé meinem Erinnerungsvermögen keinen Streich gespielt hat, sind wir heute zum *déjeu-*
ner in der Burg eingeladen.

Nach qualvollem Kopfzerbrechen darüber, was
wir anziehen sollen, entscheide ich mich schließlich
für mein rotweißes Seidenkleid, weiße Sandalen
mit hohen Absätzen, jedoch ohne Strümpfe. Wayne
wollte in Jeans gehen, lenkt aber nach einem heftigen
Wortwechsel ein. Er wird ein Hemd mit offenem
Kragen, eine lange Hose und ein sommerlich leichtes
Jackett tragen. Wir können nur hoffen, dass man sich
in dieser Weise gewandet, wenn man sich zu Aristo-
kraten und – oh, ja! – sogar zu königlichen Hoheiten
begibt.

Die Burg sieht schon von unten, wo sie so hoch
über uns aufragt, recht eindrucksvoll aus. Aber sie
schüchtert einen ehrlich gesagt geradezu ein, wenn
man durch ihre großen, mit dem Löwenwappen bekrönten Tore schreitet und unter dem Fallgitter hin-
durchgeht, das sich, von einem alten Mechanismus
gesteuert, knarrend hebt und senkt. Wagen wir überhaupt, uns auszumalen, dass es heute für uns hochge-

zogen wurde? Die breite Steintreppe steigt steil an, biegt zweimal ab und steigt weiter an. Schließlich stehen wir, etwas außer Atem, unter geometrisch gestutzten Kastanienbäumen im Ehrenhof vor dem prunkvollen Portal mit einem Messinglöwen als Türklopfer. In den Stein oberhalb des Sturzes ist ein weiterer Löwe eingemeißelt, und auf der roten Fahne, die über unseren Köpfen im Wind knattert, prangt gleichfalls dieser heraldische Löwe.

Habe ich mich auch nicht im Datum geirrt?

Unser Klopfen hallt drinnen wider. Das Warten scheint uns lange, bis ein Hausmädchen mit weißer Schürze die Tür öffnet und uns über eine weitere Treppe in einen Salon führt.

Die Herzogin erhebt sich und kommt auf uns zu, um uns zu begrüßen. Mit beiden Händen ergreift sie meine Rechte, versichert uns, sie freue sich darüber, dass das Schicksal uns hierher gebracht habe, und sehe in der Restauration unseres Hauses ein gutes Omen für das Dorf. «Sagen Sie Ihren Freunden in Amerika, sie müssen unbedingt auch herkommen.» Sie spricht mit einem eleganten britischen Akzent, was Wayne sogleich anmerkt. «Ich bin in der Obhut englischer Gouvernanten aufgewachsen. Das war der letzte Luxus, den sich meine Familie leisten konnte.» Sie ist über die mittleren Jahre bereits hinaus, ein bisschen füllig, trägt keinerlei Make-up und hat völlig weißes Haar, aber die glockenreinste Stimme, die ich je gehört habe. Ihre Einfachheit und der Humor in ihren Augen gefallen mir auf Anhieb. Trotz – oder vielleicht gerade wegen – ihrer abgetragenen Schuhe, des schlichten Kleides und der bescheidenen Armbanduhr aus Stahl erkenne ich in ihr unschwer eine wahre *grande dame*, und meine Bewunderung für sie sollte von diesem Tag an noch weiter wachsen.

Sie stellt uns einen bleichen jungen Mann vor, einen entfernten Vetter, der angeblich für ein paar Wochen zu Besuch weilt. Wir lernen auch einige Honoratioren aus dem Dorf kennen, den Bürgermeister einer nahe gelegenen Gemeinde und einen Richter, die alle den Anschein erwecken, als seien sie ebenso tief beeindruckt wie wir. Das Hausmädchen bringt den Aperitif: ein Tablett voller Gläser mit schlichtem Rosé.

Zwischen erlesenen Antiquitäten hängen überall Familienporträts, ohne jeden Zweifel samt und sonders unbezahlbar. Aber die Polstermöbel sind abgewetzt und durchgesessen. Der Savonnerie-Teppich weist fadenscheinige Stellen und mehrere nur dürftig ausgebesserte Risse auf. Die Unterhaltung verliefe wohl recht steif, wenn die Herzogin sie nicht mit müheloser Leichtigkeit in Gang hielte. «Monsieur le Maire», wendet sie sich an den Bürgermeister, «bitte meiden Sie diesen Stuhl. Er hat eine gebrochene Feder und ich möchte nicht, dass Sie … Ihrem Sitzvermögen schaden.» Das bricht das Eis, jeder lacht und fühlt sich entspannter.

Dann kommt ihre Nichte, die Prinzessin, herein.

Jetzt weiß ich, was man zum *déjeuner* in der Burg trägt.

Man trägt ein schlichtes, verwaschenes Baumwollkleid, ärmellos, mit tiefem Ausschnitt und einem weiten, ziemlich langen Rock in einer Farbe, die einmal

Türkis gewesen sein mochte, dazu flache, um sonnengebräunte Knöchel geschnürte Espadrilles; man trägt eine Fünfzig-Zentimeter-Taille, kleine runde Brüste und blondes, mit einem Band im Nacken zusammengehaltenes Haar. Obendrein trägt man eine niedliche Stupsnase und zwei engelhafte Grübchen. Sie ist absolut hinreißend, ungeschminkt wie ihre Tante, aber wer braucht bei einem Aprikosenteint schon Make-up? Ich fühle mich zu fein angezogen, zu stark geschminkt und fehl am Platz. Sie umarmt mich und reicht Wayne die Hand, die er zu meiner Überraschung küsst, und ich sehe ihm sofort an, wie bezaubert er von ihr ist. Sein Blick verschwimmt wie neulich nach diesen zwei Glas Pastis. Das ist blitzschnell gegangen: Hier sollte jetzt im Drehbuch eine Szene für die Märchenprinzessin und den törichten, gut aussehenden Amerikaner stehen. Die Szene fehlt, aber die Prinzessin ist da, und Wayne lässt sie nicht aus den Augen.

Ihr Mann kommt etwas später herein, mit einem der Söhne der Herzogin. Beide beugen sich tief über meine Hand. Es stellt sich heraus, dass Wayne in seinem Leinenjackett und der langen Hose genau richtig angezogen ist, denn die anderen Herren sind auf gleiche Art gekleidet. Mit Ausnahme des Prinzen. Er ist unrasiert, blonde Stoppeln überziehen das Kinn, und sein Haar ist zerzaust. Sein blaues Arbeitshemd, aus dem die Ärmel herausgerissen sind, fällt über sehr kurze Shorts. Ich beobachte, wie die Herzogin die Lippen schürzt, sie sagt aber nichts. Der Prinz drängt mir ein Glas Wein auf. «Probieren Sie unseren Rosé zum ersten Mal?», fragt er mit verschwörerischem Lächeln. «Sie werden merken, dass man sich leicht an ihn gewöhnen kann.» Damit bringt er mich in Verlegenheit, weil er mir das Gefühl vermittelt, uns verbinde etwas Unerlaubtes, denn er kann doch seinen Besuch an jenem ersten Morgen und die Korbflasche Rosé nicht vergessen haben.

Als der Butler – ich habe ihn auch schon Mauerwerk an den Zinnen ausbessern und den Blumengarten hegen sehen, demnach erfüllt er wohl mehrerlei Pflichten – die doppelflügelige Tür zum Speisesaal öffnet, spielt sich eine kleine, vermutlich oft wiederholte Szene ab, die aber für Wayne und mich und sicher auch für die Honoratioren ungewohnt ist. Die Herzogin verneigt sich vor dem Prinzen, der sich daraufhin vor seiner Frau verbeugt, die wiederum mit einer Geste zu verstehen gibt, ihre Tante möge doch zuerst eintreten. Das vollzieht sich sehr unauffällig und kaum wahrnehmbar, aber dieses Ritual offenbart eine Welt, von der wir nichts wissen: Der Prinz nimmt dank seiner königlichen Abstammung hier den höchsten Rang ein, weshalb ihm das Privileg zusteht, einen Raum als Erster zu betreten. Aus Höflichkeit fordert er seine Ehefrau auf, ihm vorauszugehen, die jedoch ihrer Tante, der Herrin des Hauses, den Vortritt lässt. Eine Scharade? Wahrscheinlich, aber in dieser Umgebung und Gesellschaft beschwört sie jahrhundertealte Tradition herauf, eine Tradition, deren offensichtliches Überleben mich heute entzückt. Ein Schimmer von Respekt in einer zunehmend respektlosen Welt.

Der Speisesaal ist prachtvoll. Große Gobelins, die, so erklärt man uns, die mythologische Geschichte von Orpheus und Eurydike darstellen, bedecken die

Wände. Wie dem Teppich im Salon könnte es auch ihnen nicht schaden, einmal ausgebessert oder restauriert zu werden, denn Motten oder die Zeit oder beides haben ihnen sichtbar zugesetzt. Über dem Tisch breitet ein riesiger Kronleuchter aus Silber und Kristall seine zwölf Arme aus. Die Herzogin zeigt auf ihn.

«Den habe ich, bevor du gekommen bist, selbst poliert», erzählt sie ihrer Nichte und hält ihr die Hände hin, an denen noch Spuren schwarzer Flecken zu sehen sind. «Ja, ich habe fast den ganzen Vormittag auf diesem Tisch gestanden. Maria kann nicht alles machen, die arme Frau ist ohnehin schon überlastet. Und Carlos hat nebenbei mit dem Garten und all den Reparaturen, die unablässig anfallen, mehr zu tun, als er überhaupt bewältigen kann.»

Carlos, der Butler und gute Geist für alles, trägt – in einem weißen Jackett – auch das Essen auf. Zuerst reicht er eine schön geformte Kreation in Aspik, ein Mosaik aus Scheiben hart gekochter Eier und farbenfrohem Gemüse in einem Gelee, das auf der Zunge zergeht. «Mein eigenes Rezept», verrät die Prinzessin. «Und gar nicht teuer.»

Die Unterhaltung dreht sich um die Führungen durch die Burg. Jeden Nachmittag steht sie Besuchern offen, für fünfundzwanzig Franc pro Person mit Ermäßigungen für Kinder, Studenten und Gruppen. Daher muss ständig jemand verfügbar sein, und es ist klar, dass Maria und Carlos das höchstens gelegentlich übernehmen können; deshalb ist der junge, farblose Vetter eingeladen worden: Er führt jeden Nachmittag durch die Burg.

Als Hauptgericht gibt es Brathähnchen, vollendet tranchiert und rund um einen *tian*, einen traditionellen provenzalischen Eintopf aus Tomaten, Paprika und Auberginen angerichtet.

«Das Gemüse kommt alles aus unserem Garten. Und ich überlege immer noch, ob wir nicht versuchen sollten, auch Geflügel zu züchten», erläutert die Herzogin. «Das würde sparen helfen.»

Die Diskussion über die Burgbesichtigungen geht weiter. Jede dauert etwa eine halbe Stunde, obwohl sie ausgedehnt oder bei einer Gruppe, die wenig Interesse bekundet, auch abgekürzt werden kann. Es werden allerdings nur Repräsentationsräume gezeigt, weder der intime Salon, in dem wir an diesem Tag empfangen wurden, noch eines der vierzehn Schlafzimmer der Familie. An guten Tagen – am Wochenende und in den Ferien, vor allem im Sommer – strömen im Lauf eines Nachmittags oft Besucher für fünf oder sechs Führungen herbei, von denen die Herzogin regelmäßig selbst welche inkognito übernimmt. Sie sind die interessantesten, doch diese Rundgänge treppauf und treppab müssen mörderisch sein und geisttötend: Die Geschichte der Burg bis zum Überdruss zu wiederholen fordert seinen Tribut.

«Gestern habe ich eine Gruppe geführt», rühmt sich der Prinz, «und hab's dabei auf fünfzig Franc Trinkgeld gebracht. Am Ende der Tour hab ich mich vor den Ausgang gestellt, die Hand ausgestreckt und den Leuten erklärt: Ich bin Prinz Louis. Ich nehme keine Trinkgelder an, aber ich sammle für wohltätige Zwecke. Da hat es kaum einer gewagt, mir weniger als fünf Franc zu geben.»

Dem folgt eine lebhafte Debatte über Trinkgelder und die erfolgreichste Methode, an sie zu gelangen. Dazu schweigt die Herzogin. Dann sieht sie mich an.

«Sie müssen uns für ziemlich kleinkariert und geldgierig halten, aber diese Führungen stellen eine unserer Haupteinnahmequellen dar», sagt sie.

Teller werden abgeräumt, und der Nachtisch wird auf einer großen Kristallplatte mit Fuß aufgetragen. Es ist ein bestens gelungener Schokoladenkuchen, innen beinahe so weich wie Pudding. Bei seinem Geschmack fällt einem sofort «intensiv schokoladig» ein. «Der ist köstlich!», rufe ich begeistert aus.

«Den habe ich selbst gebacken», erzählt mir die Herzogin. «Ich liebe Schokolade, davon könnte ich mich ernähren. Wenn Sie wollen, gebe ich Ihnen ein paar Rezepte. Ich besitze eine ganze Sammlung, von der manche beinahe zweihundert Jahre alt sind. Damals war Schokolade eine große Neuheit. Sie wurde ‹Kolonialschokolade› genannt, weil sie aus den Kolonien in Mittelamerika kam.»

Danach wird über Monaco geredet. Die Herzogin ist mit der regierenden Fürstenfamilie verwandt und auch eng befreundet.

Sie wird jedes Jahr eingeladen, eine Woche dort zu verbringen.

«Ich bin sehr gern dort», gesteht sie. «Gleich bei der Ankunft wird einem ein Mädchen zugewiesen. Man bekommt seine Kleider gereinigt, gebügelt und bei Bedarf auch geändert, denn sie haben eine eigene Reinigung im Palast und es ist immer eine Schneiderin da. Schuhe und Koffer werden poliert und notfalls repariert. Und jeden Morgen wird mit dem Frühstück eine ausgedruckte Übersicht über alle Aktivitäten am Tag ins Zimmer gebracht ...»

«Aber du kannst deinen Hund nicht mitnehmen», fällt ihr der Prinz ins Wort. «Sie haben gerade neue Teppichböden verlegen lassen, und deshalb dürfen Hunde nicht rein. Rainier sieht das sehr eng.»

«Habt ihr denn euren nicht dabeigehabt, als ihr neulich kurz bei ihnen wart?» Der Hund der Prinzessin ist ein widerlicher, winziger Yorkshire-Terrier, der gerade auf ihrem Schoß sitzt und ihr Leckerbissen aus der Hand frisst oder den Butler anknurrt, sobald ihm der nur in die Nähe kommt.

«Das ist etwas ganz anderes», stellt der Prinz klar und blinzelt uns zu. «Dein Hund ist nur ein *herzoglicher*, während unserer ein *königlicher* ist. Da liegt der entscheidende Unterschied.» Und dann steigert er sich in das Thema hinein: «Jedenfalls möchte ich das mal erleben, dass Rainier Grimaldi versucht, mir zu sagen, was ich tun darf und was nicht.»

Wieder schürzt die Herzogin die Lippen und schweigt. Kein Zweifel, zwischen ihr und ihrem angeheirateten königlichen Neffen bestehen gewisse Spannungen. Weil er den höheren Rang einnimmt, nutzt er jede Gelegenheit, sie damit zu ärgern. Deshalb erscheint er auch unrasiert und indiskutabel gekleidet zum Essen und neckt sie jetzt mit Rangordnung und Etikette. Diese Fragen bedeuten wohl trotz der offensichtlichen Schlichtheit der Herzogin beiden sehr viel. Doch da legt er unvermittelt los:

«Diese Grimaldis waren nichts weiter als niederer Adel aus Genua. Nur, *sie* haben es geschafft, am Ruder zu bleiben. *Wir* stammen von einem siebenhundert

Jahre alten Königsgeschlecht ab, mit verwandtschaftlichen Beziehungen zu allen Kronen Europas … Und heute sitzt Rainier noch immer auf dem Thron seines Westentaschen-Fürstentums und wird mit jedem neuen Bauwerk, das dort entsteht, wohlhabender, während *ich* auf der Suche nach einem Job bin.»

Unterdessen füttert die Prinzessin ihren Yorkie und tauscht – tut sie's wirklich oder bilde ich mir das bloß ein? – verstohlene Blicke mit Wayne aus, die auf ein Geheimnis zwischen ihnen schließen lassen. Als er sich nach ihren Übungen am Klavier erkundigt, bittet sie ihn, sie in das Zimmer hoch oben im Turm zu begleiten, wo er sich und sein «technisches Genie», wie sie es nennt, an einem verklemmten Pedal nützlich machen könnte. Er springt auf, sie drückt ihren Yorkie dem bleichen Vetter in die Hand, der sofort gebissen wird, und beide verlassen den Speisesaal, zwar nicht gerade Hand in Hand, doch für mich sieht es trotzdem so aus.

Darüber nicht im Geringsten ungehalten, bietet der Prinz mir an, mich durch die Burg zu führen. Er greift nach meinem Arm und lotst mich durch einen riesigen Salon mit lebensgroßen Gemälden von adligen Herren hoch zu Ross und Damen in Krinoline. Dann gehen wir durch eine Bibliothek und nicht mehr genutzte Schlafgemächer mit Himmelbetten: das eines Herzogs und einer Herzogin, eines Bischofs und eines Königs. Der Legende nach soll François I. im 16. Jahrhundert auf dem Rückweg von seinen Italienfeldzügen hier genächtigt haben. Wir steigen in Waffenkammern voller Rüstungen, Spieße, Musketen, Pistolen und Säbel hinunter und betreten schließlich einen gewundenen, mit Steinplatten ausgelegten Gang, der zur Privatkapelle führt. Der Prinz gewährt mir nur einen flüchtigen Blick auf die Betstühle, alle mit Stoff bezogen, auf den Herzoginnen früherer Jahrhunderte in Petit-point-Stichen das Löwenwappen gestickt haben. Der Altar aus schwarzem Marmor ist, wie ich erfahre, ein Geschenk des Vatikans.

Als wir wieder in dem langen Gang sind, zeigt er auf eine kleine, schulterhohe Tür in der Wand. «Schauen Sie mal», sagt er und zieht sie auf, obwohl sie klemmt und quietscht. Er leuchtet mit seinem Feuerzeug hinein. «Das war früher das Verlies.» Der Raum mag etwa einen Meter fünfzig im Quadrat messen. Ein Steinboden, eine steinerne Bank an einer Wand, keine Frischluft, kein Fenster, immer während Dunkelheit.

«Aber da war ja nicht einmal genug Platz, dass sich ein Mensch hinlegen konnte», sage ich entrüstet.

«Wahrscheinlich nicht», entgegnet der Prinz mit einem Schulterzucken. «Aber schließlich hat man sie hier nicht eingesperrt, damit sie es gemütlich haben.» Mich schaudert es, worauf er seinen Arm um meine Taille legt. «Sie merken natürlich, dass der Raum ziemlich lange nicht mehr benutzt worden ist.» Dann führt er mich weiter.

«Und jetzt sehen Sie sich das an.» Er zeigt auf eine Stelle, an der man mehrere Steine entfernt und ein in die Wand eingelassenes Versteck freigelegt hat. «Dazu gibt es eine sonderbare Geschichte, die sich erst jüngst ereignet hat.» Er hebt morsche Teile eines zerbrochenen Stuhls auf, lässt sie wieder fallen und reibt sich den Staub von den Fingerspitzen.

«Meine Frau hat im vergangenen Winter ein Konzert in Südafrika gegeben. Danach bat ein älterer blinder Mann darum, in ihre Garderobe geführt zu werden. Er hielt ihre Hand und erzählte ihr, dass er beim Zuhören eine Vision gehabt habe: Sie, meine Frau, habe mit einem alten Haus in Verbindung gestanden, vielleicht auf einem Berg, und darin habe sich in einem langen Gang, der zu einer heiligen Stätte führte, ein gefährlicher, mit einem Fluch beladener Gegenstand befunden, der entfernt und exorziert werden sollte.

Also hat sie augenblicklich ihre Tante angerufen, die ihr erklärte, dass sie das nicht überrasche. Ihr Hund bellt nämlich jedes Mal, wenn er mit ihr durch diesen Gang geht. Er bleibt immer an derselben Stelle stehen, sagte sie, und knurrt wütend die Wand an. Sie hat nie begriffen warum, werde aber jetzt versuchen, es herauszufinden.

Daraufhin wies sie Carlos an, den Putz von der Wand zu klopfen und einige Steine herauszubrechen. Da kam tatsächlich dieser Hohlraum zum Vorschein, den Sie hier sehen.»

«Und … war was drinnen?», frage ich ein wenig zaghaft. Spüre ich wirklich einen kalten Hauch und die Gegenwart von etwas Unheimlichem in diesem engen, dumpfen Gang? Im Übrigen überlege ich, ob Wayne wohl noch immer mit der Prinzessin oben im Turmzimmer ist.

«Ja, es war was drinnen. Erst einmal dieser kaputte Stuhl und dann noch ein Porträt, das vor langer Zeit runtergefallen sein muss. Aber ich erzähle Ihnen lieber nicht mehr darüber, das würde Sie nur beunruhigen. Nein, nein, das mach ich nicht. Fragen Sie die Duchesse, wenn es Sie interessiert. Ich bin sicher, sie zeigt es Ihnen – das heißt, wenn Sie sicher sind, dass Sie es sehen wollen.»

Ich weiß nicht, was an einem Porträt so furchtbar sein könnte, aber mittlerweile fühle ich mich offen gestanden sehr unbehaglich. Es muss mir anzumerken sein, denn der Prinz hebt spielerisch meine Hand an seine Lippen, küsst die Innenfläche und sieht mir dabei in die Augen.

«Wie alt ist dieses Porträt?», erkundige ich mich und hoffe, damit die aufgeladene Atmosphäre zu entspannen. Ich wollte, es wäre alt genug, dass sich alles, was je Übles an ihm war, bereits verflüchtigt hat und es heute harmlos ist.

«Oh, vielleicht an die vierhundert Jahre. Die Duchesse bewahrt es in einem abgeschlossenen Raum im oberen Stock auf. Aber sie behauptet, ihr Hund benimmt sich immer noch so wie früher, wenn sie mit ihm durch diesen Gang geht. Es ist wohl noch etwas von dem Fluidum hier zurückgeblieben.»

Inzwischen wäre es mir wirklich lieber, wir würden uns an einen erfreulicheren Ort begeben, und das sage ich dem Prinzen auch, der mich, den Arm wieder eng um meine Taille gelegt, zu weiteren Treppen, weiteren Fluren und schließlich in das Gemach der Heiligen führt. Dieser kahle, durch bunte Glasfenster nur spärlich erhellte, aber recht große Raum bildete vor Jahrhunderten den Kern der mittelalterlichen Festung. Hier lebten Amat und Eliabel. Es war im vierzehnten Jahrhundert …

«Der König befand, dass der junge Erbe Amat

reich verheiratet werden sollte, denn die Familie, getreue Diener des Throns, brauchte eine Kapital-spritze …» Er hält inne. «Ein endemisches Problem. Das hat sich bis heute nicht geändert.»

Sobald der früh verwaiste Knabe das heiratsfähige Alter von dreizehn Jahren erreicht hatte, ehelichte er also auf Geheiß des Königs Eliabel, ebenfalls eine Waise, aber Erbin eines unermesslichen Vermögens. Eliabel war von einer Verwandten, der Äbtissin eines Klosters, aufgezogen worden. Unter dem Einfluss dieser heiligen Frau hatte sie sich Gott verschrieben und gelobt, für immer Jungfrau zu bleiben. Man musste sie gewaltsam aus ihrem Kloster zerren und brachte sie trotz ihrer Tränen und Proteste unter die Haube.

«Doch in der Hochzeitsnacht gestand sie dem jugendlichen Bräutigam ihren Keuschheitsschwur. Gerührt erklärte er sich bereit, ihn zwei Jahre lang zu respektieren. In dieser Zeit färbte ihre Frömmigkeit anscheinend auf ihn ab, denn am Ende der Frist willigte er in dauerhaft auferlegte Enthaltsamkeit ein. Sein Großvater, der sich darüber wunderte, dass dem jungen Paar noch keine Nachkommen beschieden waren, sah sich nach einer Weile veranlasst, eine Dienerin darauf anzusetzen, die beiden in ebendiesem Schlafgemach heimlich zu beobachten.

Und die entdeckte, dass sie die Nachtstunden neben dem Bett kniend zubrachten, jeder auf seiner Seite und ins Gebet vertieft. Sie berichtete sogar, sie habe über ihnen einen Engel schweben sehen, der aus Rosen gewundene Kränze über ihre Köpfe hielt, was ein sicheres Zeichen für die Gnade Gottes sei. Auf diese Weise erfuhr der Großvater, dass die Keuschheit an die Stelle fleischlicher Begierde getreten war, und da gab er wohl die Hoffnung auf einen Erben auf.

Später vollbrachte Amat dann die Wunder, derentwegen er in die Reihen der anerkannten Heiligen aufsteigen durfte. Als er zum Beispiel während einer Hungersnot befahl, die Türen der Kornspeicher der Burg zu öffnen, da rollten – siehe da! – ganze Wogen von Weizen vor die Füße der ausgehungerten Dörfler. Das Fest zu seinen Ehren wird jedes Jahr am zweiten Sonntag im September gefeiert.»

«Und was wurde aus seiner Frau, Eliabel?», will ich wissen.

«Ach, die», der Prinz winkt mit einer lässigen Handbewegung ab. «Die ist bloß selig gesprochen worden, ein viel niedrigerer Rang im Paradies. Ist doch normal, finden Sie nicht? Schließlich hat *er* ja am meisten gelitten. Aber aus Höflichkeit nennen wir sie auch eine Heilige.»

«Ist die Keuschheit ein anhaltender Zug in der Familie?», frage ich leichtfertigerweise spöttisch.

Und da kommt es mir so vor, als rutsche sein Arm ein bisschen höher als meine Taille. Ich weiche unmerklich aus.

«Nein», antwortet er lachend. «War wohl nur das eine Mal. Ein weiterer Fall ist mir nicht bekannt. Eine Unbill, die ganz sicher *nicht* in der Familie liegt.»

Aber anscheinend haben Amat und Eliabel, ehe sie starben, ihr gesamtes Vermögen unter die Armen verteilt, um diese Welt in vom Evangelium gepriesener Armut zu verlassen. Nur die Burg, ein unveräußerlicher Besitz, ist erhalten geblieben und ging auf einen Vetter gleichen Namens über.

«Immer die große Geste im Blick, aber keinen Sinn fürs Geschäft», bemerkt der Prinz abschließend.

Wir sind am Fuß einer weiteren steilen Treppe angelangt, die höher hinauf reicht als irgendeine der anderen.

«Die führt in das Zimmer im obersten Stock des Turms. Wollen Sie rauf?»

Als wir oben ankommen, stößt er eine Tür auf, und da sind Wayne und die Prinzessin. Sie sitzt am Klavier und schlägt einzelne Töne an, während Wayne, dem die Haare in die Augen hängen, sich vornüberbeugt und in das Gehäuse hineinschaut. Mit absoluter Unschuldsmiene blickt er hoch.

«Ich finde nicht raus, was mit diesem Pedal los ist. Ich fürchte, da muss ein Fachmann ran.»

Die Prinzessin zieht einen Schmollmund, dann zeigt sie ihre Grübchen. «Was für ein Engel! Er hat sich so sehr bemüht, mir zu helfen!» Ich bemühe mich hingegen, nicht darüber nachzudenken, ob er die ganze Zeit seinen Kopf in diesem verdammten Klavier stecken hatte. Und es gelingt mir – gut so.

«Haben Sie Lust, noch weiter hinaufzusteigen?», schlägt der Prinz vor.

Alle vier klettern wir über eine Leiter nach oben, dann stehen wir in gleißendem Licht auf dem höchsten Punkt der Burg, dem quadratischen Turm, umgeben von einer schulterhohen Mauer mit Zinnen. In der Mitte des Gevierts steht ein stählerner Mast, an dessen Spitze die rote Fahne mit dem Löwen im Wind flattert, in einem Wind, der uns den Atem nimmt.

Der Blick von diesem Aussichtspunkt ist Ehrfurcht gebietend, und in der Ferne ragen schneebedeckte Alpengipfel aus dem Dunst. Vor tausend Jahren haben hier Wachposten gestanden und das Rund des Horizonts nach Anzeichen sich nähernder Feinde abgesucht. Heute nähern sich indes verheißungsvollere Anzeichen.

«Schaut euch diese Reisebusse an! Gleich drei, und alle in unsere Richtung! Da blüht das Geschäft ja heute», jubelt der Prinz.

Sobald wir wieder unten sind, frage ich die Herzogin nach dem Porträt. «Hat Ihnen Louis also davon erzählt! Ja, eine merkwürdige Geschichte. Kommen Sie mit, ich zeige es Ihnen.» Wieder Treppen, wieder Flure und noch mehr Treppen, mit denen sie es unermüdlich aufnimmt. In einem beinahe leeren Raum liegt neben einem niedrigen Tisch ein Bild auf dem Fußboden. Die Herzogin bückt sich, hebt es auf und legt es auf den Tisch. Dann klappt sie die hölzernen Fensterläden auf.

Das Gemälde zeigt einen Mann in kirchlicher Tracht, der in der rechten Hand ein offenes Kästchen hält. Anscheinend blickt er hinein. Nur, man hat ihm die Augen ausgestochen, sodass an ihrer Stelle zwei ausgefranste Löcher klaffen. Das Herz ist ebenfalls durchbohrt und die gesamte Leinwand wie wahllos mit Stichen durchlöchert.

«Ich vermute, jemand hat einen Grund gehabt, ihn zu hassen, wer er auch gewesen sein mag», bemerkt die Herzogin. «Es wäre interessant, zu erfahren, was er getan hat und was sich in diesem Kästchen befindet.»

Ahnt sie, weshalb das Bild zerstochen und eingemauert wurde? Sie schüttelt den Kopf, nein. Und als spräche sie zu sich selbst, fügt sie hinzu: «Komisch, jedes Mal wenn ich herkomme, finde ich ihn auf dem Boden vor. Ich lege das Bild flach auf den Tisch, und am nächsten Tag ist es wieder runtergefallen ... Ich wollte es schon verbrennen, aber der Priester, der es exorziert hat, riet mir davon ab. Man kann nie wissen, was man damit womöglich auslöst, hat er gesagt. Der Rauch, wissen Sie ... Er könnte böse Kräfte freisetzen, die besser gefangen bleiben.»

All das, für mich eigentlich beängstigend, scheint für sie etwas Alltägliches zu sein, und sie wird mit dem heimtückischen Porträt offenbar spielend fertig. «Das ist eine Situation, mit der man es an einem Ort wie diesem eben zu tun bekommt. In einer mehr als tausend Jahre alten Burg muss man ab und zu mit unerklärlichen Ereignissen rechnen.»

Während wir hinuntergehen, linst sie durch ein Fenster und zählt die Touristen, die in den Burghof strömen. «Ziemlicher Andrang heute», stellt sie zufrieden fest. «Das gibt viele Führungen.»

Prinz und Prinzessin wollen uns begleiten und nehmen Waynes Einladung an, sich unser Haus anzuschauen. Nach all der Pracht in der Burg kommt es mir plötzlich so klein und bescheiden vor, dass ich beinahe verlegen werde.

Doch die Prinzessin sieht sich um, lässt ihre Blicke durch unsere neu aufgebauten und eingerichteten Räume schweifen, dann seufzt sie: «Wenn ich mir vorstelle, das alles *kaufen* zu können! Es muss schön sein, Amerikaner zu sein.»

Dunkel, weich und üppig …

Der Schokoladenkuchen der Herzogin

Die Mengenangaben sind für eine Springform berechnet. Das Geheimnis liegt darin, den Kuchen
nicht zu lange zu backen, damit er innen noch ein
wenig cremig bleibt.

200 g Blockschokolade
200 g Zartbitterschokolade
12 Eier, getrennt; Eiweiß auf Zimmer-
temperatur halten
500 g Zucker
400 g Butter, Zimmertemperatur
150 g Mehl

Garnierung:
Puderzucker
Mandelblättchen
Maraschinokirschen

Schokolade *am Stück und ohne umzurühren*
im Wasserbad schmelzen. Eigelb und Zucker
schaumig rühren, bis die Masse fast weiß ist. Lauwarme Schokolade zufügen,
dann die weiche, aber nicht geschmolzene
Butter. Mehl einrühren und gut vermischen.
Eiweiß zu steifem Schnee schlagen und
behutsam unterziehen.
Eine Springform mit Butter einfetten, mit Kristall-
zucker bestreuen und überschüssigen Zucker

abschütteln. Teig einfüllen, dabei oben einen
1–2 cm breiten Rand lassen.
In den auf 150 °C vorgeheizten Backofen schieben.
Der Kuchen soll nicht aufgehen, sondern nur ein
wenig anschwellen. Geht er zu sehr auf, Temperatur
reduzieren. Nach 30 Minuten erste Druckprobe
mit dem Finger machen. Er sollte außen fest und
innen elastisch sein, und die Kruste sollte einen noch
cremigen, aber *nicht flüssigen* Kern umschließen.
Im Zweifelsfall den Backofen ausschalten
und den Kuchen noch ein paar Minuten darin
stehen lassen.
Garnierung: Mit Puderzucker bestreuen.
Belegen Sie den Rand mit einem Kranz aus Blüten,
die Sie aus Mandelblättchen mit einer Maraschino-
kirsche in der Mitte formen. Verteilen Sie auch
einige Blüten innerhalb des Kranzes.

Fahren Sie nie nach
Saint-Tropez

*E*s sieht so aus, als könnte Wayne nachmittags gar nicht schnell genug aus dem Haus kommen.

Er muss etwas Wichtiges erledigen, vielleicht in Pertuis, oder er braucht ein bisschen frische Luft, sagt er mir, obwohl er auf unserer Terrasse frische Luft im Überfluss hat. Oder er hat zuvor ein Motiv entdeckt, das er im Nachmittagslicht fotografieren möchte. Leider weiß ich genau, wohin er geht, auch wenn er sich womöglich selbst etwas vormacht.

Abseits der Place du Château, neben der Kirche, bilden die Befestigungswälle eine Nische. Sie liegt im Schatten eines alten Olivenbaums mit geteiltem Stamm, an dem die Kinder zuweilen gern hinaufklettern. So mancher hält sich am Nachmittag oder frühen Abend hier auf, genießt den luftigen Schatten und blickt über die in Stufen abfallenden Dächer ins Tal hinunter, wie auf ein Schachbrett aus Weingärten und Feldern mit Melonen oder Sonnenblumen, die jetzt gerade in blendendem Chromgelb blühen. Weiter draußen heben sich andere Dörfer vom Grün der Landschaft ab: Cucuron, Vaugines, Fontjoyeuse ... Das Flüsschen Aigues, im Frühling ein reißender

Wildbach, ist im Sommer kaum mehr als ein dünnes Rinnsal, aber sein Tal säumen weitere Dörfer wie La Tour d'Aigues oder Peypin d'Aigues, sie alle ein dichtes Gewirr aus sonnendurchglühten Ziegeldächern. Am Horizont zieht sich die Gebirgskette des Luberon entlang, dessen Hänge im Spiel des Lichts stets in rotstichiges Blau getaucht sind.

Aber es ist nicht diese Bilderbuchlandschaft, die Wayne an den halb verborgenen Ort lockt. Rein zufällig habe ich ihn neulich entdeckt, wie er an dem Baumstamm lehnte, während die Prinzessin auf der niedrigen Mauer saß und die Beine baumeln ließ. Weiß Gott kein Grund für irgendwen, sich schuldig zu fühlen, und ich bin auch sicher, dass das keiner tat. Es war alles ganz harmlos.

Schon allein deshalb, weil sich die Prinzessin gewiss nicht für einen so offensichtlich plebejischen Mann wie diesen hoch gewachsenen amerikanischen Fotografen interessieren würde. Immerhin entstammt sie einem weit zurückreichenden Geschlecht des Hochadels und hat in den noch höheren Rang eines Königshauses eingeheiratet. Könnte es sein, dass sie sich nur verpflichtet fühlt, zu ihm ebenso charmant zu sein wie zu allen anderen? Dass sie seine offensichtliche Bewunderung genießt? Langweilt sie sich? Wenn ich es mir recht überlege, hat sie in der Burg nicht viel Abwechslung, sofern nicht gerade interessante Gäste anwesend sind. Das Dorf dürfte dieser schönen jungen Frau auch nicht viel bieten. Sie hat zwar einen attraktiven Ehemann, und ich habe die beiden auch schon Händchen halten sehen, aber er ist oft fort, denn er hat auch andernorts Verpflichtungen.

Und so macht Wayne jetzt fast jeden Nachmittag, wenn er zu seinem Auto geht, einen kleinen Umweg, oder er schlendert angeblich in der Absicht, seine Lunge aufzutanken, mit umgehängter Kamera durchs Dorf, stets auf der Suche nach «tollen» Schnappschüssen. Doch sein planloses Umherstreifen führt ihn unweigerlich immer wieder zu dieser niedrigen Mauer und in den Schatten des Olivenbaums. Liegt es an der Prinzessin, die womöglich ihre schlanken Fesseln über den Festungswall geschwungen hat, dort sitzt und sich mit diesem oder jenem Dorfbewohner unterhält? Und ihr Geplauder – da bin ich die Erste, die das zugibt – ist wirklich charmant. Sie kennt jeden, denn sie hat schon als kleines Mädchen all ihre Sommerferien auf der Burg verbracht. Unfehlbar erinnert sie sich an Gebrechen, Probleme und Freuden der Leute, erkundigt sich nach dem Rheumatismus der Großmutter, den Prüfungen des Enkels und dem beruflichen Aufstieg der Tochter. Sie weiß, dass die uralte, im vergangenen Jahr vom Mistral verwüstete Glyzinie an der Terrasse des *Perron* wieder blüht und dass Angèle, die im Rathaus arbeitet, Zwillinge zur Welt gebracht hat.

Wenn die alte Madame Oraison auf ihren Stock gestützt heranhumpelt, rennt sie ihr entgegen, umarmt sie, schnattert mitfühlend über dieses schlimme Bein und hilft ihr die Stufen zur Kirche hinauf. Da mag ihr Yorkie zwar jeden, der kommt, anknurren, sie ist ganz und gar lächelnde Warmherzigkeit und Teilnahme. Vielleicht ist das ihre von einem genetischen Gedächtnis suggerierte Art, Hof zu halten. Auf jeden Fall glaube ich nicht einen Augenblick lang, dass sie etwa auf jemanden wartet.

Schließlich kann sie ja, wenn Wayne auftaucht und wie spielerisch seine Kamera auf ihr schmales Figürchen richtet, nicht gut plötzlich unwirsch werden. Also macht sie ihm stattdessen Komplimente über sein neues Hemd oder seinen wilden Haarschopf und spricht mit ihm in ihrem tastenden, primitiven Englisch, das er, da bin ich mir sicher, unwiderstehlich findet. Sie deutet auf einen Platz für ihn, und so bleiben sie eine Weile sitzen, in der ihre edlen Züge grenzenlose Faszination widerspiegeln. Wie schon gesagt, alles ganz harmlos, aber aus Gründen, die ich nicht zu erklären brauche, gefällt es mir überhaupt nicht.

Ich weiß, ich muss mir eine Ablenkung einfallen lassen. Der Prinz ist bereits abgereist, zu einer Kreuzfahrt durch die Ägäis, zu der ihn der Spross eines anderen Königshauses auf seine Yacht eingeladen hat, sagt die Herzogin. Auch die Prinzessin soll demnächst zu einem gesellschaftlichen Ereignis aufbrechen. Ich meine gehört zu haben, es geht um einen Ball in Deauville, der anlässlich der Rennsaison stattfindet. Falls ich es schaffe, Wayne für ein paar Tage von hier wegzulocken, dann ist sie bei unserer Rückkehr bereits fort.

Deshalb schlage ich ihm strahlend einen Ausflug nach Saint-Tropez vor, den viel gerühmten Urlaubsort an der Riviera, etwa zwei Stunden von hier entfernt. Nur so ein spontaner Einfall, erkläre ich ihm. Wie erwartet, kostet es Mühe, ihn zu überreden. Er möchte hier bleiben und kann sich keinen Ort vorstellen, an dem er lieber wäre. Haben wir hier nicht alles, was das Herz begehrt? Ich verkneife mir, zu sagen, dass es genau das ist, weshalb ich versuche ihn wegzulotsen, und komme ihm stattdessen mit dem zugkräftigen Argument: Fotomotive. Wäre es denn nicht auch eine Schande, so nahe zu sein und nicht einmal zu wissen, was das eigentlich ist, was andere an Saint-Tropez so attraktiv finden? Wie dem auch sei, wir brauchen ja nicht für immer dort zu bleiben. Nur so lange, wie uns danach ist, und keine Sekunde länger. Letzten Endes lässt er sich erweichen, also bestelle ich ein Hotelzimmer und packe meinen neuen Badeanzug ein.

Saint-Tropez liegt an der Spitze einer kleinen Halbinsel, fernab von jeder Autobahn oder Durchgangsstraße. Genau diese Abgeschiedenheit führte zu seiner Berühmtheit, weil in den sechziger Jahren Brigitte Bardot, damals auf dem Gipfel ihres Ruhms, Zuflucht zu diesem Fischerdorf nahm, an dem der in Mode gekommene Sturm auf die Riviera vorbeibrauste. Im Sommer, sagte man uns, wäre es am einfachsten, mit der Fähre von Saint-Raphaël aus überzusetzen, da die einzige Zufahrtsstraße meistens verstopft sei. Aber wir taten den Vorschlag mit einem Achselzucken ab. Was kann denn schon so schlimm daran sein, kaum dreißig Kilometer durch eine malerische Landschaft zu fahren?

Nach der Autobahnausfahrt biegt man in eine schmale Straße ein, die sich durch eine Hügelkette und einen Korkeichenhain nach dem anderen windet. Die meisten Stämme sind blank und nackt, ihre abgeschälte dicke Rinde liegt zu Bündeln verschnürt am Wegesrand und wartet auf den Abtransport in die Korkfabriken. In scharfen Haarnadelkurven geht es hinauf und hinunter und wieder hinauf, vorbei an den

Befestigungsanlagen von La Garde-Freinet, wo die letzten Seeräuber noch jahrhundertelang durchgehalten haben, dann fällt das Gelände zur Küste hin ab. Das könnte eine schöne Fahrt sein, ist es sicher auch – außerhalb der Saison.

Doch im Sommer ist es ein Albtraum.

Autos, Wohnwagen und Wohnmobile mit Nummernschildern aus allen europäischen Ländern, dazwischen Laster, die Nachschub bringen, sie alle stecken in riesigen *bouchons*, in Pfropfen, wie die Franzosen ihre Verkehrsstaus nennen. Man wartet, der Motor läuft heiß, bis man beschließt, ihn abzustellen, weil man sich so wenig bewegt wie eine Fliege in Bernstein und nur geringe Hoffnung hegt, dass sich das in der nächsten halben Stunde ändert. Dann schreckt einen plötzlich beängstigendes Röhren auf, und man wird von einer Staubwolke eingehüllt: Deutsche Motorradclubs haben Saint-Tropez entdeckt und den Ort allem Anschein nach als bevorzugtes Reiseziel auserkoren. Also schlängeln sich ihre schweren Harleys mühelos durch den zum Erliegen gekommenen Verkehr. Amerikanische *Hell's Angels* sind, gemessen an dieser Sorte Mensch, ein zahmer Trupp: ärmellose Lederhemden, um nackte Arme gewickelte Ketten über tätowierten Totenköpfen und Hakenkreuzen. Die auf dem Sozius mitfahrenden Mädchen pressen ihre dicken nackten Oberschenkel an die Männer, und ihr blondes Haar quillt aus gehörnten Helmen, dass sie aussehen wie Walküren auf dem Schlachtfeld. Die in den Schäften der Stiefel steckenden Stichwaffen wirken ebenso bedrohlich wie die mit Stahlspitzen besetzten Sporen, wenn die Maschinen auf ihrem Weg ins süße Saint-Tropez von dröhnendem Hard Rock begleitet vorüberdonnern.

Saint-Tropez, wo wir nach sechs Stunden für kaum dreißig Kilometer endlich eintreffen, entpuppt sich tatsächlich als hübscher, kleiner Fischerhafen, dessen Stadtväter es mit einer Gebietsreform geschafft haben, ihn scheinbar unberührt zu erhalten. Kleine Geschäfte säumen die rechtwinkelig angelegten Kais, wie sie es immer getan haben, nur dass jetzt dicht an dicht mit Lebensmittelladen und Bäckerei Designerboutiquen kostspieligere Notwendigkeiten feilbieten: zum Beispiel einen Wickelrock aus Chiffon für dreitausend Dollar. Der winzige BH und das Höschen, das bei jedem Schritt hervorblitzt, werden separat verkauft. Wo sind die Kunden für derlei Kleidung?

Auf den Yachten.

Denn da, wo früher Fischerboote ihren Fang abluden, sind nun Yachten vertäut. Nicht die gewöhnlichen, von der Art der Kabinenkreuzer. Nur die größten, luxuriösesten, die alle nach grenzenlosem Reichtum stinken, teilen sich die privilegierten Liegeplätze in der ersten Reihe. Zweifellos existiert ein System, das vielleicht auf gestaffelten Gebühren beruht, aber auf jeden Fall die schlichteren Boote weiter nach hinten verbannt, in die anonyme Masse schwankender Masten und wippender Antennen.

Und jetzt wird mir klar, warum man nie und nimmer nach Saint-Tropez fahren sollte.

Mädchen.

Mädchen sind überall in Saint-Tropez. Gleich jungen, von der Flut angespülten Göttinnen liegen sie nackt auf den Oberdecks der Yachten, sie stehen mit einem Glas in der Hand und nur mit drei strategisch platzierten Stoffblumen bekleidet auf dem unteren Deck oder hängen dekorativ in Liegestühlen herum, in denen sie endlose Bräune zur Schau stellen. Sie stolzieren an der Hafenmauer entlang, wobei sie nicht viel mehr als einen Tanga tragen oder vielleicht einen langen, durchscheinenden Rock, der beim Gehen auseinander klappt, oder sie sitzen mit entblößtem, wenn nicht gleich ganz nacktem Busen vor den Cafés. Weiter drinnen im Ort spielen sie unter Platanen Boule und haben selbst dabei nur einen Bikini an, zur Freude der spitzbäuchigen einheimischen Männer, die auf Stühlen am Rande der Boulebahnen hocken und ihren Anblick kommentieren. Sie kaufen auch auf dem Markt in superkurzen, hautengen Shorts und aufgeknöpften Blusen ein, die jedes Mal, wenn sie den Arm nach einem Pfirsich ausstrecken oder ein Pfund Tomaten abwiegen, ihre Brüste zur Schau stellen.

In Saint-Tropez wimmelt es nur so von Brüsten, entweder entblößten oder nur zum Entblößen bedeckten. Aber nicht die schweren Silikonbusen, denn wogende Dekolletés sind out, out, out. Die Brüste in Saint-Tropez sind von der Art, die man nicht kaufen kann: klein, fest, nach oben gereckt. Sie gleichen, wenn überhaupt etwas, dann halben Zitronen oder besser: spitzen Hyazinthenzwiebeln. Keine hängt oder lässt auch nur ansatzweise die Wirkung der Schwerkraft ahnen. Sanft geschwungene Rippenbogen gehen in runde, schmale Taillen über, und in den straffen Bäuchen sitzen niedlich krause Nabel. Beine sind lang und schlank. Haare reichen bis zu den

Hüften, glatt und wehend, rabenschwarz oder matt karamellfarben. Anscheinend sind Rot und Platinblond in diesem Jahr nicht gefragt. Jede Frau, die sonst stolz ist auf ihre gute Figur und einen flotten Haarschnitt, fühlt sich unversehens wie ihre eigene Großmutter.

Und all diese Mädchen, die ihre aufreizenden, jungen Körper zur Schau stellen, erwecken den Eindruck, auf der Pirsch zu sein, auf der Jagd nach ... Sex? Wahrscheinlich. Aber Sex als Mittel zum Zweck, da bin ich sicher. Nach einer Weile im Café Sennequier, dem ersten Mädchen-Ausguck am Platze, wird einem bewusst, dass da nicht in aller Unschuld jugendlich überschäumende Lebensfreude verbreitet wird. Die ganze Nacktheit ist auch nicht als Verherrlichung der Natur gedacht. Die Männer fortgeschrittenen Alters mit Büscheln weißer Haare auf der wabbeligen Brust, die an der Reling ihrer Yachten lehnen, sind nämlich weder auf rein ästhetische Erfahrungen erpicht, noch halten sie Ausschau nach Zimmergenossinnen für ihre Enkeltöchter auf dem College. Dieses Treiben am Kai mag vielleicht kein Sklavenmarkt sein, aber ein Markt ist es allemal: ein Fleischmarkt. «Das können wir euch andienen», signalisieren die entblößten Brüste. «Seht nur her und lasst uns wissen, was ihr dafür gebt. So viel Auswahl und Qualität wie hier werdet ihr andernorts nicht finden. Also, *Messieurs*, wie viel bietet ihr für mich? Kann schon sein, dass es euch teuer zu stehen kommt, die Lounge für eure nächste Kreuzfahrt zu dekorieren, aber ihr könnt euch doch sicher das Beste leisten. Wie viel ist es euch wert, mit anzusehen, wie den Mitgliedern des

Yachtclubs die Augen übergehen, wenn ihr das nächste Mal in Portofino anlegt? »

Dabei schneiden sie sich auf jeden Fall ins eigene Fleisch. Welcher Kram von Cartier, Hermès oder Tiffany auch als Währung dienen mag, er ist billig im Tausch gegen den schnell vergänglichen Liebreiz der Jugend. Wieder ein Handel, bei dem diese geschäftstüchtigen Herren den Reibach machen, *hélas*.

Wayne war bisher ziemlich schweigsam und es hat wohl auch nicht viel gegeben, worüber wir hätten reden sollen. Jetzt schaue ich zu ihm hinüber und merke, dass er nicht gespannt die Parade verfolgt, sondern sich stattdessen in eine schon einen Tag alte *Herald Tribune* vertieft hat, die auf einem Nachbarstuhl liegen geblieben war.

Etwas später, als wir nach einem Restaurant suchen, ist anscheinend alles entweder schon besetzt oder *réservé*, oder sie wollen uns aus Gründen, die nur sie kennen, einfach nicht bedienen, etwa weil sie uns noch nie gesehen haben. Entmutigt landen wir in einem kleinen Lokal in einer Seitenstraße hinter dem Hafen. Nachdem man uns warten hieß und ewig lange hat stehen lassen, werden wir widerwillig an einen schon die ganze Zeit freien Tisch gleich neben der Tür gewinkt, wo jeder an die Rückenlehnen unserer Stühle stößt.

Als sich die Kellnerin – ein unverschämtes Mädchen mit riesigen, grün geschminkten Augen, äußerst braun gebrannt und in einem so knappen Top, dass die Ringe in ihren Brustwarzen und im Nabel zu sehen sind – endlich unserem Tisch nähert, wirft sie uns nicht einmal einen flüchtigen Blick zu, während sie die Speisekarten auf gut Glück fallen lässt. Nach geraumer Zeit stellt sie uns achtlos *fromage aux herbes* hin, einen wässrigen Hüttenkäse mit gehackten Kräutern, den zu Hause niemand anrühren würde. Dann vergeht wieder eine Ewigkeit und wir müssen sie zweimal an unsere Bestellung erinnern, bis sie uns statt der gegrillten Lammkoteletts zwei Teller mit lauwarmer, fader Ratatouille bringt. Wir hätten gar nicht viel dagegen, wenn es eine gute Ratatouille wäre, aber diese ist so wässerig wie der *fromage* und offen gestanden ungenießbar. Sinnlos, sich darüber zu beschweren. Das Mädchen ist eindeutig nicht darauf aus, im Gaststättengewerbe Karriere zu machen, und verliert auch noch das letzte Fünkchen Interesse an uns, als zwei südamerikanische Typen mit Seglermützen hereinspazieren. Deshalb bleibt uns nach weiterem Warten nichts anderes übrig, als die Rechnung selbst zusammenzustellen und das Geld auf den Tisch zu legen. Wayne, der für gewöhnlich sehr langmütig ist, lehnt es rundweg ab, Trinkgeld zu hinterlassen.

Inzwischen ist es spät geworden, und im Hafen wimmelt es von Leuten, die noch exotischer aussehen als die davor. Horden deutscher Motorradfahrer lehnen an ihren Maschinen, schütten Bier und Schnaps in sich hinein, reichen Joints herum und blicken heimtückisch wie Raubtiere in die Runde. Auch unzählige Transvestiten sind aufgetaucht, schlendern zwischen den Mädchen umher und lassen den nachmittäglichen Auftrieb vergleichsweise zahm erscheinen. Die hoch gewachsenen, übertrieben geschminkten *travelos* mit ihrem Schmuck und den extravaganten Perücken parodieren die echten Mädchen, die jetzt fast spröde wirken. Der Fleischmarkt verwandelt sich in eine Karikatur seiner selbst, in der etwas mitschwingt, was weitaus beunruhigender ist als die bloße Jagd nach Sex.

«Machen wir, dass wir hier wegkommen», schlägt Wayne vor, «und meinst du nicht, wir sollten das Zimmer vergessen, das wir reserviert haben?» Ich brauche nicht zu antworten. «Raus aus diesem Zirkus», wiederholt er. «Laufen wir ein Stück, und dann fahren wir nach Hause. Der Verkehr wird ja inzwischen nicht mehr so dicht sein.»

Also verlassen wir den Hafen, in dem gerammelt volle Yachten mit bunten Lichtern an Mast und Reling im Partytaumel schaukeln, und schlendern einen verwaisten Teil der Küste entlang. Waynes Arm liegt auf meinen Schultern. Seine Kamera ist an diesem Tag kein einziges Mal benutzt worden.

Eine Weile wandern wird schweigend dahin.

«Was sollen wir lange drum herum reden», murmelt er schließlich. «Ich will dir nur sagen, wie froh ich bin, dass ich mein Leben mit dir teile, ich verdammter Glückspilz. Hoffentlich hältst du mich nicht für einen allzu großen Trottel.»

Wir gehen weiter. Wellen umspülen die glatten Kieselsteine, zwischen denen sich ein kleiner, sandiger Fleck auftut. Ich streife meine Sandalen ab und steige in das seichte Wasser, das für einen so milden Abend erstaunlich kalt ist. Yachten und Cafés leuchten in nicht allzu großer Entfernung. Musik, Stimmen und schrilles Lachen schallen zu uns herüber, aber hier ist es ruhig. Eine kleine Welle schwappt über meine Füße.

«Wir sind glücklich», sage ich. «Sehen wir zu, dass es so bleibt.»

Sommer auf Ihrem Teller

Tian (Ratatouille)

In einer flachen, irdenen, feuerfesten Form
überbacken, in einem so genannten *tian,* nimmt
diese Ratatouille auch dessen Namen an.
Das Geheimnis einer guten Ratatouille:
Die verschiedenen Gemüse zuerst
getrennt garen.

2 Auberginen
Olivenöl
2 rote Paprika, geröstet und gehäutet
(siehe S. 61)
3 rote Gemüsezwiebeln
5 kleine Zucchini
8–10 Eiertomaten, halbiert und ausgedrückt
2 EL Essig
1 EL Zucker
3 Knoblauchzehen, gehackt
1 Lorbeerblatt
¹/₂ TL Thymian
¹/₂ TL Paprika
1 Spritzer Tabasco
Salz und Pfeffer

Auberginen schälen und in dünne Scheiben
schneiden, mit Olivenöl bepinseln und grillen, bis
sie weich sind (auf diese Weise vermeiden Sie es, die
Auberginen in Öl zu braten, das sie wie ein
Schwamm aufsaugen). Beiseite stellen.

Die gerösteten und gehäuteten Paprika in Streifen schneiden (auch hier erspart das Rösten, sie in Öl zu braten). Beiseite stellen.

Zwiebeln in Ringe und Zucchini in Scheiben schneiden, gemeinsam in wenig Olivenöl braten, bis sie weich und ganz leicht gebräunt sind.

In einer großen Pfanne alle Gemüse mischen. Die gut ausgedrückten Tomaten und alle Gewürze zufügen und ohne Deckel köcheln lassen, bis die überschüssige Flüssigkeit verdampft ist. Abschmecken. In die feuerfeste Form füllen und leicht bedeckt bei 150°C etwa 30 Minuten überbacken.

Tian d'Agneau
(Ratatouille mit Lammfleisch)

Lamm ist das beste Fleisch in der Provence. Versuchen Sie dieses köstliche Gericht und lassen Sie es langsam garen, bis das Fleisch weich ist und sich leicht auf die Gabel spießen lässt.

900 g mageres, in Würfel geschnittenes Lammfleisch in wenig Olivenöl anbraten. Mit Salz und Pfeffer würzen und mit der noch nicht überbackenen Ratatouille vermischen. Bedeckt bei 150°C backen, bis das Lammfleisch weich ist (1–1 ½ Std.). Abdeckung entfernen, mit Paniermehl bestreuen und noch ein wenig backen lassen, bis sich eine leichte Kruste bildet.

Tian aux Œufs
(Ratatouille mit Eiern)

Mit einem Löffelrücken kleine Mulden in die Ratatouille drücken, in jede Mulde ein Ei aufschlagen, leicht mit Salz und Pfeffer würzen und unbedeckt backen lassen, bis die Eier gestockt sind.

Diese Ergänzung mit Eiern macht aus dem *tian* eine vollwertige Mahlzeit, die im Sommer oft serviert wird.

Die Weinkenner

Ohne zu ahnen, dass unsere Bildung in Sachen Wein an diesem Abend Riesenfortschritte machen wird, freuen wir uns nur auf ein paar schöne Stunden. Ariel und Christophe, ihr Freund, kommen wie so oft zum Essen.

Inzwischen ist uns klar, dass man in der Provence bei einer Einladung zum Abendessen nicht fragen sollte: «Wann?» Diese anscheinend törichte Frage verwirrt die Gastgeber und sie antworten höchstens: «Oh, na, zur Essenszeit.» Dementsprechend reservieren Sie auch den Tisch in einem Restaurant nicht für eine bestimmte Uhrzeit. Er ist Ihnen den ganzen Abend sicher, Sie sollten bloß wissen, ob nach der jeweiligen Gepflogenheit ab halb acht oder ab acht serviert wird. Tauchen Sie also auf, wann immer es Ihnen beliebt, aber auch nicht zu spät, sonst ist die Küche schon zu. Mit anderen Worten: Benehmen Sie sich zivilisiert und tauchen Sie *zur Essenszeit* auf.

Soviel wir herausgefunden haben, bedeutet Essenszeit etwa halb neun, aber es kann beträchtliche Abweichungen geben. Wie überall sind die Menschen hier pünktlich oder sie sind es nicht. Ariel, zum Beispiel, die unser Haus binnen kurzer Frist nahezu perfekt geplant und fertig gestellt hat, ist seither nie mehr pünktlich gewesen. Vielleicht gleicht sie die aufreibenden Anforderungen ihres Berufs durch einen lockeren Umgang mit ihrem privaten Terminkalender aus. Wenn sie einen zum Abendessen einlädt und man kreuzt kurz nach halb neun auf, ist sie womöglich noch gar nicht zu Hause oder scheint beim Anblick der Gäste so überrascht zu sein, dass man in Panik gerät und befürchtet, man habe sich im Datum geirrt. Also nimmt man sich vor, beim nächsten Mal erst um halb zehn anzukommen, und dann ereilt einen prompt fünf Minuten nach halb neun ein aufgeregter Anruf: «Was ist denn los? Habt ihr mich vergessen? Ist irgendwas passiert?»

Als Gast ist Ariel in ihrer Pünktlichkeit noch unberechenbarer. Sie und Christophe können schon mal zwei Stunden später als erwartet eintreffen. Doch wir sehen es ihnen bereitwillig nach, denn Christophe, ein Elektroingenieur, arbeitet in Marseille und hat als Pendler eine lange, verkehrsreiche Strecke zu bewältigen. Und Ariel hat vielleicht den Nachmittag damit zugebracht, den Abriss und den Neubau eines Torbogens zu beaufsichtigen, weil die Rundung ihrer Meinung nach nicht richtig verlaufen war, oder sie ist in kniehohen Stiefeln durch eine Ockergrube gestapft, wo sie den schönsten braungelben Farbton für den Verputz eines Hauses ausgewählt und dabei alles andere vergessen hat. Aber stehen die beiden schließlich vor der Tür – attraktiv, lebhaft und vor Energie sprühend –, dann ist alles vergeben. Ich flitze in die Küche und schiebe das Essen in den Backofen.

Ariel näht sich ihre Garderobe selbst und überrascht uns stets mit eigenen Kreationen. Heute mimt sie eine provenzalische Bäuerin in einem verschwenderisch gerüschten Stufenrock. Wie sie vergnügt gesteht, hat sie ihn aus drei auf dem Markt in Pertuis gekauften Petticoats geschneidert. Die ursprünglich schlichte, weiße Bluse stammt aus derselben Quelle, Ariel hat nur den oberen Teil abgetrennt, den Saum des neuen Ausschnitts mit einem Samtband so locker zusammengezogen, dass er ihr über eine Schulter rutscht. Ihr üppiges dunkles Haar ist nach hinten gekämmt und wird von einem gestärkten Herrentaschentuch zusammengehalten, das wie die Haube einer Bäuerin anmutet. Sie sieht hinreißend aus und hält einen Korb in der Hand, in dem ein kariertes Geschirrtuch ihr heutiges Gastgeschenk verdeckt: ein großes Glas *Confiture de Vieux Garçon*, wie das handgeschriebene Etikett verrät.

Da wir von den wahren Werten in dieser provenzalischen Welt so wenig wissen, muss man uns erst erklären, dass es sich bei der so genannten Junggesellenmarmelade in Wirklichkeit um Früchte handelt, die in Eau-de-vie, einem klaren, hochprozentigen Branntwein, eingelegt sind.

«Nimm ein hübsches Gefäß, behalt es in Reichweite, und wenn du deinen Obstkorb auffüllst, tust du auch da immer etwas rein: einen in Stücke geschnittenen Pfirsich, eine Birne, Nektarinen, Pflaumen, ein Dutzend Kirschen, eine Hand voll weiße Trauben, aber keine Beeren, die werden matschig. Gieß genügend Eau-de-vie darüber, dass die Früchte bedeckt sind, und streu ein paar Löffel Zucker hinein. Das machst du den ganzen Sommer lang, bis das Gefäß voll ist. Am Ende verschließt du es luftdicht und stellst es bis Dezember an einen kühlen Ort. *Alors,* dann kannst du es aufmachen, das köstliche Aroma schnuppern und deine *confiture* servieren, zum Beispiel als Dessert in Cognacschwenkern, mit Kaffee. Die klassische Zeit dafür ist der Heiligabend, wenn man halb erfroren aus der Mette kommt. Davon wird einem garantiert warm.»

«Und weshalb heißt das *Confiture de Vieux Garçon?*»

«Weil es viel weniger Mühe macht als richtige Marmelade, und da Junggesellen in dem Ruf stehen, schlechte Köche zu sein, traut man ihnen nicht mehr zu.»

«Und manchen sagt man ja auch nach, sie seien einem kräftigen Schluck nicht abgeneigt», fügt Christophe zwinkernd hinzu.

Behutsam stelle ich das Glas weg. Ob es uns wohl gegönnt ist, nächste Weihnachten wieder hier zu sein? Das wäre immerhin ein ausgezeichneter Vorwand: Wir müssen in die Provence zurück, sonst wird womöglich unsere *Confiture de Vieux Garçon* schlecht, wenn wir sie nicht nach der Mitternachtsmesse essen.

Christophe ist ein Mann mit einem ausgeprägten Hang zu Hobbys. Jedes Mal wenn wir herkommen, hat er sich in ein neues gestürzt, bei dem Ariel begeistert mitmacht und ihn sogar zu übertreffen sucht. Einmal war es die Astronomie. Damals erforschten sie mit einem neu angeschafften Teleskop den Nachthimmel und waren überzeugt, dass sie bislang noch nicht verzeichnete Sterne entdeckt und unzählige UFOs gesichtet haben. Ariel hat sogar ihr Haus in «Orion» umgetauft, nach dem Sternbild. In einem anderen Jahr hatte es ihnen der Sound angetan – samt einem Handbuch für Hochtonlautsprecher, Tieftöner und Entzerrer und einer brandneuen Stereoanlage mit allen Schikanen, auf der sie zu unserer Überraschung verstaubte und verzogene CDs abspielten. In diesem Jahr sind sie unter die Weinkenner gegangen und haben sich auf deren lyrisches Vokabular und das ganze Drum und Dran verlegt.

«Was gibt's zum Essen? Vielleicht zufällig dunkles Fleisch?» Ehrgeizig habe ich mich an Rinderfilet in Blätterteig herangewagt und dabei gebetet, dass es gelingen möge. Christophe strahlt:

«Wie großartig! Dann habe ich ja genau den richtigen Wein mitgebracht. Schaut mal, eine Flasche Côte-Rôtie, und den besten, einen aus Condrieu. Da könnt ihr euch auf was freuen, lasst euch überraschen.»

Wir ereifern uns pflichtschuldigst über das schlichte Etikett und streicheln ehrfürchtig die samtene Staubschicht. «Der Côte-Rôtie ist einer der wenigen Côtes-du-Rhône-Weine, die gut altern. Bei den anderen würde ich sagen, nach zwei Jahren müssen sie weg, aber ein Côte-Rôtie wird – je nach Jahrgang – zehn Jahre lang und noch länger immer besser.»

Jetzt wissen wir alles über die Côtes-du-Rhône-Weine, die an den Hängen des Rhônetales wachsen. Die meisten sind ausgezeichnet, wenn sie jung getrunken werden, lassen sich aber mit Ausnahme einiger weniger wie etwa des Châteauneuf-du-Pape und offenbar auch des Côte-Rôtie nicht lange lagern.

Christophe beschreibt uns diese Weinberge: «Beinahe senkrechte Steilhänge an der Rhône, gleich südlich von Lyon. Äußerst schwierig zu bearbeiten, wie ihr euch denken könnt, aber ideal für Trauben, weil die am besten in steinigen Böden ohne Staunässe gedeihen. Und *das* bieten diese Hänge in höchstem Maß. Von der Sonne so geröstet, dass sie sogar ‹Gerösteter Abhang› heißen. Condrieu liegt mittendrin, ist aber nicht so bekannt, wie es sein sollte. Leider kommen die Leute, die von Paris in den Süden fahren, dort nicht hin, weil die Autobahn am anderen Ufer der Rhône verläuft. Wäre allerdings einen Umweg mit ein paar Einkäufen wert.»

Danach erfahren wir, wie wichtig die Temperatur ist. Die falsche Temperatur kann nämlich einen Wein verderben, egal, wie gut er ursprünglich war.

«Ich habe dafür gesorgt, dass er nicht zu warm wird», erklärt Christophe. «Wir haben die Flasche für eine Stunde ins unterste Fach des Kühlschranks gelegt, deshalb müsste er jetzt genau richtig sein: achtzehn Grad Celsius, die beste Temperatur für einen so vollmundigen Wein wie diesen. Für einen leichteren Rotwein sind siebzehn Grad besser. Bei der Temperatur kann man gar nicht genug aufpassen, sag ich euch. Ich würde nie einen sehr leichten Roten, zum Beispiel einen Beaujolais, mit mehr als fünfzehn Grad trinken. Einen Rosé darf man dagegen nur mit zwölf Grad servieren, nicht drüber und nicht drunter, das ist ein absolutes Muss. Bei Weißweinen ist es ein schrecklicher Fehler, wenn man sie erfrieren lässt, sie sollen kühl sein, nicht kalt, etwa zehn Grad ist genau richtig. Champagner muss natürlich kälter sein, so um die sechs Grad würd ich sagen, aber auf keinen Fall darunter.»

Ariel nickt andächtig. Wayne und ich sehen einander entgeistert an: Man stelle sich einmal die vielen Flaschen vor, die wir im Lauf der Jahre aufgetischt und auch getrunken haben ... Und alle mit der absolut falschen Temperatur! Rotweine mit kalifornischen Temperaturen von weit über siebzehn Grad Celsius und Weißweine, die den ganzen Tag im Kühlschrank gelegen hatten! Dass wir und unsere Freunde dennoch jeden genossen haben, beweist nur, wie unbedarft wir immer noch sind. Sollen wir es trotz der Angst, die Temperaturen zu verwechseln, überhaupt noch einmal wagen, Wein zu kredenzen? Wir sind tief beeindruckt.

Christophe schaut auf das Thermometer. Es zeigt an diesem windstillen Abend noch immer knapp vierundzwanzig Grad an. «Wickeln wir die Flasche in ein feuchtes Handtuch ein, wenn wir den Wein nicht gleich trinken. Dann wird er nicht zu warm.»

Endlich ist der große Augenblick da. Die Flasche wird feierlich ausgewickelt, zum Tisch getragen und mit äußerster Behutsamkeit entkorkt. Da verzieht Christophe schmerzlich das Gesicht.

«Bitte, o bitte, pack diese Tulpengläser weg! Wir wollen schon langstielige, ja, aber groß und rund.»

Die richtigen Gläser werden gefunden und in jedes kaum zwei Fingerbreit eingegossen. Dann fordert er uns auf, sie in Augenhöhe zu heben, den Wein in ihnen kreisen zu lassen und sein klares Granatrot mit einem Hauch Bernstein zu bewundern, das viel über den Körper des Weins aussage.

Als Nächstes muss ausgiebig das Bouquet berochen werden.

«Wein enthält Ester, wie er auch in Früchten, Blumen, Holz oder Gewürzen, kurzum, in allen pflanzlichen Substanzen vorkommt. Man kann leicht zwei oder drei verschiedene Blumendüfte ausmachen. Das nennt man das ‹florale› Bouquet. Die Fruchtaromen, die man in einem Wein unterscheiden kann, heißen *fruité*.»

«Der Côte-Rôtie ist für seinen Veilchenduft berühmt», wirft Ariel ein. «Der sticht tatsächlich hervor.»

Ich ziehe das kräftige Aroma des Weins tief ein. Veilchen? Könnte ich nicht behaupten. Ich muss allerdings zugeben, dass ich sehr, sehr lange nicht mehr an einem Veilchenstrauß gerochen habe, was ich jetzt bedaure.

«In diesem konkreten Fall bin ich sicher, dass ihr auch den Geranienduft erkennt, der unverwechselbar darunter liegt.»

«*Rosa* Geranien», grenzt Ariel ein. «Ja, es müssen rosa sein, um Himmels willen, der Duft ist doch viel zu komplex für rote und kein bisschen fad wie weiße Geranien.»

«Hmmm …» Christophe schnüffelt von neuem. «Du hast Recht», gibt er zu, «rosa Geranien.» Erneutes langes Schniefen. «Ganz sicher entgeht euch auch dieser Hauch von Pfingstrose nicht.»

Ariel zieht die Stirn kraus. «Natürlich, ja natürlich, Pfingstrose. Kein Zweifel. Eigentlich ist es mehr als ein Hauch. Eine unverkennbare Note. Aber es ist eine *weiße* Pfingstrose.»

«Bist du sicher? Ich würde sagen: Pfingstrose schlechthin.»

«Bist du noch bei Trost? Hast du etwa deinen Geruchssinn verloren? Ich rieche eine *weiße* Pfingstrose, und die riecht ganz anders als die anderen Farben. Ich habe gesagt, eine *weiße* Pfingstrose.» Ariel ist bereit, für ihre weißen Pfingstrosen zu kämpfen.

Beim *fruité* werden ebenso feine Unterschiede gemacht.

«Himbeeraroma? Du meinst doch wilde Himbeeren, Christophe. Sicher nicht die Gartenhimbeeren. Die haben nicht diesen Anflug von Moschus, den die wilden haben. Es sind wilde, Christophe, *wilde*.»

Oder:

«Aprikose? Vielleicht. Ja, ja, stimmt, aber eine saftige Sorte, nicht die mehligen.»

«Der Meinung bin ich auch», pflichtet ihr Christophe mit konzentrierter Miene bei. «Und da sind auch noch Gewürznelken, unter den Aprikosen.»

«Nicht *unter*, Christophe. Das Aroma der Gewürznelken liegt nicht darunter, es steht gleichwertig daneben.»

Dann kommt Christophe auf das florale Bouquet des Weins zurück: «Hör mal, Ariel, diese Pfingstrosen, also ich würde nicht beschwören, dass es weiße sind. Es könnte jede Farbe sein. Findest du nicht auch, dass sie alle recht ähnlich riechen?»

Doch Ariel stampft mit dem Fuß auf. Diese Pfingstrosen sind weiß und nichts anderes.

Erst nachdem wir auch erfahren haben, dass Weinexperten in einem guten Jahrgang bis zu fünfzig verschiedene Gerüche von Früchten unterscheiden können (ich habe unterdessen in Gedanken zusammengezählt, wie viele ich überhaupt nennen kann, aber selbst wenn ich solche Exoten wie Karambole und Guaven hinzurechne, komme ich nie und nimmer auf diese Zahl), wie gesagt: erst danach wird uns gnädig gestattet, den Wein auch zu verkosten.

Darauf ist vom Beißen und Schlürfen die Rede, und sowohl Geschmack als auch Nachgeschmack werden eingehend erörtert. Das Urteil, zu dem Ariel und Christophe nach ausführlicher Diskussion gelangen, lautet: Der Wein hat einen nachhaltigen Abgang, ist gut abgerundet und füllig. Er zeigt Elan und Charakter, ist makellos ausbalanciert und verfügt über ein sich stetig entwickelndes Aroma. Eine echte Präsenz.

Ariel runzelt noch immer die Stirn, während sie tief in Gedanken an ihrem Glas nippt.

«Weiße Pfingstrosen», murmelt sie. «Ja, weiße.»

Seit wir den Wein endlich *trinken* dürfen, muss ich gestehen, er schmeckt gut, ist vollmundig, süffig und aromatisch. Wer wollte da etwas gegen ein bisschen lyrisch zur Schau gestellte Weinkennerschaft einwenden?

«Es lassen sich noch eine Menge weiterer Aromen identifizieren», doziert Christophe. «Unterströmungen aus Minze, Anis, Moos, Eiche, Walnuss oder Haselnuss, ja sogar Blüten von Obstbäumen – was dir auch einfallen mag. Und wenn du lernst, deine Sinne zu konzentrieren, dann kannst du in einem guten Wein jedes dieser Aromen und noch viele mehr herausfinden. Deine Sinneseindrücke richtig benennen zu können steigert die Freude an ihnen.»

Da hat er zweifellos Recht.

Das Filet ist ausgezeichnet gelungen: rosa und zart in seiner goldenen Kruste, dazwischen eine

Schicht aus gehackten, in Butter kurz angebratenen und mit Portwein abgelöschten Schalotten und Champignons. Es lässt sich in schöne Scheiben schneiden, und kleine neue Kartoffeln bilden eine hervorragende Beilage. Auf der Terrasse ist es ein wenig kühler geworden, ein milder Abend voll sommerlicher Gerüche, und mit dem Zirpen der Zikaden klingt die Symphonie des Tages aus. Ein silbriger Halbmond hängt über dem Burgturm, von dem es gerade elf geschlagen hat. Zeit für die Käseplatte. Wir sind so mäßige Trinker, dass noch genug in der Flasche ist, um ein Stückchen Ziegenkäse und eine Kostprobe vom Roquefort zu begleiten. Wir schwelgen in der Vollkommenheit des Augenblicks. Ariel ist nicht so gesprächig wie sonst und anscheinend in Gedanken versunken.

«Bedrückt dich was, Ariel?», erkundigt sich Wayne.

«Das sind nicht irgendwelche Pfingstrosen, in diesem Wein. Es sind weiße, da bin ich mir sicher.»

Christophe kneift den Mund zusammen. Zwar teilt er ihre Meinung nicht, hütet sich aber, Ariels Zorn zu erregen, sie kann nämlich sehr rechthaberisch sein. Wayne und mir ist es offen gestanden einerlei. Es war ein großartiger Wein, ein gutes Essen, nette Gesellschaft und der ideale Rahmen, all das zu genießen. Ohne Einschränkung.

Das Dessert wird aufgetragen, natürlich eine Sissi mit ihrer Vielfalt an Geschmack und Farben. Dazu holt Wayne arglos eine Flasche Beaumes de Venise aus dem Kühlschrank – einen wunderbaren Muskatellerwein aus der Region, der herrlich zu Süßem passt – und schenkt ihn ein, gut gekühlt, wie wir ihn von jeher mögen. «Zu kalt», rufen Ariel und Christophe im Chor. «*Viel* zu kalt. Lass ihn noch stehen.»

Wayne protestiert. «Wir können nicht warten, sonst ist die Sissi geschmolzen. Er wird bestimmt so richtig sein, schließlich trinken wir ihn ja zu einem Nachtisch aus Eiscreme.»

Während sie verhandeln, befällt mich leichte Panik. Wie lange wird es wohl dauern, bis sie alle Aromen identifiziert haben: das der Mango (der wilden), der Passionsfrucht (der wirklich passionierten und nicht nur warmherzig liebevollen), der Moschusrose (weiß, englisch), der Akazie mit einem Hauch Mimose, der Hyazinthe (rosa oder blau? Mit Zimt darunter oder gleichwertig daneben?)? Sollte die Sissi nicht derweil in den Gefrierschrank zurück? Aber sie lenken ein, da der Muskateller so offenkundig die falsche Temperatur hat, lohnt sich die Mühe nicht. Sie trinken ihn bloß, stoisch, denn sie haben den Versuch, uns etwas beizubringen, aufgegeben.

«Wie schade drum! Da kann man ihn ja gleich so runterkippen. Fünf Grad zu kalt», klagt Christophe seufzend.

«Trag diese Côte-Rôtie-Flasche nicht weg», bittet Ariel, als ich ein paar Teller abräume. «Ich will's ein drittes Mal probieren.»

Sie lässt den letzten Tropfen auf ihre Fingerkuppe fallen, riecht daran, kostet mit der Zungenspitze und konzentriert sich.

«Weiße Pfingstrosen!» Endlich lächelt sie, aller Zweifel enthoben. «Hab's doch die ganze Zeit gewusst.»

Christophe schweigt viel sagend: Könnte jede beliebige Farbe sein.

Später, als wir sie zum Gartentor begleiten, entdecken sie in einem Winkel der Terrasse einen kleinen Busch, noch in seinem Plastiktopf. Den habe ich an diesem Morgen auf dem Markt in Pertuis gekauft, wozu mich seine auffallend gelappten Blätter und die riesigen Blüten verleitet haben; sie sind kugelrund, dicht gefüllt, weiß und ein wenig rosa geädert. Eine kräftige, wuchsfreudig aussehende Staude, die ich jetzt, da der Lavendel zu verblassen beginnt, in einen der Pflanzkübel setzen will.

«Schöne Blumen», bemerkt Ariel. «Hab ich noch nie gesehen. Wo hast du die her?»

«Muss irgendwas Tropisches sein», vermutet Christophe. «Kann mich auch nicht erinnern, dass ich die schon mal gesehen hätte. Meinst du, die überleben hier? Wie heißen sie denn?»

Ohne rot zu werden oder ins Stottern zu geraten, versichere ich, dass ich ebendas nicht wisse; man habe mir den Namen möglicherweise genannt, aber er sei mir wieder entfallen. Ich habe die Pflanze als Geschenk für meine Freundin Liz gekauft, für ihren Garten in Aix, füge ich geistesgegenwärtig hinzu. Wayne bringt sie morgen hin, wenn er in die Stadt fährt.

Es ist eine Pfingstrose. Eine weiße Pfingstrose. Aber ich will schließlich meine Freunde behalten, insbesondere wenn sie Weinkenner sind.

Warten Sie nicht bis
zum Sommer ...

Pruneaux au Rhum
(Pflaumen in Rum)

Für diese Variante der *Confiture de Vieux Garçon*
werden getrocknete Pflaumen verwendet, weshalb
man sie zu jeder Jahreszeit machen kann.
Die Methode ist etwas anders, weil getrocknete
Früchte zuerst in einer heißen Flüssigkeit einge-
weicht werden müssen, sonst schrumpfen sie im
Alkohol und werden steinhart.
Große Pflaumen mit Kern in eine Schale legen,
genügend starken, heißen und gut gesüßten Tee
darüber gießen. Zugedeckt über Nacht stehen lassen,
aber nicht im Kühlschrank.
Am nächsten Tag ist der meiste Tee aufgesogen
worden. Überschüssige Flüssigkeit abgießen.
Pflaumen in ein Schraubglas geben und mit dunklem
Rum auffüllen, bis sie bedeckt sind. Deckel
aufschrauben.
Ihre *pruneaux* sind nach drei Tagen zum Verzehr
bereit, halten sich jedoch an einem kühlen,
dunklen Ort monatelang.
Servieren können Sie die *pruneaux* in Cognacschwenkern zum Kaffee, aber auch mit Eiscreme
oder zu Gebäck.
Anmerkung: Im Südwesten Frankreichs wird
Armagnac verwendet, und die *Pruneaux à l'Armagnac*
sind eine Spezialität der Stadt Agen.

Nicht alle Stiche
stammen von Mücken

*I*m Gegensatz zur etwas feuchteren Riviera gibt es in unserem Teil der Provence nur wenig Insekten, und die werden noch von den Mauerseglern im Flug verschlungen. Diese kleinen, den Schwalben ähnlichen Vögel nisten in Spalten und Löchern der alten Gemäuer von Kirchen, Burgtürmen und Wehranlagen.

Bei Tag nur selten zu sehen, schwärmen sie in der Dämmerung umher, und aus scheinbar überschäumender Lebensfreude gleiten sie wie auf Wellen hinauf und hinunter. Dennoch bedeutet das nicht schieres Vergnügen, sondern Nahrungsbeschaffung: Sie fangen Myriaden von Insekten, und wenn ein Gewitter droht, tauchen sie tief hinab, bis dicht über dem Boden, weil dann auch die Mücken wegen der Veränderung im Luftdruck angeblich tiefer fliegen.

Während wir eines Abends noch im Halbdunkel auf unserer Terrasse saßen und uns an den Resten des neuen Desserts gütlich taten, dessen Zubereitung ich eben erst gelernt hatte, schreckte uns ein dumpfer Schlag auf. Ein Mauersegler war an die Fensterscheibe geprallt und betäubt oder tot zu Boden gefallen. Behutsam hob Wayne ihn auf, wickelte ihn in ein Papiertaschentuch und nahm ihn, als wir zu Bett gingen, mit hinauf. In der Nacht erholte sich der Vogel genügend, um sich gleich einem unglaublich schmalen Keil mit so eng angelegten Flügeln, wie sie das wahrscheinlich im Nest machen, zwischen Wand und Telefon zu zwängen.

Am nächsten Morgen klingelte Wayne schon früh beim Tierarzt von Pertuis, einem sanften, jungen Vietnamesen. Der untersuchte den Vogel, zog die Flügel auseinander, stellte keinerlei Knochenbruch fest, flößte ihm mit einer Pipette Wasser ein und empfahl Wayne, er solle ihn nach Hause bringen und versuchen, ihn mit gekochtem Eigelb zu füttern – was das Tierchen verweigerte –, und ihn dann in die Luft werfen, weil das die einzige Art sei, auf die Mauersegler losfliegen können.

Also stieg Wayne mit dem kleinen Vogel in der hohlen Hand bangen Herzens zur oberen Terrasse hinauf, löste die Krallen von seinem Ring und warf ihn schließlich in die Höhe, wobei er befürchtete, ihn hilflos herunterfallen zu sehen. Doch stattdessen breitete der Mauersegler die Flügel aus, schwang sich eilends empor und flog in Richtung Kirche davon.

«Ich habe mich gefühlt, als könnte ich Leben schenken oder in dem Fall die Fähigkeit zu fliegen», gestand Wayne später. «Wie Gott an der Decke der Sixtinischen Kapelle, während er mit ausgestrecktem Arm Adams Hand berührt, um ihn zum Leben zu erwecken.»

Aber wenn uns auch Stechmücken erspart bleiben, so kennen wir doch andere Stiche. Ihnen fallen für gewöhnlich nichts ahnende Ausländer zum Opfer, die sich vom Charme der Provence haben einlullen lassen oder die einfach Ärger vermeiden und ihre Ferien genießen wollen.

Wir sind mit Derek befreundet, einem Engländer, der den Ort wie wir entdeckt und sich – ebenfalls wie wir – auf den ersten Blick in ihn verliebt hat. Auch für ihn wurde eine Ruine gefunden, und Ariel zeichnete schöne Pläne. Die Arbeit war bereits weit gediehen, als die beiden sich – *hélas!* – zerstritten. Derek wollte den offenen Kamin in der Mitte der hinteren Wand, Ariel beharrte darauf, ihn in die Ecke zu setzen, denn ihr Markenzeichen sind spektakuläre Treppen an hinteren Wohnzimmerwänden. Sie ist zwar überaus begabt und großzügig, kann aber leider stur wie ein Panzer sein, vor allem, wenn ihr eigener Geschmack dem eines anderen entgegensteht. Nachdem Ariel wütend aus dem Projekt ausgestiegen war, blieb Derek nichts anderes übrig, als selbst mit Lieferanten und Handwerkern zu verhandeln.

«Angefangen hat es mit dem prächtigen Stein, der jahrhundertelang als Stufe vorm Eingang gelegen hat: mehr als eineinhalb Meter lang, in der Mitte etwas abgetreten, aber mit der Zeit nur schöner geworden. Man hätte ihn bloß an beiden Enden ein bisschen behauen müssen, dann hätte er sich hervorragend als Kaminsims geeignet, zumal die Eingangstür ohnehin verlegt wurde.

Also habe ich François, den Steinmetz, darum gebeten, dass er ihn in seine Werkstatt schafft, wo ihn niemand klauen kann, und dort wie vereinbart bearbeitet. Zu gegebener Zeit sollte er ihn zurückbringen und im Haus einbauen, so war es abgesprochen. Ich habe sogar eine stattliche Anzahlung geleistet.

Als ich sechs Monate später wieder herkam, war der Kamin fertig, und ich machte mich auf die Suche nach François. Tagelang wich er mir aus, aber schließlich trieb ich ihn in seiner Werkstatt in die Enge. Da zeigte er mir ein unscheinbares, längliches Stück Fels, das er offensichtlich erst kurz zuvor aus einem Steinbruch geholt hatte, ein weißes, bröckeliges Ding.

‹*Voilà*, Ihr Stein›, erklärt er mir.

‹Nein, nein, der ist es bestimmt nicht›, sage ich. ‹Meiner ist alt, abgelagert und *viel* größer. Den will ich wieder. Wo ist er?›» Derek mag ja an die Provence und das Leben auf dem Land noch nicht gewöhnt sein, aber durch den Bau seines Hauses hat er bereits gelernt, dass ein großer, wirklich alter Stein ein paar tausend Dollar wert sein kann. Deshalb denkt er nicht daran, diesen – diesen Abfall aus dem Steinbruch zu akzeptieren. Oder doch?

Dereks alter Stein ist nirgends zu sehen. François schwört bei allen Heiligen, dass *dies* der Stein sei, den er ihn zu holen und aufzubewahren gebeten hat. Zornig, aber hilflos stellt Derek eigene Nachforschungen an, wobei er erfährt, dass François seinen schönen Stein tatsächlich bearbeitet und dann verkauft hat: als Kaminsims in einem nahe gelegenen Neubau. Derek kocht vor Wut und gelobt, François zu verklagen und durch alle Instanzen zu zerren. Doch zuerst wollte er bei den Besitzern des neuen Hauses aufkreuzen und sie zur Rede stellen.

In einer schlaflosen Nacht besinnt er sich anders: Diese Leute sind wahrscheinlich guten Glaubens, sie haben François redlich bezahlt und würden ihn, Derek, zweifellos für einen Spinner oder für verrückt halten, wenn er bei ihnen reinplatzte und etwas davon brabbelte, dass ihr Kaminsims ihm gehöre. Also ringt er sich bis zum Morgen zu der Erkenntnis durch, damit überhaupt nichts zu gewinnen. Er würde nur einen nutzlosen Skandal entfesseln und sich obendrein lächerlich machen.

Inzwischen weiß natürlich jeder im Dorf, was geschehen ist, allerdings würde kein Einziger als Zeuge für Derek aussagen. Nicht etwa, weil sie François so liebten. Sie können ihn nicht einmal leiden, denn er ist für seine Unehrlichkeit berüchtigt, ein Trinker, der womöglich sogar Drogen nimmt. Aber dieses Schweigen bedeutet, seine Nase nicht in anderer Leute Angelegenheiten zu stecken. Im Übrigen ist die Solidarität unter den Dorfbewohnern größer als ihre Loyalität zu uns, den Zugereisten.

Als gebranntes Kind passt Derek jetzt auf. Kurz bevor er das nächste Mal hier eintrifft, wird eine Ladung Dachziegel angeliefert. Und so vergleicht er als Erstes die Lieferung mit der Rechnung.

«Bei Dachziegeln aus gebranntem Ton werden jeweils hundert Stück mit Metallbändern zusammengehalten. Zwei Tage nachdem sie auf meiner Baustelle abgeladen worden sind, komme ich an und zähle zwölf solcher Gebinde, also zwölfhundert Ziegel. Auf der Rechnung stehen aber fünfzehnhundert. Dann messe ich einen Ziegel nach: siebenunddreißig Zentimeter lang, zu sieben Franc das Stück. Noch am selben Nachmittag rufe ich in der Ziegelei an und erkundige mich nach Größe und Preis. Ein Siebenunddreißig-Zentimeter-Ziegel kostet fünf Franc und einer mit fünfundvierzig Zentimetern kostet sieben Franc. Sie haben mir also auch die größeren berechnet.

Da hab ich furchtbar Krach geschlagen, aber Ziegelei und Spediteur sind sich darin einig, mir sei genau das geliefert worden, was auf der Rechnung steht: fünfzehnhundert Dachziegel. Ein bisschen Schnüffeln ergibt, dass einige tatsächlich vor meiner Ankunft gestohlen worden sind.

Wer die gestohlen hat? So halbe Zigeuner, die gleich da unten wohnen. Sie reparieren gerade ihr Schuppendach mit brandneuen Ziegeln, direkt vor meiner Nase ... Eine Nachbarin deutete an, es könne gut sein, dass sie ein paar Jungen mit einer Schubkarre voller Ziegel aus der Richtung meiner Baustelle habe kommen sehen. Trotzdem geht wahrscheinlich nicht alles, was fehlt, auf das Konto dieser Diebe. Ich bin sicher, die haben mir schon zu wenig geliefert. Anscheinend sind alle der Meinung, ich hätte eben da sein müssen.»

Wayne kann seinem Freund den Kummer nachfühlen. «Bleibt immer noch die Sache mit dem falschen Preis. Die haben dir ein paar tausend Franc zu viel berechnet. Hast du das geklärt?»

«Ach, das», räumt Derek zerknirscht ein, «weißt du, sowohl die Ziegelei als auch der Spediteur haben seit Freitag zu. Betriebsferien. Die machen frühestens in sechs Wochen wieder auf und ihre Telefone sind nicht besetzt. Ich muss dir gestehen, ich war so erledigt und hab mich der Sache so wenig gewachsen gefühlt, dass ich beschlossen habe, es aufzugeben. Ich hab die Rechnung bezahlt. Warum? Weil ich will, dass diese verdammten Ziegel aufs Dach kommen, bevor ich wieder wegfahre. Sonst wird die Arbeit auf nächstes Jahr verschoben, und der Innenausbau ist fast fertig. Da ist dann alles ruiniert, wenn es den ganzen Winter über dem Wetter ausgesetzt ist.»

Das trifft die Sache im Kern. Wir reisen bald wieder in unser nebulöses fernes Land ab und sind darauf erpicht, dass die Arbeit vorher getan wird. Aber *sie* bleiben da und das Dorfleben geht weiter.

Auch Wayne und ich sind gegen diese besondere Facette provenzalischer Denkart nicht gefeit.

Mélanie, unsere Putzfee, die schon in ihren besten Tagen kein Ausbund an Liebenswürdigkeit gewesen war, hat sich im Lauf der Jahre zu einer wahren Giftspritze entwickelt. Als wir sie einstellten – sie war uns von unserer Nachbarin Madame Oraison empfohlen worden, die ihre Ehrlichkeit pries –, da hatte ich die Absicht, sie für so und so viele Stunden in der Woche zu bezahlen, wenn wir da sind, und ihr einen niedrigeren Betrag dafür zu geben, dass sie sich in der übrigen Zeit des Jahres um das Haus kümmert. Aber Wayne, stets um das Wohl anderer besorgt, war der Meinung, die Fairness gebiete es, ihr stattdessen das ganze Jahr über den Sommerlohn zu bezahlen. Falls wir erwarteten, dass sie uns bei Bedarf zur Verfügung stand, so argumentierte er, dann müssten wir sie für die ganze Zeit bezahlen, am besten für jeweils drei Monate und im Voraus. Weit davon entfernt, eine solche Vereinbarung als fair oder gar großzügig anzuerkennen, sieht dieser Wonneproppen darin auf unserer Seite nur Schwäche und Dummheit. Deshalb testet sie auch unsere Grenzen aus und konfrontiert uns mit wachsender Faulheit. Wenn wir ankommen, finden wir immer häufiger Spinnweben, ungeputzte Fenster und überall Staub vor. Dafür schreibt sie uns sogar, um sich zu beschweren, falls die Vorauszahlung mal ein paar Tage zu spät eintrifft.

Jahrelang habe ich endlose Streitereien mit der Telefongesellschaft und dem Elektrizitätswerk ausgefochten, weil in einem unbewohnten Haus unmöglich so hohe Rechnungen anfallen können. Sofern man dies nicht ausdrücklich anfordert, enthalten französische Telefonrechnungen jedoch keinen Nachweis einzelner Gespräche, sondern nur den Gesamtbetrag. Nachdem ich schließlich um diesen Nachweis gebeten hatte, stellten wir fest, dass unzählige Gespräche mit Korsika, Tunesien und anderen Orten geführt worden waren, in denen Verwandte von Mélanie lebten. Dann kam mir sogar zu Ohren, dass sie in einem Winter die meiste Zeit eigene Besucher in unserem Haus einquartiert hatte. Dennoch beschlossen wir, das lieber hinzunehmen, anstatt uns den gegenseitigen Beschuldigungen auszusetzen, die unweigerlich folgen würden.

Ermutigt von so viel freundlichem Entgegenkommen, das eigentlich unverzeihliche Feigheit ist, denn ich muss zugeben, ich habe ein bisschen Angst vor ihr, begann sie auf gehässige Weise ihre so sehr gerühmte «Ehrlichkeit» herauszukehren, die zwei Lieblingsthemen umfasst: Ausländer sind Gift für die Dörfer der

Provence; und insbesondere unser Haus ist ein Schandfleck. Ich hörte ihr nur mit halbem Ohr zu, zügelte meinen Unmut, erduldete und – blöd, wie ich bin – bezahlte sie auch weiterhin.

Darüber hinaus stellte sie uns auf die Probe, indem sie trotz wiederholter flehentlicher Bitten den Garten nicht mehr spritzte. Da es für uns leichter ist, ein Haus selbst zu putzen, als abgestorbene Pflanzen zu ersetzen, beschritten wir andere Pfade und gerieten an einen Monsieur Autessier, der in der Nähe einen Gartenpflegedienst betrieb und möglicherweise bereit wäre, unserem einmal in der Woche einen Besuch abzustatten.

Er schwärmte mir vor, wie sehr er alles liebe, was aus dem Boden wachse. Im Vertrauen erzählte er mir, er besitze sogar ein Buch mit Pflanzennamen. Ich erklärte ihm, dass ich derlei Gelehrsamkeit gar nicht erwarte, nur das ganze Jahr über wöchentliches Gießen und vielleicht hin und wieder ein bisschen Unkrautjäten. Da ich selbst gern im Garten arbeite, könne ich auf seine Dienste verzichten, wenn wir hier sind, aber die Fairness gebiete es … Es gibt einen französischen Ausdruck für Leute wie uns: *bonnes poires*, saftige Birnen. Mit anderen Worten, jemand, der sich leicht aussaugen lässt. Mélanie schnaubte vor Wut, als wir Autessier engagierten, vielleicht befürchtete sie, er würde sie bespitzeln. Aber schließlich ist sie ohnehin die meiste Zeit ungehalten.

Also bezahlten wir das ganze Jahr jeden Monat brav Monsieur Autessiers Rechnung und freuten uns, das Problem gelöst zu haben.

Im Frühling erfuhren wir, dass wir aus beruflichen

Gründen Ende September und dann noch einmal Anfang November nach Europa müssten. Deshalb beschlossen wir, unsere Sommerreise zu verschieben und stattdessen September, Oktober und November in unserem Dorf zu verbringen. Der Herbst ist im Luberon sehr schön und wir können nur selten hier sein, um ihn zu genießen.

Bei unserer Ankunft regnete es, also waren auch die Pflanzkübel auf der Terrasse nass. Dennoch fand ich verdächtig viele mit Unkraut überwucherte oder ins Kraut geschossene Pflanzen vor und dazwischen etliche abgestorbene. Vor allem Chrysanthemen, die doch jetzt gerade blühen sollten. Muss ein langer, heißer Sommer gewesen sein, dachte ich, während ich die verdorrten wegwarf und die anderen zurückschnitt. Monsieur Autessier hat sicher sein Bestes getan.

Eine Woche verstrich, zwei Wochen, dann eine dritte. Kein Monsieur Autessier. Ich goss regelmäßig, fragte mich aber, wann ich wohl meinen Gärtner zu Gesicht bekäme. Tauchte er vielleicht zufällig gerade dann auf, wenn wir nicht da waren? Um sicherzugehen, band ich einen dünnen Faden an die Klinke einer Tür zur Terrasse, die nur *er* benutzen würde. Der Faden blieb bis zu dem Tag, an dem wir abreisten, unversehrt.

Wieder in Kalifornien, was liegt da ganz oben auf einem Stapel Post? Natürlich Autessiers Rechnungen für drei Monate Gartenpflege mit einem rührenden Briefchen, in dem er bedauert, dass ich nicht da sei, um mich an den Chrysanthemen zu erfreuen, die in diesem Jahr besonders schön blühten.

Ich bebe vor Empörung. Dir blüht auch gleich was, denke ich, und wähle voller Wut Autessiers Nummer.

«Ich rufe Sie aus Kalifornien an, wo ich gerade nach drei Monaten in der Provence wieder eingetroffen bin. Ihre Rechnungen sind da, aber die werde ich nicht bezahlen, weil Sie in dieser ganzen Zeit nicht ein einziges Mal gekommen sind und in der übrigen Zeit wahrscheinlich auch nicht oft.»

Schweigen am anderen Ende der Leitung. Ha, denke ich, das sitzt! Jetzt bin ich gespannt, wie du dich da herausredest. Aber stattdessen bietet Monsieur Autessier *seinen* heiligen Zorn auf.

«Haben Sie eben gesagt, Sie waren drei Monate in der Provence? Haben Sie *das* wirklich gesagt? So eine Unverschämtheit! Und Sie haben nicht einmal genug Höflichkeit aufgebracht, mich das wissen zu lassen! War Ihnen wohl zu viel der Mühe, mal anzurufen und *bonjour* zu sagen? Ein so fieser Trick ist mir ja noch nie untergekommen. Nachspioniert haben Sie mir, das ist es. Und ich hab Ihnen vertraut, hätt mir nicht träumen lassen, dass Sie mich so gemein reinlegen. Nach all der *Arbeit*, die ich für Sie gemacht hab!»

Ich versuchte ihm ins Wort zu fallen, doch Mr. A. war zu sehr in Fahrt. Meine Wut konnte mit seiner nicht mithalten.

«Man sollte meinen, Sie hätten so viel Anstand, vorher anzurufen, anstatt sich wie ein Dieb reinzuschleichen! Was haben Sie denn bei so einem Benehmen erwartet?»

Mir gelingt es, hastig einzuwerfen:

«Ich hab eins erwartet, Monsieur Autessier, und

nur das eine. Ich habe erwartet, dass Sie den Job machen, für den Sie bezahlt werden.»

«*Ich* bin ein redlicher Mann, Madame», erklärt Autessier hoheitsvoll. «Wenn ich bloß geahnt hätte, dass Sie da sind, hätte ich kein einziges Mal ausgelassen. So ein Mensch bin ich.»

Tapfer unterließ ich es, die Rechnungen der letzten drei Monate zu bezahlen, und das war das Ende meiner Beziehung zu Autessier. Es gingen weiterhin Pflanzen ein, arme kleine Mumien, direkt neben der Quelle vertrocknet. Wir probierten es mit Schläuchen und einer elektrischen Schaltuhr, aber das funktionierte nicht, weil sie wegen der häufigen Pannen in der Stromversorgung gleich ausfiel.

Beim nächsten Mal fand ich verschlammte, überlaufende Pflanzkübel vor. Mélanie *hatte* den Wasserhahn aufgedreht – und vergessen, ihn wieder abzudrehen. Wie lange war das Wasser gelaufen? Eine Woche? Einen Monat? Noch länger? Schimmelnde Steine, unbrauchbar gewordene Polstermöbel und Pfützen abgestandenen Wassers empfingen uns in den Gewölben des Untergeschosses.

Als ich den Versuch unternahm, sie zur Rede zu stellen, ließ sie wahre Schimpftiraden ab, faselte etwas von angeblichen Lecks in unseren Rohrleitungen und klagte, dass hier sowieso nichts richtig funktioniere. Darüber hinaus hatte sie sich für dieses Jahr etwas Neues ausgedacht.

«Jetzt, wo Sie da sind, kann ich ja die sechs Wochen Urlaub nehmen, die Sie mir noch schulden. Ich hoffe, Sie wissen, wie man ein Haus putzt, und wenn nicht, können Sie es vielleicht lernen.» Wir schuldeten ihr keinen Urlaub, denn sie hatte woanders eine feste Anstellung und «arbeitete» sozusagen für uns nur in ihrer Freizeit. Im Übrigen konnte sie während unserer Abwesenheit immer wieder wochenlang frei machen, was sie ja auch tat. Doch so verärgert ich vielleicht gewesen sein mochte, so erleichtert war ich auch. Ich ließ sie besser ziehen, dann war ich sie den Sommer über los. Aber großmütig erklärte sie sich bereit, noch etwas zu «arbeiten», ehe sie ging. Und während sie oberflächlich Staub wischte, verwöhnte sie mich einmal mehr mit einer leidenschaftlichen Version ihres Lieblingsgesangs: Ausländer und Fremde – zu denen sie schon die Pariser zählte – seien der Untergang der provenzalischen Dörfer. Früher hätte ich vielleicht darauf geantwortet, dass viele Handwerker Beschäftigung finden, wenn aus Ruinen zwischen Dornengestrüpp schöne und authentisch restaurierte Häuser entstehen, dass dadurch die Steuereinnahmen beachtlich steigen, dass die Leute, die in diesen Häusern wohnen, Geld in Geschäften, Restaurants und Autowerkstätten ausgeben und auch Hilfskräfte bezahlen. Doch das war vorbei. Dieses Mal reichte es mir. Erbittert hörte ich ihr mit zusammengebissenen Zähnen zu und wartete auf eine Pause, in der ich sie endgültig feuern konnte.

Stattdessen ging sie nahtlos zur zweiten Strophe über: Unser Haus sei sowohl eine Beleidigung für ihr ästhetisches Empfinden als auch eine Schmach für das Dorf. Eines unserer Fenster sehe in ihren fachkundigen Augen mehr italienisch als provenzalisch aus! Wozu sollte ich mir die Mühe machen, ihr zu erklären, dass für jedes Detail die Genehmigung der

Behörde für Denkmalschutz erforderlich gewesen war? «Da hatten erst Ausländer kommen müssen, um Madame Martins Anwesen zu verunstalten. Sie hat die schönsten Hühner gehalten, die Sie je zu Gesicht bekommen haben, dort wo Ihre – Ihre Terrasse ist, wie Sie das nennen. Ich schaue auf die andere Seite, wenn ich hier vorbeigehe. Und erst drinnen … Also ich flehe Gott an, mir beizustehen, damit ich ertrage, was ich hier sehe, aber mir wird richtig schlecht.» Das ging endlos so weiter. Sie war an diesem Tag in Hochform, sogar noch lyrischer als sonst.

Nur, sie hatte es geschafft, mich wirklich in Rage zu bringen. *Dafür* Ersatz zu finden kann nicht so schwer sein, dachte ich.

«Verlassen Sie auf der Stelle das Haus», zischte ich, «und wagen Sie es ja nicht, jemals wiederzukommen.» (Immerhin forderte ich die drei Monate Lohnvorauszahlung nicht zurück.)

Wayne und ich feierten das Ereignis mit einem Abendessen im Cheval Blanc, unserem Lieblingsrestaurant, und ließen wie befreit unsere Gläser klingen. Falls wir keine andere Putzfrau fanden, würde das ohnehin nicht sehr auffallen. Wir waren sie endlich los. Wie hatten wir sie nur so lange erduldet?

Sogar zurückhaltende Menschen kann man zu sehr reizen, jetzt wurde ich nachtragend. Die Schleusen meiner aufgestauten Wut waren weit offen und ich würde nicht ruhen und rasten, ehe ich nicht meine Rache gehabt hatte. Feuern allein war zu wenig für diesen Drachen. Ihr musste man eine wirksamere Lektion erteilen. Begeben wir uns also auf den Kriegspfad. Ich wusste schon, was ich zu tun hatte.

Mit zwei großen Portionen Schokoladen- und Himbeereis in der Hand klopfe ich tags darauf an die Tür der alten Madame Oraison, die uns gegenüber auf der anderen Straßenseite wohnt. Sie isst gern Eis, besitzt aber keinen Kühlschrank. Ich erinnere mich noch, wie sie uns Mélanie vorgestellt hat, als sie noch ein beinahe nettes Mädchen war. Ich weiß, dass sie engen Kontakt zu ihr hält, wie zu jedem im Dorf. Sie ist gehbehindert, hat allerdings ein Telefon in Reichweite, wird häufig von den Damen besucht und genießt einen Ehrenplatz im Zentrum der hiesigen Gerüchteküche.

«Zu schade, dass wir künftig auf Mélanie verzichten müssen», bemerke ich. «Aber soweit ich sie verstanden habe, bin ich ihr sechs Wochen Urlaub schuldig, und gerade jetzt, wenn wir da sind ...»

«Sie sind ihr überhaupt keinen Urlaub schuldig», fällt mir Madame O. ins Wort. «Muss so eine Idee sein, die sie sich in den Kopf gesetzt hat, weiter nichts.»

Also erkläre ich, die arme, überarbeitete Mélanie brauche tatsächlich einen Sommerurlaub, aber da *ich* Hilfe brauche, seien wir übereingekommen, uns zu trennen. «Trotzdem», so fahre ich fort, «kann ich von Glück reden, dass sie all diese Jahre bei mir war ...»

Ich bin sicher, Madame O. weiß bereits, dass ich Mélanie gefeuert habe, sie lässt sich jedoch nichts anmerken.

«Es gibt nicht viele ihresgleichen», versichere ich wahrheitsgemäß. «Ehrlich von früh bis spät! Sagt einem immer ihre Meinung und spricht nur aus, was sie denkt ... Wie oft hat sie beteuert, dass Ausländer wie wir eine Plage für die Dörfer seien. Wer sonst wäre aufrichtig genug gewesen, mir das ins Gesicht zu sagen?»

Nachdenklich lecken wir die Löffel ab. Madame Oraison bleibt gelassen, wohl wissend, dass ihr spannender Klatsch ins Haus steht.

«Genau genommen hat sie uns mit dieser Ehrlichkeit einen großen Dienst erwiesen. Weil sie mir auch oft gestanden hat, wie sehr sie unser Haus verabscheut. Das hat sie Ihnen ja sicher auch erzählt.»

«Vielleicht redet sie zu viel», wirft Madame O. ein.

«Na ja, sie sagt, wie sie es empfindet. Sieht für sie nicht provenzalisch aus, und das Badezimmerfenster hat einen italienischen Einschlag ... So schlimm, dass sie wegschauen muss ... Und drinnen im Haus wird ihr richtig schlecht.»

Ich spreche langsam weiter, damit Madame O. auch ja kein Wort entgeht.

«Wissen Sie, wir waren im Begriff, ihr das Haus in unserem Testament zu vermachen oder es ihr vielleicht schon *viel* früher zu schenken, wenn uns nicht mehr danach ist, hierher zu kommen. Ja, mit allem, was darin ist. Mit allem. Mein Mann und ich waren der Meinung, sie sollte es kriegen, nachdem sie so lange und so schwer darin gearbeitet hat ... Deshalb haben wir vor einiger Zeit unser Testament geschrieben und sie als Erbin für das Haus eingesetzt, *mit allem*.» Ich betone es noch einmal besonders. «Natürlich auch mit genügend regelmäßigen Einkünften, um es instand zu halten. Aber wissen Sie, letzten Endes sind wir zur Vernunft gekommen.»

Erbschaften sind hier sehr wichtig und werden

äußerst ernst genommen. Manche Menschen bringen ein ganzes Leben damit zu, auf ein Erbe zu warten.

Madame O. lässt beinahe ihr Eis fallen. Mit offenem Mund versucht sie, diese grandiose Neuigkeit zu fassen. Das wird dem Klatsch für den Rest des Sommers Nahrung geben. Hat sie richtig verstanden?

«Sie vermachen Mélanie Ihr Haus? Mit allem, was darin ist? Auch diesen Wäschetrockner aus Amerika?»

«Ja, sicher. Das heißt, das haben wir vorgehabt. Aber jetzt, da wir Gott sei Dank endlich begriffen haben, wie sie zu dem Haus steht, werden wir unser Testament ändern. Sie glauben doch nicht, dass wir dem armen Mädchen etwas aufhalsen wollen, was sie so sehr verabscheut?»

Entgeistert blickt Madame O. durch das offene Fenster auf unseren Eingang mit dem Torbogen. Sie kann den Springbrunnen im Pool auf der Terrasse hören. Und sie denkt an den Wäschetrockner aus Amerika, ganz zu schweigen von diesem Kühlschrank mit der Eismaschine ...

«Vielleicht ist das ja nur so ein Gerede. Ich weiß, dass sie Madame Martins Zeiten nachtrauert ... Und auch, dass sie manchmal übellaunig ist ...», wendet sie schwach ein. Ich sehe ihr an, wie sie innerlich über diese Neuigkeit jubiliert, vor der die dörfliche Solidarität verblasst. Was für eine Geschichte, die sie da erzählen kann – und Mélanie natürlich zuerst.

«Oh, nein», unterbreche ich sie. «Sie hat mir ganz offen gestanden, wie sehr sie es hasst. Und Sie wissen doch, dass sie *immer* die Wahrheit sagt.»

«Törichtes Mädchen», sinniert Madame O. «Da

wäre sie aus dem Loch rausgekommen, in dem sie mit ihrem Vater lebt.»

Sie ist jetzt ganz erpicht darauf, dass ich gehe, weil sie es kaum erwarten kann, ihren Freundinnen zu erzählen: «Stell dir vor, diese Amerikaner wollten Mélanie das Haus schenken, für das sie so viel bezahlt haben!» (Der Preis ist im Dorf nie ausposaunt worden, weshalb er beständig stieg.) «Und dazu noch jeden Monat genug Geld, damit sie sich leisten kann, es instand zu halten. Aber dieses dumme Mädchen musste ja seinen Mund zu weit aufreißen und ihnen auf die Nase binden, dass sie das Haus nicht ausstehen kann. Jetzt haben sie ihr Testament geändert. Geschieht ihr ganz recht, weißt du. Wenn du dir überlegst, dass dieser Wäschetrockner aus Amerika eines Tages ihr gehört hätte! Die Amerikanerin hat mir sogar erzählt, dass sie es ihr wahrscheinlich schon bald geschenkt hätten, weil sie nicht mehr lange herkommen wollen.»

Am nächsten Morgen hörte ich ein Geräusch in der Küche und traf Mélanie am Spülbecken an, wo sie in einer Vase ein Dutzend gekaufter Nelken arrangierte.

«Ich war in Pertuis und hab diese Farbe ausgesucht, weil sie so gut zu Ihrem schönen Wohnzimmer passt», sagte sie. «Und diese Küche: Hier zu arbeiten ist eher ein Vergnügen, sie ist so hübsch! Das hab ich Ihnen schon immer mal sagen wollen. Ach, übrigens, ich bin hergekommen, um Ihnen mitzuteilen, dass ich meine Urlaubspläne geändert habe. Ich bleibe den ganzen Sommer hier, *à votre service.*» Dann fügte sie mit großer Überwindung hinzu: «*Madame.*»

Ich habe meine Rache gehabt, was mich aber nicht

umstimmte. Ich nahm das Friedensangebot nicht an und es blieb bei Mélanies Entlassung. Wie sich zeigte, hatten wir keinerlei Mühe, für sie Ersatz zu finden. Bereits am nächsten Tag bot uns eine nette Frau ihre Hilfe an, eine Frau, die uns genug schätzte, um sich ordentlich zu frisieren und ihre Perlenkette umzulegen, bevor sie zur Arbeit kam. Sie wirkte wahre Wunder an unserem Silberbesteck. Und als sie aufhören musste, brachte sie uns Dolores, eine freundliche junge Frau, die noch heute bei uns ist.

Dennoch wäre der Sommer ohne Dereks neueste Geschichte nicht vollständig.

Er kommt zum Abendessen und schüttelt sich vor Lachen.

«Ihr wisst doch, dass ich vor drei Jahren bei Monsieur Brun, dem Möbeltischler in der Nähe von Aix, eine Kommode bestellt habe.»

Wir haben tatsächlich immer wieder mal von dieser Kommode gehört. Zuerst spielte Monsieur Brun den Unzugänglichen. Schließlich ließ er sich herab und tauchte mit Holzmustern und einem Buch über verschiedene Stilrichtungen auf. Das neue Stück musste an einem bestimmten Platz und zu einem antiken Schrank passen, den Derek kurz davor erstanden hatte.

Monsieur Brun nahm ausführlich Maß, erörterte lang und breit jedes Detail und rief sogar mehrmals an, um den einen oder anderen Punkt noch zu besprechen. Letzten Endes einigten sie sich auf einen Entwurf und über den Preis. Blieb also nur noch die entscheidende Frage: «Wann wird die Kommode fertig?»

«Wann kommen Sie wieder her?»

«Nächstes Jahr, Anfang Juni.»

«Dann ist sie fertig. Keine Sorge, bis dahin habe ich ja viel Zeit.»

Das Jahr verstrich, und Derek freute sich auf den Anblick der neuen Kommode. Aber *hélas*, an dem Platz, den sie einnehmen sollte, klaffte nach wie vor eine traurige Lücke.

«Meine Schwiegermutter ist krank geworden», erklärte Monsieur Brun. «Und dann haben meine *ouvriers* alle die Grippe gekriegt. Ein schlimmes Jahr … Jetzt sagen Sie mir doch: Wann kommen Sie wieder?»

«Nächstes Jahr, Anfang Juni.»

«Ich gebe Ihnen mein Ehrenwort, bis dahin ist sie fertig. Und auch wunderschön. Es wird Ihnen bestimmt nicht Leid tun, dass Sie haben warten müssen.»

Also verging ein weiteres Jahr, und bei Dereks Rückkehr tat sich noch immer nichts. Monsieur Brun entschuldigte sich vielmals und bedauerte zutiefst, doch es hatte nicht an *ihm* gelegen.

«Ihretwegen ist mir schon ganz elend zumute. Aber das richtige Holz, das man mir zugesagt hat, ist nicht geliefert worden. Und mir würde ja nicht mal im Traum einfallen, ausgerechnet Ihnen zweitklassiges Material anzudrehen … Wann kommen Sie wieder?»

«Wie jedes Jahr, Anfang Juni.»

«Diesmal gibt's wirklich keine Ausrede. Wenn es sein muss, lasse ich alles andere fallen, aber *Ihre* Kommode ist bis dahin fertig und steht an Ort und Stelle.»

Als Derek zurückkehrte und nach drei Jahen – in der Provence lernt man Geduld – noch immer nichts zu sehen war, da fand er, dass es ihm nun reiche. Er suchte Monsieur Brun auf und wollte wissen, ob es überhaupt jemals eine Kommode geben würde oder nicht.

Monsieur Brun setzte sich hin, nahm die Mütze ab, strich sich über die Stirn, dann legte er die leeren Hände auf den Tisch.

«Ich gestehe Ihnen lieber *gleich* etwas», sagte er. «Es geht nichts über Ehrlichkeit *von Anfang an*, das ist mein Motto. Ich schätze Sie zu sehr, da bleibt mir nichts anderes übrig, als *vom ersten Tag* an offen mit Ihnen zu reden. Kommoden? Ich weiß einfach nicht, wie man die baut. Hab ich nie gemacht.»

Derek lacht so sehr, dass er sich die Augen wischen und einen Schluck Wasser trinken muss.

«Keine Kommode», bringt er schließlich prustend hervor. «Keine Kommode, und es wird auch nie eine geben. Aber ist das alles nicht zum Kichern?» Offensichtlich hat er sich inzwischen an die Mentalität in diesem Land gewöhnt.

Leuchtet doch jedem ein, weshalb es uns allen in der Provence so gut gefällt.

Madame Fabres Geheimrezept ...

Demoiselles d'Aix
(Auberginenröllchen)

«Das», so erklärt Monsieur Fabre, der nach einem halben Jahrhundert der Kochsuperlative seiner Frau etwas von *gutem* Essen versteht, «das ist *ausgezeichnet*. Ich nenne es die hohe Küche der

Provence.» Monsieur Fabre hat Recht. Das Gericht macht ein wenig Mühe, aber das Ergebnis belohnt Sie allemal.

Für vier Personen
2 oder 3 Auberginen
Olivenöl
230g Emmentaler oder anderer Schweizer Käse
450g dünn geschnittener gekochter Schinken
Tomatensauce (siehe unten)

Auberginen schälen und in lange, etwa 7 cm breite Streifen schneiden. In kleinen Portionen mit Öl bestrichen grillen oder in Öl braten, bis sie gerade weich sind, dann auf Küchenkrepp abtropfen lassen. Käse in etwa 7 cm lange und 1–2 cm dicke Stäbchen schneiden. Schinken in etwa 7 cm breite Streifen schneiden. Jedes Käsestäbchen mit einem Schinkenstreifen und danach mit einem Auberginen-streifen umwickeln.
Die Röllchen aufrecht in eine Auflaufform stellen und so viel Tomatensauce zugießen, dass nur noch die Spitzen zu sehen sind.
25 Minuten lang bei 180 °C backen.
Dann Temperatur auf 150 °C senken und die Röllchen weitere 30 Minuten oder noch länger backen.

Tomatensauce

Für 1 Pfund Tomaten brauchen Sie:
1 Pfund Zwiebeln
5 Knoblauchzehen
1 Lorbeerblatt
Salz
Pfeffer
Basilikum
1 EL Zucker und
2 EL Essig

Die Tomaten in Achtel schneiden (vorher drücken, um überschüssige Flüssigkeit auszupressen) und die Zwiebeln in Scheiben.
Mit Knoblauch und Lorbeerblatt in großem Topf zugedeckt dünsten lassen, bis sie zu Mus zerkocht sind. Das dauert mindestens
1 Stunde. Salz, Pfeffer, Basilikum, Zucker und Essig zufügen und gut umrühren.
Bei hoher Geschwindigkeit im Mixer pürieren, bis die Masse glatt ist. Sie sollte dickflüssig sein.
Ist sie noch zu wässrig, wieder in den Topf füllen und ohne Deckel einkochen lassen, bis sie die gewünschte Konsistenz erreicht hat. Abschmecken.
Wein: Ein roter Côtes de Provence, z. B. ein Vieilles Vignes, würde diesem schmackhaften Gericht Ehre machen.

Das einzig Heiße
in eisiger Landschaft

In jenem Winter konnten wir über Weihnachten nicht wegfahren. Wayne hatte andernorts zu tun und rechnete damit, erst in einigen Wochen fertig zu werden. Ich wartete bis nach den Feiertagen, doch dann gewann die Sehnsucht nach der Provence die Oberhand, und ich beschloss, für sechs Wochen hinüberzufliegen. Allein und ungestört wollte ich ein nervtötendes Projekt zu Ende führen, das ich schon viel zu lange verschoben hatte. Damit Truffles, meine kleine, gelbe Mischlingshündin, nicht allein bleiben und sich nur mit dem täglichen Besuch der Putzfrau begnügen musste, nahm ich sie mit. Sie war schon viele Male da gewesen und kannte ihre übler beleumundeten Artgenossen in der Gegend bereits recht gut.

Am Flugplatz von Paris erfuhr ich, dass man den Dollar, der für gewöhnlich bei etwa fünf Franc lag, hatte floaten lassen und ich ihn nun zu einem Kurs von zehn Franc für einen Dollar wechseln konnte. Da fühlte ich mich auch mit meinen wenigen Travellerschecks plötzlich reich.

Außerdem war ich just bei Einbruch der schlimmsten Kältewelle seit über hundert Jahren angekommen.

Die einzige Heizung in unserem Haus in der Provence ist der Kamin. Seine Wärme steigt bis ins Schlafzimmer hinauf, und da es während früherer Winterferien nie wirklich kalt gewesen war, hatten wir es mit einem zusätzlichen Elektrostrahler im Badezimmer immer behaglich gehabt.

Nur jetzt waren sibirische Verhältnisse ausgebrochen. Als ich am ersten Morgen meine Haustür öffnete, schlug mir eiskalte Luft entgegen. Truffles begann in ihrem dünnen Fell zu zittern und trippelte schnell wieder hinein. Ich wollte Feuer machen und fand zwar noch einige Holzscheite vor, die so dick waren, dass ich sie kaum tragen konnte, aber es lag nur noch ganz wenig Anmachholz im Korb. Da versuchte ich es mit Reisig, ließ allerdings vorsichtshalber genug für den nächsten Morgen übrig. Es dauerte lange, und aus dem kalten, feuchten Schornstein quoll mir eine Menge Rauch entgegen, an dem ich beinahe erstickte, bevor das Feuer endlich in Gang kam. Doch es brannte nicht hell, sondern schwelte nur. Das Haus wurde davon auch nicht wärmer. An den steinernen Wänden glitzerte eine dicke Schicht aus Eiskristallen, und die Kälte kroch durch Ritzen und Spalte herein, von denen ich nicht einmal gewusst hatte, dass es sie gab: unter den Türen, an den Fenstern und – ich schwöre es – sogar durch die Wände. Wo ich nur konnte, stopfte ich Handtücher hin, um die Zugluft abzuhalten, dann zog ich drei Pullover übereinander an und schlüpfte zusätzlich in Anorak, Pelzstiefel und Fäustlinge. Trotzdem fühlten sich meine Hände und Füße nach wie vor taub an. Gerade als ich Kaffee kochen wollte, fiel der Strom aus.

Es gibt keine Gasleitungen in den Dörfern, deshalb ist Strom die einzige Energiequelle. Aber der neue Ansturm auf restaurierte Häuser und der rasant gestiegene Einsatz von elektrischen Geräten führen ständig zu Stromausfällen. Hinzu kommt noch, dass die meisten Leute, die das ganze Jahr hier wohnen, ihre Häuser mit einer zusätzlichen Elektroheizung ausgestattet haben, die an so einem Tag sicher auf Hochtouren läuft.

Derart überlastet, ist das System einfach zusammengebrochen. Das bedeutete: kein Licht, kein Kochen, kein heißes Wasser, kein Heizstrahler, kein Radio, kein Fernseher, keine Schreibmaschine.

Damit werde ich fertig, dachte ich. Zuerst fahre ich nach Pertuis, da taue ich schon einmal im Auto ein bisschen auf. Dann gehe ich ins Café Thomas frühstücken, trinke einen riesigen Milchkaffee und teile mir mit Truffie alle Croissants, die noch übrig sind. Danach werde ich mich gleich wohler fühlen, laufe zum Markt und kaufe Kerzen, Lebensmittel und Hundefutter. Auf dem Rückweg bestelle ich eine Ladung Brennholz und stopfe den Kofferraum randvoll mit Anmachholz und Reisig. Außerdem kann es ja nicht lange so kalt bleiben. Sicher kommt auch der Strom bald wieder, also könnte ich gleich noch ein paar kleine Heizstrahler besorgen.

Chipper, unser niedlicher Renault der ersten Jahre, ist von einem größeren Citroën mit einem jener Dieselmotoren abgelöst worden, die in diesem Land, in dem der Liter Benzin weit über einen Dollar kostet, sehr verbreitet sind. Ich begriff nicht, weshalb er sich so störrisch weigerte anzuspringen, aber als die Batterie schwach wurde, gab ich es auf und rief Monsieur Giano in der Autowerkstatt an, die ihn wartet.

«Da ist der Diesel eingefroren. Bei so einer Kälte wird er dick wie Vaseline und verstopft die Leitungen. Im Moment bleiben auf der Autobahn reihenweise die Laster liegen. Mein Kundendienstwagen ist auch eingefroren. Und wenn ich ihn so weit auftauen könnte, dass er anspringt, vielleicht mit 'ner Lötlampe, dann würd er ja doch nach ein bis zwei Kilometern wieder einfrieren und ich käm nicht mehr vom Fleck. Tut mir Leid, dass ich Ihnen nicht helfen kann, aber glauben Sie mir, jetzt sind Sie sowieso daheim besser dran als sonst wo.»

Eingefrorener Diesel? So etwas habe ich zu Hause noch nie gehört. Dabei bin ich mir sicher, dass in manchen Regionen der USA zuweilen auch so niedrige Temperaturen herrschen wie jetzt in Frankreich und sogar noch niedrigere. Und was ist mit Kanada, Russland, Sibirien? Erst später erfuhr ich, dass in Frankreich, das sich seines gemäßigten Klimas rühmt, bei dem im Handel befindlichen Dieselkraftstoff ein verhältnismäßig hoher Anteil wasserhaltiger Zusätze erlaubt ist. Nur Militär- und Rettungsfahrzeuge haben Anspruch auf eine Dieselsorte, die nicht einfriert.

Der Strom kam nicht wieder. Also bereitete ich mir einen Instantkaffee zu, indem ich das letzte noch lauwarme Wasser aus dem Hahn auf das Pulver laufen ließ, das am Boden eines Glases hart geworden war. Später, um die Mittagszeit, machte ich eine angerostete Dose Thunfisch auf, schnitt mir dabei in den Finger, weil ja auch der elektrische Dosenöffner nicht funktionierte, und teilte den Festschmaus mit Truffles.

In meiner Verzweiflung tat ich, was ich in Notfällen schon immer getan hatte: Ich rief bei Ariel an.

Dort meldete sich Christophe, der zu Hause war und auf *seinen* Diesel fluchte. Die Hoffnung, nach Marseille ins Büro zu fahren, hatte er schon begraben, aber Ariel, die seit einer Woche in Paris war, sollte noch an diesem Tag zurückkommen. Er konnte sie ja nicht gut am Flugplatz hängen lassen, weshalb er erwog, Benzin in den Tank zu schütten, selbst auf die Gefahr hin, dass er die verdammte Karre damit vollends ruinierte, doch auf irgendeine Art musste er sie schließlich in Gang bringen.

Ich richtete die Holzscheite im Kamin so aus, dass sie nur mit den Enden aneinander stießen, damit sie nicht zu schnell verbrannten, und brachte Truffles dazu, sich in einen mit einer alten Decke ausgepolsterten Korb zu legen, denn sie drängte sich so dicht an die Glut, dass ich befürchtete, sie würde sich das Fell versengen. Dann schlang ich mir ein wollenes Tuch um den Kopf, zog es vor das Gesicht und machte mich, vermummt wie ein Terrorist, auf den Weg ins Dorf. Mal sehen, was ich auftreiben konnte. An den Häusern der Ausländer waren die Fensterläden dicht geschlossen, natürlich, alle waren nach den Ferien wieder nach Hause gefahren. Aber, dem Himmel sei Dank, die Bäckerei war offen. «Wir haben noch einen kleinen mit Holz befeuerten Backofen», erzählte mir die Frau, «aber nicht mehr viel Holz. Wenn das aufgebraucht ist, müssen wir zumachen, falls uns nicht schon vorher das Mehl ausgeht. Alle Lieferungen sind eingestellt.»

Ich kaufte so viel Brot, wie sie mir gab, holte noch

Milch, Käse, Butter sowie ein bisschen vakuumver-
packten Schinken aus der schon arg geplünderten
Kühltruhe und nahm die letzte Tüte Trockenfutter für
Hunde vom Regal. Bis ich damit den Berg hinaufge-
trottet war, waren Brot und Milch bereits hart gefroren.

Wenigstens hatten wir jetzt etwas zu essen. Truffles
verschlang ihr Trockenfutter und zog sich sofort wieder in den behaglichen Korb am Kamin zurück. Langsam verstrich der Nachmittag in dem kalten, düsteren,
bloß von der spärlichen Glut erleuchteten Raum.

Schließlich, lange nach Einbruch der Dunkelheit,
hörte ich an der Tür fröhliches Geschrei. Mit ausge-
breiteten Armen stand Ariel in ihrem Wolfspelzmantel
da, glücklich darüber, mich zu sehen, und begierig darauf, zu helfen. Während ich sie auf die eiskalten Wangen küsste, schleppte Christophe ein kaltes Roastbeef
und einen Kuchen herein. Ich holte Wein aus dem Keller, wo ich feststellte, dass der Großteil unserer Vorräte
gefroren war, der Frost die Flaschen gesprengt hatte
und der Wein nun in Pfützen aus bläulich rotem Eis auf
dem Steinboden lag. Wir tauten den Wein am Feuer
auf, und niemand beschwerte sich über die Temperatur, die gewiss weit unterhalb der optimalen blieb.
Ariel schilderte, wie Paris zum Stillstand gekommen
war. Sie hatte Glück gehabt, dass sie noch den letzten
Air-Inter-Flug ergattert hatte, weil der Luftverkehr
wegen der Eisschichten, die sich auf den Tragflächen
der Flugzeuge bildeten, für die Dauer der Kältewelle
eingestellt wurde.

Dicht neben dem Kamin verzehrten wir unser im-
provisiertes Mahl, und als ich am Ende Kuchenstücke

in meinen Wein tunkte, hatte ich in Händen und Füßen beinahe schon wieder Gefühl. Plötzlich rief Ariel:

«Kein Wunder, dass es hier eiskalt ist! Du weißt nicht, wie man ein richtiges Feuer macht. Wart mal, ich zeig's dir.»

Und bevor ich sie daran hindern konnte, ergriff sie den Rest meines kostbaren Anmachholzes und warf die ganze Hand voll ins Feuer.

«Schau, wie das brennt! Und du musst die Holzscheite übereinander legen, nicht hintereinander, wenn du ein richtiges Feuer haben willst. Siehst du? So fängt es an zu prasseln.»

Ich hätte heulen können. Die wenigen Holzscheite, die ich noch besaß, waren dick, mindestens dreißig Zentimeter im Durchmesser. Es bestand nicht die leiseste Hoffnung, dass ich am nächsten Morgen ein Feuer in Gang bekommen würde, wenn ich das hier ausgehen ließe. Und mit der Mentalität eines Höhlenmenschen dachte ich: Ich muss dieses Feuer die ganze Nacht hüten, sonst erfriere ich. Morgen werde ich versuchen, mir mehr Holz zu beschaffen.

Also ließ ich es, nachdem die beiden gegangen waren, weit herunterbrennen, die Scheite wieder sorgsam auseinander geschoben, dass sich ihre Enden kaum berührten. In Decken gehüllt legte ich mich auf die Couch und stellte meinen Reisewecker auf zwei Stunden später. Schaudernd richtete ich mich darauf ein, in einer langen, stillen Nacht einsam Wache zu halten. In einer stillen, dunklen Nacht.

Ich hatte keine Ahnung, dass es alles andere als eine stille Nacht werden sollte.

Es lag wohl am Jetlag oder an der gespenstischen Umgebung, dass ich keinen Schlaf finden konnte. Nachdem es ein Uhr geschlagen hatte – in der eisigen Luft klang die Turmuhr lauter als sonst –, setzten plötzlich seltsame Geräusche ein: Es knackte und knisterte überall, als ob etwas zerbräche oder splitterte. Im Dach, in den Wänden, drinnen und draußen. Alles knackte und knisterte wie prasselndes Feuer. Ob vielleicht ein Haus brannte? Etwa mein eigenes? Ich spähte hinaus. In der beißenden Kälte tat mir sogar das Atmen weh und ein Schwall arktischer Luft strömte ins Zimmer, aber ich konnte kein Feuer sehen.

Dann erinnerte ich mich an eine französische Redensart, die man benutzt, um extrem kaltes Wetter zu beschreiben: *Il gèle à pierre fendre*, es friert, dass die Steine bersten. Genau das geschah jetzt! Steine und Dachziegel haben winzige Mengen Wasser aufgenommen, das nun gefror und sich dabei ausdehnte. Ich erlebte also die sprichwörtliche Kälte, in der Steine bersten. Für jemanden, der an Winter in Sibirien oder Alaska gewöhnt ist, mag das nicht beunruhigend sein, aber von den Wintern, die ich kennen gelernt habe, hat mir keiner je so etwas beschert.

Beim Schein meines letzten Kerzenstummels versuchte ich zu lesen, es gelang mir aber nicht, mich auf die Geschichte zu konzentrieren. Außerdem konnte ich dabei die Hände nicht unter der Decke behalten, und sie wurden schnell gefühllos. Nach zwei Stunden stellte ich den Wecker neu, schob die Holzscheite im Kamin etwas näher aneinander, und während es im ganzen Dorf um mich herum und über mir knackte, döste ich endlich ein.

Plötzlich schreckte mich ein lauter, dumpfer Schlag auf. Versuchte da jemand hereinzukommen? Um diese Zeit? Alle anderen Geräusche gingen in diesem Poltern unter. Wieder und wieder stieß etwas dröhnend gegen die geschlossenen *volets*, unsere hölzernen Klappläden an der Tür, dass es nur so durch das ganze Haus hallte.

«Ist da jemand?», wollte ich rufen, brachte aber vor Entsetzen kaum einen Ton heraus. Truffles, die geschlafen hatte, wachte auf und stieß ein langes, klagendes Wimmern aus. Nein, das konnte kein Besucher sein, der mit so erbarmungsloser Brutalität an der Tür rüttelte. Es musste ein Einbrecher sein, der sich an den *volets* zu schaffen machte, wahrscheinlich mit einer Axt. Er wusste nicht, dass ich hier war, und glaubte, das Haus sei leer, aber wenn er mich fand, würde er mich sicher umbringen. Truffles war aus ihrem Korb gesprungen, stand da, ließ den Schwanz hängen, winselte und horchte mit bebenden Ohren.

Es polterte weiter, zwei, drei Schläge, lauter und lauter …

Zu Hause würde ich mich nächtens bei unerklärlichen Geräuschen normalerweise unter der Bettdecke verkriechen und darauf vertrauen, dass Wayne der Sache nachging und mich notfalls beschützte. Aber jetzt war ich allein, selbst für mein Leben verantwortlich, und konnte von niemandem Hilfe erwarten. Es gab keinen anderen Schutz für mich als den, mir selbst etwas einfallen zu lassen und erst einmal meine Angst zu bezwingen. Also schüttelte ich das lähmende Entsetzen ab, raffte die Decke enger um mich, nahm Waynes Stetson vom Haken, stülpte ihn mir über und zog ihn bis zu den Ohren herunter. Da keine andere Waffe in Sicht war, griff ich nach dem alten Schwert, das zur Zierde an der Wand hing.

Dann – Gott steh mir bei! – ging ich an die Tür, während Truffles vorsichtig hinter mir herschlich. Obwohl mir die Hände zitterten, bekam ich die massiven Eisenhaken auf, mit denen die *volets* gesichert waren, und ganz und gar darauf gefasst, einem maskierten Mörder gegenüberzutreten, der seine Axt über meinem Kopf schwang, stieß ich die Klappläden auf.

Keine Szene aus einem Horrorfilm ...

Im hellen Mondlicht sah ich, dass ein paar streunende Hunde eine Mülltonne aus Kunststoff mit noch zugeschraubtem Deckel umgekippt hatten. Da sie zu rollen begann, schoben die Hunde sie hin und her, wobei sie immer wieder gegen unsere hölzernen *volets* stieß und diese dumpfen Schläge hervorrief, die so schaurig widerhallten. Gerade als ich an der Tür stand, ging der Deckel auf, der Abfall quoll heraus, und etliche Blechdosen kullerten scheppernd den Hügel hinunter. Ich drohte den Hunden mit meinem Schwert, was sie nicht beeindruckte, und scheuchte eine enttäuschte Truffles wieder ins Haus. Von der beißenden Kälte unbeirrt, hoffte sie offenbar, diesen Kötern bei ihrer Müllfledderei Gesellschaft zu leisten.

So viel also zu Einbrechern und Mördern. Aber jede Menge eiskalter Luft war hereingeströmt, weshalb von meiner sorgsam gehüteten Wärme nichts mehr übrig war. Ich schürte noch einmal das Feuer, dann schloss ich die Augen, und unter meinen Decken fröstelnd, versuchte ich einzuschlafen. Vergebens.

Dann kehrte die Angst wieder. Dieses Mal waren

es nur streunende Hunde gewesen. Aber das nächste Mal? Auf welchen Schutz konnte ich hier zählen? Ich blätterte die Seiten des dünnen Telefonbuchs durch und fand sowohl die Nummer der Gendarmerie von Pertuis als auch die der *pompiers*, der Feuerwehr, wobei ich mit meiner Kerze beinahe das Papier in Brand gesteckt hätte.

Ich wählte die erste Nummer. Sofort meldete sich eine junge Stimme mit provenzalischem Akzent: *«Gendarmerie de Pertuis, à votre service.»* Ich entschuldigte mich für einen so nächtlichen Anruf. «Das macht nichts», versicherte mir der Gendarm, «ich bin im Dienst, da darf ich sowieso nicht schlafen. Was kann ich für Sie tun?»

Ich erklärte ihm, wer und wo ich sei und woher ich gerade komme, dass ich allein sei, mich im Dunkeln fürchte und wissen möchte, ob sie mir im Notfall beistehen würden.

«Wir wären in weniger als zehn Minuten bei Ihnen. Und machen Sie sich keine Sorgen wegen eingefrorener Autos, wir haben Benzinmotoren. Erzählen Sie mir bitte von Kalifornien. Stimmt das, was man über *les gangs* hört?»

Wir unterhielten uns etwa eine halbe Stunde lang. Der junge Gendarm leistete seinen obligatorischen Wehrdienst ab und war nach der Ausbildung einer Einheit der Gendarmerie zugeteilt worden. Wenn ich es recht bedenke, so sagte ich ihm, sei das eine gute Idee, Angehörige des Militärs für öffentliche Aufgaben heranzuziehen, ohne auf einen Krieg zu warten. Da erklärte er mir, dass die Gendarmerie in Frankreich ein Teil der Armee sei. Er mache natürlich oft

Nachtdienst, um älteren Kollegen die Gelegenheit zu geben, zu Hause in ihren eigenen Betten zu schlafen.

Von dieser erfreulichen Reaktion ermutigt, rief ich noch die *pompiers* an. Sie meldeten sich ebenso schnell, waren ebenso freundlich. Über diese knackenden Geräusche, die sich wie Feuer anhörten, aber keins waren, wussten sie bestens Bescheid. Ich hatte richtig vermutet, woher sie kamen, und erfuhr, dass sie so laut waren, weil die klare, kalte Nachtluft sie noch verstärkte. Es wäre gut möglich, dass ich am Morgen Risse in steinernen Bänken, geborstene Dachziegel oder einen gesprungenen Türsturz vorfinden würde. Allerdings sollte ich mit dem Kamin vorsichtig sein: Die Rußschicht könnte Feuer fangen, wenn sich der Schornstein überhitzte. Falls das geschehe, würde ich ein zischendes Geräusch hören und Schwaden weißen Rauchs ausströmen sehen. Dann müsste ich sie unbedingt sofort rufen.

Allmählich fühlte ich mich etwas wohler. Diese hilfsbereiten, sympathischen Stimmen sagten mir, dass ich nicht ganz allein war und nicht erfrieren würde, falls mein Feuer erlosch. Also schürte ich noch einmal die Glut und schlief endlich ein.

Diesmal schreckten mich äußerst grauenerregende Schreie aus dem Schlaf. Ganz in der Nähe geschah ein Mord, und es musste ein langsamer, qualvoller Tod sein. Nach einer kurzen Unterbrechung ging herzzerreißendes Jammern in erschütterndes Wehklagen über, dann in ergreifendes Stöhnen, dem ängstliches Wimmern folgte. Wie kann jemand nur unter solchen Qualen sterben? Kein Zweifel, da waren sogar mehrere Killer am Werk, denn Wehklagen und Schreie kamen aus verschiedenen Kehlen. Mein Gott ...

Nur, jetzt wusste ich wenigstens, an wen ich mich wenden konnte. Vielleicht traf die Polizei noch rechtzeitig ein, um Leben zu retten ... Ich wählte die Nummer meines Gendarmen. Mir war, als könnte ich ihn lächeln sehen.

«Wegen dieser furchtbaren Töne rufen uns um die Jahreszeit oft Leute an. Vor allem, wenn sie aus der Stadt kommen und noch nicht lange hier wohnen. Was Sie hören, sind Katzen. Wenn Sie hinausschauen, sehen Sie wahrscheinlich eine ganze Horde auf einem Zaun, einer Mauer oder einem Dach herumschleichen ... Die haben ihren Spaß.»

«Ihren Spaß?» Ich konnte mir nicht vorstellen, welcher Spaß derart angsterfüllte Schreie auslösen mochte.

Jetzt lachte der junge Gendarm unüberhörbar.

«Na ja, verstehen Sie, diese Katzen ...» Er zögerte. «Ich weiß nicht, wie ich das einer Dame gegenüber ausdrücken soll ... Sagen wir, sie sind an ihrem hinteren Ende heiß, und sie treiben es miteinander.»

Da musste ich auch lachen, während das verrückte Gejaule unvermindert weiterging. Ich lachte noch, als ich den Hörer wieder auflegte, dann schlief ich ein.

Und so viel zu dieser stillen, ruhigen Winternacht.

Bis heute denke ich allerdings noch mit gewissem Stolz daran zurück. Ich bin mit all den Gefahren selbst fertig geworden, habe sie überlebt und sämtliche Dämonen besiegt, die in dunklen Stunden auf der Lauer liegen mögen – selbst wenn sie sich am Ende nur als ein paar Hunde und Katzen entpuppten. Deshalb wird es immer eine sehr wertvolle Erfahrung bleiben. Im Übrigen lachen Wayne und ich noch jedes Mal darüber, wenn ich wieder auf diese kalte, kalte Nacht zu sprechen komme, in der das einzig Heiße in einer beinhart gefrorenen Landschaft das hintere Ende jener Katzen war.

Am nächsten Tag bekam ich alles in den Griff.

Unser üblicher Lieferant, der es wegen des eingefrorenen Diesels zunächst ablehnte, mir Brennholz zu bringen, ließ sich von meinem Angebot, den doppelten Preis zu zahlen, dazu erweichen, sich einen benzinbetriebenen Lastwagen zu leihen, um mir doch eine Ladung dicke Scheite mit viel Reisig und Anmachholz zu liefern. Nicht dass dies in Anbetracht der Situation von Belang gewesen wäre, aber mit den zehn Franc für einen Dollar kam es mich nicht teurer zu stehen als sonst.

Angereichert mit dramatischen Bildern von kilometerlangen Staus auf den Autobahnen und liegen gebliebenen Lastwagen, stellte die unvorhergesehene Kältewelle in Europa die Topmeldung der Nachrichten in den USA dar, sodass Wayne verzweifelt anrief und mich beschwor, alles, aber auch wirklich alles zu tun, um mich warm zu halten. Per Express und mit der Versicherung, dass es, egal was passiert, binnen vierundzwanzig Stunden zugestellt werde, schickte er mir ein Paket mit wollenen Leggings, wie die Tänzerinnen sie tragen, mit Skiunterwäsche und extradicken Pullovern. Dieser gute Mensch hatte sogar irgendwo eine elektrische Heizdecke mit einem 220-Volt-Anschluss für Frankreich aufgetrieben, die mir, *falls* und *wenn* es wieder Strom gab, kuschelig warme Nächte bescheren würde.

Dank des nun lichterloh brennenden Feuers erwärmten sich die Wände ein wenig und die Schicht aus großen Eiskristallen taute langsam ab. Auf dem Kamin hielt ich einen Topf Wasser warm, und als ich mich des Gartengrills entsann, den wir in der Garage aufbewahrten, holte ich den Rost und platzierte ihn auf seinem Ständer über der Glut. Darauf ließ sich herrlich Brot rösten und Käse schmelzen, bis er braun wurde und Blasen warf. So konnten Truffles und ich ein paar leckere Sandwichs genießen.

Inzwischen hatte ich mich auch daran gewöhnt, dass ich ohne Strom war. Um Licht zu haben, lief ich in die Kirche, und unter Entschuldigungen bei Saint Amat – der meine Not sicher verstand – warf ich das Geld für zehn Kerzen samt einem großzügigen Zuschlag in den Kasten und trug sie nach Hause. Sie würden dem guten Heiligen ebenso viel Ehre erweisen, wenn sie mir die Dunkelheit vertrieben.

Die Bäckersfrau rief an: Mit einem Akku-Bohrer war es einem Bauern gelungen, ein paar Karotten, Steckrüben und Lauchstangen aus dem steinharten Boden zu holen. Sie waren natürlich gefroren, aber brauchbar, wenn man sie sofort verwendete. Die bot er zu einem so sündhaft teuren Preis zum Verkauf an, dass ihr außer dieser vermutlich reichen Amerikanerin niemand als potenzieller Kunde einfiel. Ich packte mich warm ein, schlang mir wieder mein Tuch um den Kopf, zog die Anorakkapuze darüber und kaufte rücksichtslos alles auf, wobei ich mich ein bisschen dafür schämte, über so preiswerte Franc zu verfügen.

Obgleich es nach wie vor keinen Strom gab und die Temperatur sogar noch tiefer gesunken war – zu tief, als dass das Außenthermometer sie überhaupt noch anzeigte, denn sein Quecksilber war zu einem kleinen Kügelchen auf dem Boden des Kolbens zusammengeschrumpft –, begann ich am Nachmittag des zweiten Tages Gefallen an diesem Überlebenstraining zu finden. Schließlich, so sagte ich mir, hatten Menschen jahrhundertelang hier mit weitaus weniger Annehmlichkeiten gelebt als ich jetzt. Und wenn sie das gekonnt haben, dann sollte ich das auch können.

Das Eisblau des Himmels ging in Kobalt über, und als ich hinaufschaute, fiel mein Blick auf die Burg.

Die Wasserrohre zu den oberen Stockwerken waren eingefroren und geplatzt, sodass an der Fassade links und rechts riesige, vielleicht an die zehn Meter lange und nahezu zwei Meter dicke Eiszapfen hingen, die in der Sonne wie Diamanten funkelten. Ein phantastischer Anblick. Aber war die Herzogin da und nicht nur ohne Strom, sondern auch ohne Wasser? Ich wählte ihre Nummer. Sie meldete sich selbst, mit dieser kristallklaren Stimme, die mich jedes Mal unweigerlich bezauberte.

«Es freut mich, von Ihnen zu hören, meine Liebe. Und es überrascht mich auch. Aber wo sind Sie? Hier im Dorf? Um Himmels willen, wie überleben Sie nur diese Kälte?»

«Mir geht es gut. Mein Kaminfeuer lodert und ich habe vor, zum Abendessen eine Suppe zu kochen. Wie sieht's in der Burg aus?»

Ihre Situation war um vieles schlimmer als meine.

Carlos und Maria waren nach den Feiertagen nach Hause gefahren, nach Spanien, um ihre Familien zu besuchen, und würden erst frühestens in einem Monat zurückkehren.

Unterdessen hockte sie allein in dem riesigen Bau, so hoch oben und den Winden preisgegeben, und erfror beinahe, weil alle Heizkörper kalt waren. Die Kamine in den Empfangsräumen waren seit langem stillgelegt, ihre Schornsteine abgedichtet. Und die gewaltige Feuerstelle in der noch aus dem Mittelalter stammenden Küche würde nicht weniger als einen ganzen Baumstamm verschlingen. Seit dem Rohrbruch hatte sie auch kein Wasser mehr.

«Wollen Sie zu mir herunterkommen, an meinen Kamin?»

In ihren weiten Umhang mit Kapuze gehüllt und mit Socken über den Schuhen, damit sie nicht ausrutschte, stieg die Herzogin also die vereisten Treppen herab und erschien mit vor Kälte blauem Gesicht an meiner Tür. Wir setzten uns ans Feuer und tranken, die Hände um die Becher gelegt, Tee mit einem Schuss Rum, und endlich wurde ihr wärmer. Sie willigte ein, zum Abendessen zu bleiben. So schälten und schnitten wir gemeinsam Karotten, Rüben und Lauch und ließen die Gemüsesuppe über der Glut köcheln.

«Ach», seufzte sie, «wenn wir bloß frisches Basilikum hätten! Dann könnten wir eine *soupe au pistou*, eine Suppe mit Basilikumpaste, machen. An einem Abend wie diesem wärmt einen nichts besser auf. Aber das Basilikum ist lange erfroren, sogar das in den Blumentöpfen, die bei Hausfrauen in der Provence das ganze Jahr über auf dem Fenstersims stehen. Für eine gute Basilikumpaste braucht man Stunden, bis man alles im Mörser zerstoßen hat. Manche sind ja so wagemutig, dass sie dafür einen elektrischen Mixer benutzen. Die erzählen Ihnen dann, es schmecke genauso gut ...»

Auf diese Weise entstand aus einer flüchtigen Bekanntschaft eine unschätzbare Freundschaft, sodass mir die Erinnerung an die darauf folgenden Tage für immer lieb und wert sein wird. Jeden Nachmittag verließ die Herzogin ihre frostigen Türme, an denen sich im Lauf der Zeit, wie es aussah, noch mehr Eiszapfen bildeten, und kam herunter. Wie durch ein Wunder war Waynes Paket eingetroffen, also schlüpften wir beide in lange Skiunterwäsche und zogen dicke, wollene Leggings an. Darin fühlten wir uns noch wohler, setzten uns ans Feuer und redeten.

Sie erzählte mir die Geschichte ihrer Familie und Episoden aus dem tausendjährigen Bestehen der Burg. Es hatte gewonnene und verlorene Schlachten gegeben und vor langer Zeit eine Belagerung, bei der es für die erschöpfte Garnison schon unausweichlich schien, sich zu ergeben, als Saint Amat eines seiner Wunder vollbrachte und scheinbar Hunderte behelmter und schwer bewaffneter Soldaten an den Zinnen aufmarschieren ließ. Von Panik erfasst, flohen die Belagerer. In der Renaissance putzte ein Vorfahr die düstere Festung als italienisierten Palast heraus, weshalb die Burg noch heute zwischen ihren wuchtigen Türmen eine florentinische Fassade hat. Dann, vor einem halben Jahrhundert, fand ihre Hochzeit mit dem jungen Herzog statt, und sie legten das Gelübde ab, dass sie ihr Leben dem Restaurieren der zuvor ein halbes Jahrhundert lang vernachlässigten Burg widmen wollten. Kurz nach dem Ende der Renovierungsarbeiten bildete sie zur Freude des Herzogspaares den Rahmen für die Vermählung ihres Sohnes und sogar für die der Nichte, die in ein ausländisches Königshaus eingeheiratet hat.

Kaum hatte der Herzog seine Aufgabe erfüllt, da starb er und ließ sie mit der leuchtenden Erinnerung an eine große Liebe zurück. Sie war nur froh, dass er wenigstens lange genug gelebt hatte, um noch die tausend Jahre zu feiern, seit die Burg im Besitz der Familie ist.

Während wir bei Kerzenlicht dasaßen und das Feuer tanzende Schatten an die Balkendecke warf, wurde sie nachdenklich.

«Bald werde ich siebzig. Meine Kinder sind verheiratet und fortgezogen. Ich trage die Last der Burg, so gut ich kann, und lebe mehr hier als in Paris, um Kosten zu sparen, ja, aber auch, um auf alles aufzupassen. Dennoch fühle ich mich nicht mehr gebraucht. Deshalb sehne ich mich zuweilen danach, meinem lieben Mann zu folgen, der mich in unserer Grabkapelle erwartet.»

Obgleich sie mich immer wieder dazu aufforderte, sie beim Vornamen zu nennen, brachte ich es einfach nicht fertig. Für mich stellte sie in einer Welt, in der gute Erziehung und Würde allmählich nur noch schnell verblassende Erinnerungen waren, die letzte der *grandes dames* dar. Ich konnte nicht zulassen, dass mit ihr auch ihr reiches Wissen entschwinden würde, ihr Charme und Witz, der Glanz eines Geistes, der das

Jahrhundert durchstreift hat, und mit ihm die Erinnerungen an eine für alle Zeit verlorene Welt.

«Kennen Ihre Kinder die Geschichte der Familie und die der Burg ebenso gut wie Sie?»

«Nein, keineswegs», gab sie traurig zu. «Sie interessieren sich nicht einmal besonders dafür. Zu jung, als dass ihnen etwas daran läge. Vielleicht, wenn sie älter werden ... Aber dann ist es zu spät. Meinen Enkelkindern wird zwangsläufig der Großteil dieses Erbes vollkommen unbekannt bleiben.»

«Deshalb», sagte ich entschieden, «müssen Sie alles, was nicht in Vergessenheit geraten darf, aufschreiben. Sie sind eine wunderbare Erzählerin, Sie werden ein faszinierendes Buch verfassen, in dem Ihre Kinder und Kindeskinder und auch künftige Generationen etwas über ihre Ahnen erfahren können, zumal sie wahrscheinlich nicht in den Geschichtsbüchern der Bibliotheken stöbern werden.»

«Daran würde ich mich nicht wagen. Ich habe noch nie etwas geschrieben.»

«Sie schreiben die warmherzigsten, aufschlussreichsten und unterhaltsamsten Briefe, die ich je bekommen habe», versicherte ich ihr ehrlich. «Sie besitzen das wenn auch noch ungenutzte Talent dazu, das Wissen und Sie haben sowohl Würde als auch Humor. Ihnen fehlt nur der nötige Antrieb. *Wollen* Sie es aufschreiben?»

Die Herzogin blickte unverwandt ins Feuer. Der Widerschein der Glut überzog ihr fein geschnittenes Gesicht mit sanfter Röte. Sie lächelte in sich hinein.

«Der Titel könnte *Getreu deinem Namen* heißen. Es würde meine eigenen Erinnerungen mit der Geschichte unserer Familie verknüpfen. Gut, ich fange noch heute Abend an, bei Kerzenlicht.»

Und so kam es, dass wir in den darauf folgenden Wochen aufregende Tage voller Wunder erlebten, in jenen Wochen anhaltender Kälte, die jahrhundertealte Olivenbäume absterben ließ, Stämme großer Eichen mitten entzwei spaltete und Flüsse zufror, deren Eisschollen Brückenpfeiler zum Einsturz brachten – eine Kälte, die oft durch meine dicken Steinwände drang. Die Herzogin schrieb den ganzen Vormittag in wollenen Fäustlingen und ich auf einer alten mechanischen Schreibmaschine, die mich meine Fingernägel kostete. Jeden Nachmittag kam sie zu mir herunter, und da saßen wir dann, die Füße auf dem Kamingitter, einen Becher Tee in der Hand, während sie mir vorlas, was sie zu Papier gebracht hatte. Unter ihrer Feder wurden vergangene Zeiten und ihre Menschen lebendig, als wären sie von einem Gobelin gestiegen. Sie erzählte von einer Herzogin aus dem vorigen Jahrhundert, die so hässlich war, dass ihr Gärtner sie eines Tages anflehte: «Wir werden in diesem Jahr nicht viel Obst ernten; die Vögel sind so dreist geworden, dass sie sich von keiner Vogelscheuche mehr abschrecken lassen. Wenn *Madame la duchesse* vielleicht so gütig sein könnte, sich einmal zu zeigen?»

In einem Schloss von Verwandten unweit von Brüssel, in dem sie als Kind zu Besuch gewesen war, hing immer noch eine abgerissene Klingelschnur, weil Wellington, am Vorabend von Waterloo von Diarrhöe befallen, zu heftig an ihr gezogen hatte, um nach seinem Leibstuhl zu verlangen. Ganze Scharen junger

Cousins spielten die Szene vergnügt nach, zerrten unbändig an der abgerissenen Schnur und rannten wie wild durch die Flure.

Im achtzehnten Jahrhundert lud ein Admiral, dem die Munition ausgegangen war, seine Gewehre mit den Silberstücken der Familie, um eine aussichtslose Schlacht gegen englische Schiffe fortzuführen. «Ein Gemälde im Salon erinnert noch an das Ereignis. Immerzu elegant, nie praktisch; das könnte das Motto unserer Familie sein.»

Mir fiel auf, dass sie die Rückseiten alter Rechnungen beschrieb, und ich bot ihr einen Karton Schreibmaschinenpapier an. Sie wehrte ab: «Davon liegen so viele auf meinem Tisch, sie sollten eine nützliche Verwendung finden.»

Die Herzogin stellte ihr Manuskript fertig, und ein renommierter französischer Verlag veröffentlichte es mit großem Erfolg. Dann trat sie in einigen Fernsehsendungen auf, zuerst, um für ihr Buch zu werben, und danach noch in einigen, weil sie mit ihrer Schlichtheit, ihrer Schlagfertigkeit und ihrer aristokratischen Ausstrahlung die Aufmerksamkeit des Publikums erregt hatte – der ideale Gast in vielen Talkshows.

Ein signiertes Exemplar des Buchs liegt auch in diesem Augenblick auf meinem Schreibtisch, und ich greife oft danach … Nicht etwa, um es zu lesen, denn inzwischen kann ich die manchmal anrührenden Kapitel beinahe auswendig. Aber wenn ich es in der Hand halte, beschwöre ich die herzliche Freundschaft wieder herauf, die zwischen uns gewachsen ist, und etwas vom Geschenk jenes Winters lebt in mir fort, während das Foto der Autorin lächelt, wie sie einst im tanzenden Lichtschein des Kaminfeuers gelächelt und dabei gemurmelt hat: «Der Titel könnte *Getreu deinem Namen* heißen.»

Eine wärmende Suppe
ersetzt ein Abendessen …

Soupe au Pistou
(Suppe mit Basilikumpaste)
Sie hat viel Ähnlichkeit mit einer Toskaner Gemüsesuppe, wird aber durch die Zugabe der Basilikumpaste – direkt in Ihre Suppentasse – noch verfeinert. Das Rezept variiert, da jede Familie ihre eigene Variante hat, aber die Basilikumpaste ist ein absolutes Muss.

Die Suppe
Olivenöl
2 Karotten, in Scheiben geschnitten
2 Stangen Staudensellerie, in Scheiben geschnitten
1 Stange Lauch, in dünne Ringe geschnitten
1 Zwiebel, in Würfel geschnitten
1 Kartoffel, in Würfel geschnitten
4 Knoblauchzehen, fein gehackt
1 Hand voll grüne Bohnen
1 Dose dicke, weiße Bohnen
1 Dose rote Kidney-Bohnen
1 kleine Packung tiefgefrorener Spinat
2 l Hühnerbrühe (oder mehr)

Salz, Pfeffer, Thymian
50g kleine Hörnchennudeln

In einer Bratpfanne ein wenig Öl erhitzen und
Karotten, Sellerie, Lauch, Zwiebel und Kartoffel
andünsten. Knoblauch zufügen und noch kurz
weiterdünsten. Mit allen anderen Zutaten (aber nur
wenig Salz, falls die Brühe bereits gesalzen ist) in
einen Suppentopf füllen, gut durchrühren, zum
Kochen bringen und bei niedriger Hitze etwa eine
Stunde oder noch länger köcheln lassen, bis das
Gemüse gar ist. Nudeln 10 Minuten vor dem
Servieren zugeben.

Die Basilikumpaste
Traditionell wird sie mit Stößel und Mörser
zubereitet, aber heutzutage geht es mit dem Mixer
viel schneller, und sie schmeckt genauso gut,
wenn nicht sogar noch besser.
Für ein Grundrezept (allerdings ist anscheinend
nie genug *pistou* da, denn Gäste streichen sie auch
noch auf ihr Brot, wenn sie die Suppe bereits
gegessen haben) benötigen Sie:

4 EL Pinienkerne
1 Bund Basilikum
5 EL geriebenen Parmesankäse
5 EL geriebenen Schweizer Käse
4 Knoblauchzehen
Olivenöl

Pinienkerne in einer Pfanne *ohne Öl* goldgelb rösten, aber nicht braun werden lassen. Alle Zutaten im Mixer ganz fein zerkleinern, in eine Schüssel füllen, Olivenöl darüber träufeln und unterrühren, bis die Paste geschmeidig ist.

Servieren: Schöpfen Sie die Suppe in vorgewärmte Tassen und setzen sie auf jede einen Löffel voll *pistou* in die Mitte. Reichen Sie zusätzlich geriebenen Parmesankäse und vergessen Sie nicht, einen Korb mit frischem Sauerteigbrot auf den Tisch zu stellen, das Sie zuvor im Ofen überbacken haben, um es noch knuspriger zu machen.

Wein: Irgendeinen roten und sehr herzhaften. Von der Provence ist es schließlich nicht weit nach Italien, warum soll es da nicht einmal ein solider Chianti Classico sein?

Eine neue Alchemie:
Alte Steine in Gold verwandeln

Auf die oft gestellte Frage, ob es teuer sei, in einem Dorf der Provence ein zweites Zuhause zu unterhalten, gibt es als Antwort nur ein entschiedenes Ja.

Das hängt nicht allein von den schwankenden Wechselkursen ab. Steuern, Versicherungen und Versorgungseinrichtungen reißen auf jeden Fall ein Loch in ein bescheidenes Budget und jetzt, seit wir im ganzen Haus Elektroradiatoren installiert haben, klettert die Rechnung für Winterferien ziemlich hoch. Auch das Telefonieren ist teuer, nicht zuletzt deshalb, weil wir so viele Ferngespräche führen. Dann muss man die Kosten für häufige Flüge – schließlich will man sich ja all diese Ausgaben nicht aufladen, ohne auch etwas dafür zu haben – ebenso dazurechnen wie die Anschaffung und Versicherung eines Autos oder den Aufwand für einen Leihwagen, der auf die Dauer unerschwinglich wird.

Und weil es sich bei aller Renovierung um *sehr* alte Häuser handelt und die Handwerker aus dem Dorf, die Wasserrohre und Stromkabel verlegen oder Pools bauen, nicht immer, sagen wir mal, auf dem höchsten Stand professioneller Erfahrung sind, fallen Reparaturrechnungen mit vorhersehbarer Regelmäßigkeit an. Außerdem müssen Holztüren und Fenster und die *volets*, die sie schützen, alle paar Jahre neu gestrichen werden. Die Gemeinde verteilt reizende Heftchen mit dem Titel *Palette du Luberon*. Sie enthalten alle Farbschattierungen, die in dieser immerhin als Naturpark ausgewiesenen Region für *volets* zulässig sind. Die meisten Farben sind erlaubt, solange sie gedämpft, mit hellem Ocker abgetönt werden: gebrochenes Weiß, verwaschenes Blau oder zartes Grün, ja sogar gedecktes Mauve und beige angehauchtes Rosa.

Dann kann man auch diese geliebte Heimstatt in der Provence nicht den Unbilden sturzbachartiger Regenfälle, winterlichen Frosts oder sommerlicher Hitze überlassen, ohne jemanden zu haben, der lüftet, sauber macht und ein Auge darauf hat, ob etwa das Dach undicht geworden oder ein Wasserrohr gebrochen ist. Gärten und Pflanzkübel müssen das ganze Jahr über versorgt, Pools im Sommer gepflegt, im Winter entleert und abgedeckt werden. Beim Auto in der Garage muss auch regelmäßig kontrolliert werden, ob die Reifen noch genug Luft haben und die Batterie nicht zu schwach geworden ist. Selbst wenn man es mit redlichen Helfern zu tun hat, kommt keiner dieser Dienste billig.

Deshalb ist für die meisten ein Haus in der Provence ein hart erkämpfter Luxus. Ich kenne nur eine Ausnahme von dieser Regel: Terry, der *seine* alten Steine in Gold verwandelt. Darüber hinaus ist seine Alchemie so leistungsfähig, dass sie auch auf die alten Steine seiner Freunde übergreift und sie zuweilen mit kostbaren Nuggets sprenkelt.

Terry lehrt an einer angesehenen Institution im Osten der USA Französisch. Dazu ist er weder zufällig noch durch eine Laune des Schicksals gekommen, sondern weil er in jungen Jahren während eines Aufenthalts als Austauschstudent in Aix sein Herz für die Welt der Antiquitäten entdeckt hat, auf die er in den Geschäften der Region gestoßen ist. Gleichzeitig verliebte er sich in die Provence, wo er genauso wie wir Freundschaften fürs Leben geschlossen hat.

Deshalb entschied er sich für eine akademische Laufbahn mit Ferien von Juni bis September, die ihm die Freiheit langer Sommer gewährten. Später, als erfolgreiches Mitglied seiner Fakultät, trachtete Terry danach, in einem Dorf im Luberon ein Haus bauen oder vielmehr ein verfallenes neu aufbauen zu lassen. Er wusste nicht, dass dies die unter der intellektuellen Oberfläche seit langem in ihm schlummernde Seele eines Geschäftsmannes wecken würde.

Die ideale Ruine zu finden erwies sich als kein leichtes Unterfangen. Die Höhendörfer waren damals bereits entdeckt worden. Der so genannte *Sturm auf Ruinen* hatte einige Zeit davor eingesetzt und die besten waren schon weg. Wayne, der sich stets eifrig der Not anderer annimmt, beteiligte sich mit Hingabe an der Suche. Aber, *hélas*, es fand sich nichts Brauchbares. Nicht in Cucuron, nicht in Lourmarin, ja nicht einmal bis hin nach Gordes.

Da stiegen Zweifel in Terry auf. Deprimiert und skeptisch sah er den Sommer verstreichen, ohne dass er Fortschritte gemacht hätte.

«Vielleicht ist es mir einfach nicht bestimmt, ein

Haus in der Provence zu besitzen. Wenn die Vorsehung es mir nicht zugedacht hat, bleibt alle Mühe vergebens.»

Ebenso sehr wie er davon überzeugt, dass das Schicksal beim Gelingen seines Plans seine Hand im Spiel haben würde, sann ich hartnäckig auf einen Ausweg aus dem Dilemma. Wie konnten wir nur herausfinden, ob Terry dazu ausersehen war, an einer dieser «lebendigen Skulpturen» teilzuhaben?

An Orten wie diesem, wo unzählige Jahrhunderte lang so viele geboren wurden, lebten und starben, ist es nicht allzu schwierig, sich der Meinung der Dorfbewohner anzuschließen, dass *irgendetwas* dieser längst entschwundenen Menschen hier fortbesteht, zwar ungesehen, doch sehr gegenwärtig. Also rief ich eines Abends aus: «Ich weiß, was wir tun! Wann immer ich nachts in unsere *voûtes* hinuntergehe, überkommt mich das Gefühl, dass noch jemand da ist und um mich herumschleicht. Fragen wir doch die Geister!» Und so hielten wir eine Séance ab, etwas, woran keiner von uns glaubte, was wir nie zuvor gemacht hatten und auch nie wieder machen würden.

Wayne trug einen Tisch hinunter, einen kleinen, runden mit nur einem Bein in der Mitte, das sich über dem Boden zu drei Füßen verzweigte: einen typischen *guéridon*, von dem es immer heißt, dass er das erforderliche Hilfsmittel für eine derartige Geisterbeschwörung sei. Wir gingen alle hinunter, zündeten eine einzige Kerze in einem schlanken Leuchter an und schalteten das Licht aus. Man kann sich keine suggestivere Kulisse vorstellen: die düsteren, hohen Gewölbe; die Spuren römischer Werkzeuge gleichsam als dunkle Narben noch an einer Wand; ein Gefühl für Ewigkeit, für ganze Heerscharen, die hier einmal gelebt, geatmet hatten. Da konnten die Geister nicht weit sein.

Wir saßen im Kreis, spreizten die Hände und unsere Fingerspitzen berührten kaum die Tischplatte. Terry, der sich daran zu erinnern versuchte, was er über Séancen gelesen oder gehört hatte, wandte sich nach einigem Zögern an den erstbesten Geist, der zugegen sein mochte:

«Klopfe einmal für ja, zweimal für nein. Geist, bist du da?»

Stille. Als die Frage zum vierten oder fünften Mal wiederholt wurde, ich schwör's, da vibrierte der Tisch ein wenig. Dabei hatten wir alle unsere Beine so gestellt, dass weder Knie noch Füße an ihn stoßen konnten.

«Geist, bist du da?»

Ein Fuß des Tisches hob sich leicht, dann klopfte es einmal zaghaft: Ja. Ich begann zu überlegen, worauf wir uns da wohl einließen.

«Hast du in diesem Dorf gelebt?», fragte Terry.

Ein lauteres Klopfen: Ja.

«Hast du in diesem Raum gelebt?»

Wieder ein entschiedenes Klopfen: Ja.

«In diesem Jahrhundert?»

Zwei Schläge: Nein.

«Vor wie vielen Jahrhunderten?»

Poch, poch, poch, poch, poch. Fünf Jahrhunderte. Also im fünfzehnten.

«War dieser Raum eine Kasematte?»

Ja.

«Warst du ein Wächter?»

Nein.

«Hast du zur Familie der Burgherren gehört?»

Ja.

«Bist du hier gestorben?»

Diesmal gab es kein Klopfen, aber der Tisch wackelte heftig, die Kerzenflamme neigte sich und erlosch beinahe. Schatten wuchsen an der Wand. «Ich glaube, wir sollten damit aufhören», sagte ich zitternd. «Was wir hier tun, macht mir Angst.» Doch niemand hörte auf mich. Mit belegter Stimme fragte Terry weiter:

«Kannst du die Zukunft vorhersagen?»

Nein. Ja.

«Ich bin Terry. Werde ich irgendwann ein Haus in der Provence besitzen?»

Stille. Nur ein leichtes Beben des Tisches.

«Werde ich irgendwann ein Haus in der Provence besitzen?», wiederholte Terry eindringlich.

Ja.

«Wann? Klopfe einmal für jedes Jahr, das es noch dauert.»

Poch, poch.

«Hier? In diesem Dorf?»

Es klopfte einmal, und zwar so heftig, dass der Tisch beinahe umkippte, doch unglaublicherweise kam er von selbst wieder ins Lot. Ich stieß einen Schrei aus und stand auf. Die Kerze erlosch, die Séance war zu Ende und saß uns allen tief in den Knochen. Aber Terry hatte erfahren, was er unbedingt wissen wollte: Seine Suche konnte sich auf dieses Dorf beschränken.

170

Nach einem kräftigen Schluck Marc gewann jeder die Fassung zurück. Nur, ich vermied es danach wochenlang, abends in die *voûtes* hinunterzugehen. Wir haben nie wieder eine Séance abgehalten und auch diese nie mehr erwähnt.

Bis auf ein einziges Mal.

Mit neu gewonnener Entschlossenheit gingen wir daran, Terry bei der Suche nach einer Ruine zu helfen, hörten und sahen uns um, doch es fand sich nichts, was er auch nur entfernt hätte haben wollen. Terry, ein Frühaufsteher und nun allmählich von Verzweiflung gepackt, verlegte sich darauf, uns regelmäßig im Morgengrauen anzurufen, um sich nach unseren Fortschritten zu erkundigen. «Wir müssen etwas auftreiben, wenn wir wieder einmal richtig ausschlafen wollen», stellte Wayne irgendwann fest.

Noch am selben Tag machten wir uns am Nachmittag auf den Weg, um ein letztes Mal das Dorf abzuklappern. Truffles lief schnuppernd voraus, wir nahmen uns jeden Bretterverschlag vor, studierten die wenigen Maklerangebote, fragten Frauen, die vor ihren Hauseingängen saßen, und erkundigten uns sogar in der *Bar des Sports* und in der Bäckerei. Vergebens. Wir waren bereits im unteren Teil des Dorfes angelangt, auf halber Höhe des Hügels und unmittelbar außerhalb der alten Festungsmauern, als Truffles, die wir zuletzt an Scheunentoren nach dahinter lauernden Katzen hatten schnüffeln sehen, plötzlich verschwunden war. Wir riefen, pfiffen und suchten überall. «Wo zum Teufel ist dieser verdammte Hund hingerannt?», schimpfte Wayne. Er war müde, ihm war heiß und er war im Begriff, an allem Terry und seinem Bedürfnis nach einer Ruine die Schuld zu geben.

Dann hörten wir ein Fauchen, dem ein schmerzerfülltes Jaulen folgte. Wir schoben ein kaputtes Gartentor am unteren Ende einer abschüssigen Straße auf, und da fanden wir Truffles, in einer aussichtslosen Auseinandersetzung mit einem großen, hässlichen Kater, der sein Terrain verteidigte.

Aber vor allem fanden wir, dass wir in einen weitläufigen, an drei Seiten geschlossenen, mit Unkraut und Gestrüpp überwucherten Garten in Südlage geraten waren. Auf einer Seite standen noch die Reste eines unter verdorrtem Efeu halb verborgenen Hauses. Das Dach war zum größten Teil eingestürzt, Fenster und Türen fehlten anscheinend schon lange, und nur noch ein einziger *volet* hing schief in seiner letzten Angel.

Wir gingen hinein und sahen eine gewölbte Decke aus grob behauenen Steinen. An den Wänden waren noch die Luken zu erkennen, durch die man einst den Schafen, die hier untergebracht waren, das Futter vorgeworfen hatte. Wie es im oberen Stockwerk aussah, konnten wir nur erahnen, denn die morsch gewordene und eingestürzte Holztreppe versperrte uns den Zugang.

Schleunigst liefen wir nach Hause und riefen Terry an: «Komm sofort her! Wir haben gefunden, was du suchst.» Augenblicke später keuchte er an, noch rechtzeitig, um sich in aller Schnelle das Grundstück mit dem verfallenen Haus anzusehen, nach Luft zu schnappen und, ehe es zumachte, ins Rathaus zu stürzen, um nach dem Namen des Besitzers zu fragen. Es stelle sich heraus, dass der Mann in Paris als Taxifahrer arbeitete. Er hatte die Ruine schon vor Jahrzehnten von seinem Großvater geerbt. «Seit ich ein kleiner Junge war, bin ich nicht mehr in diesem Dorf gewesen, ist mehr als vierzig Jahre her», erzählte er Terry am Telefon.

«Verkaufen Sie?», fragte Terry mit trockener Kehle.

Der Mann musste an seinem Ende der Leitung auch geschluckt haben. Als hätte er in der Lotterie gewonnen, nachdem er so lange der Meinung gewesen war, sein Erbe bestehe bloß aus einem wertlosen Haufen zerbröckelnder Steine, so wertlos, dass er dafür nicht einmal Steuern zu zahlen brauchte, weil das Haus kein Dach mehr hatte und absolut nicht bewohnbar war. Ein *Amerikaner* wollte *das* kaufen? Ein Verrückter, kein Zweifel. Also nannte er einen Preis, der ihm aberwitzig vorgekommen sein musste und den Terry ohne zu feilschen akzeptierte.

Um sieben Uhr abends war der Handel geschlossen. Es galt nur noch, beim Notar die Papiere aufsetzen zu lassen. Wir alle beglückwünschten Truffles, die ihren Triumph bescheiden aufnahm, und feierten bis in die Nacht hinein – mit Essen und lebhaften Gesprächen, wobei es Wayne nicht störte, so spät ins Bett zu kommen, weil er wusste, dass Terry ihn am nächsten Morgen ausschlafen lassen würde.

Pläne und Restaurierung gingen schnell voran. Das Gewölbe im Erdgeschoss sollte nur gesäubert und abgestützt werden, aber sonst unverändert bleiben. Oben fand sich genug Platz für mehrere große Schlafzimmer mit Bad und sogar eine nicht zu kleine

Bibliothek. Sobald das Gestrüpp beseitigt war, begann der Aushub für den Pool, und es wurden Pfeiler für eine tiefe, schattige Veranda errichtet. Rückschläge? Gewiss, und auch alle Tücken und Nadelstiche, die zu erwarten waren, zumal Terry die meiste Zeit nicht da sein konnte. Aber letzten Endes wurde das Haus fertig, und der Pool funkelte blau und einladend, von rosa blühenden Oleandern gesäumt.

An dem Abend, an dem Terry zum ersten Mal unter seinem neuen Dach schlafen sollte, waren wir alle zusammen dort. Da blickte er auf den Kalender an seiner Armbanduhr, hob die Hand und bat um Ruhe.

«Wisst ihr, was für ein Tag heute ist? Es ist genau zwei Jahre her, dass der Geist gesprochen hat. Zwei Jahre hat er vorhergesagt, erinnert ihr euch noch? So unheimlich es auch sein mag, er hat Recht behalten, auf den Tag genau. Sollten wir ihm nicht Anerkennung zollen, indem wir an ihn glauben?»

Dann kam Terry eines Nachmittags her und setzte sich zu mir auf die Terrasse.

«Ich glaube, ich hab da eine Idee», begann er. «Mein Haus steht den Großteil des Jahres leer. Sicher gibt es in den Staaten eine Menge Leute, die es gern für ein oder zwei Wochen oder einen Monat mieten würden, um einige Zeit im Luberon verbringen zu können.»

Zunächst war ich skeptisch.

«Hätten die Leute denn nicht Bedenken, etwas unbesehen zu mieten? Kennst du die Horrorgeschichten, die über derlei Erfahrungen im Ausland erzählt werden?»

«Ja, ich weiß, die habe ich alle selber gehört. Deshalb würde ich Fotos verschicken, Pläne mit den Abmessungen der Zimmer, eine vollständige Dokumentation des Hauses und der Umgebung. Im Mietvertrag würde nichts ungeklärt bleiben. Ich bin zu gewissenhaft, um irgendwen zu betrügen, und ich bin sicher, dass das schnell klar würde und bei den Leuten gut ankäme.»

«Wie willst du dafür werben?»

«In Reisemagazinen, in den Zeitschriften für die ehemaligen Studenten großer Universitäten, in *Variety*, vielleicht in ...»

«Wie viel Miete willst du verlangen?»

Der Betrag, den er nannte, hörte sich hoch an für jemanden wie mich, die daran gewöhnt war, Gäste scharenweise unentgeltlich zu beherbergen und zu beköstigen. Wenn ich es aber recht bedachte, kam es nicht viel teurer als ein gutes Hotelzimmer, sodass es für einen Aufenthalt von bis zu sechs Personen eher günstig war. Auch gut geeignet für Familien mit Kindern. Und da jeder, der die Märkte der Provence besucht, danach lechzt, all das verlockende Obst und Gemüse zu kaufen, war eine Küche mehr als angebracht. Terry mochte also Recht haben. Dennoch fragte ich mich, ob sich wohl viele auf ein vermeintlich riskantes Experiment einlassen würden.

«Mehr, als du glaubst», antwortete Terry. «Die Leute machen das doch ständig. Amerikaner sind abenteuerlustig, sie bereisen die ganze Welt und suchen nach neuen Erfahrungen. Ich werde genügend Mieter kriegen.»

«Und dann», fuhr er fort, «habe ich noch eine Idee.

Du kennst doch meine Leidenschaft für Antiquitäten. In all meinen Sommern hier und jetzt bei der Einrichtung meines Hauses habe ich die meisten Läden und anderen Quellen kennen gelernt, die es in dieser Gegend für gute französische Antiquitäten zu vernünftigen Preisen gibt. Sie sind hier unendlich viel billiger als in den Staaten oder in Paris.»

«Hast du etwa vor, Antiquitäten in die Staaten zu importieren?»

«Nein. Ich hätte doch nicht die Zeit dazu, eine richtige Firma zu betreiben. Aber mir ist in den Sinn gekommen, dass es zu Hause sicher Leute gibt, die hier gern Antiquitäten kaufen würden, nur wissen sie nicht, wo sie sich danach umsehen sollen, außer bei den regulären und viel zu teuren Pariser Händlern. Sie brauchen jemanden, der sie zu den richtigen Orten führt, der Touren organisiert, sodass sie sich alles anschauen können, bevor sie eine Wahl treffen. Vielleicht könnte ich irgendwas in der Richtung machen ...»

Ich blieb skeptisch. Zu viel Logistik, dachte ich, die Probleme würden abschreckend sein. Aber ich behielt es für mich und lächelte stattdessen ermutigend.

«Ich könnte meine Firma *Chez Moi en Provence* nennen und in den Staaten eintragen lassen. Die Kunden würden für eine Woche herkommen und in meinem Haus wohnen, mit allem Drum und Dran. Ich glaube, ich könnte fünf oder sechs solche Touren im Jahr schaffen, in meinen Ferien.»

Terry ist ein Mann, der seinen Worten schnell Taten folgen lässt. In der Herbstausgabe von *Travel and Leisure* erschien eine elegant aufgemachte Anzeige, die

Streifzüge durch die Welt der Antiquitäten anbot, mit Unterbringung in einem reizenden Haus auf dem Lande (vorgestellt in *Architectural Digest*, fotografiert von Wayne) und provenzalischer Küche. Die Gäste sollten am Flugplatz abgeholt und jeden Tag in ein anderes, an Antiquitäten reiches Gebiet gefahren werden.

Zu Weihnachten traf Terrys erste Reisegruppe ein. Sie fanden ein mit Girlanden und Kerzen festlich geschmücktes Haus vor, und jedes Schlafzimmer duftete nach den an Türklinken und Fenstergriffen hängenden Lavendelsäckchen. Tabletts mit Champagnercocktails wurden herumgereicht. Im riesigen Kamin prasselte das Feuer. In Nischen an den Wänden standen Fragmente vergoldeter Renaissanceskulpturen, die von einer indirekten Beleuchtung ins rechte Licht gesetzt wurden ... Eine Szene wie aus einem Bilderbuch, wie Freunde, die sich zu einer Party auf dem Land treffen. Unter dem steinernen Deckengewölbe und beim sanften Licht eines kristallenen Kronleuchters trug Terrys einzigartige Haushälterin, die auch noch selbst kochte, das Dinner auf.

Jeden Morgen begab sich die Gruppe auf den Weg zu entlegenen Antiquitätenläden, zu ehemaligen Bauernhöfen, in denen jetzt Dutzende Händler ihre Waren ausstellten, und sogar zu *brocantes*, einer Art von Flohmärkten, auf denen neben Ramsch auch wertvolle Stücke feilgeboten werden und man zuweilen ein echtes Schnäppchen machen kann. Der größte dieser Märkte wird sonntags in L'Isle-sur-la-Sorgue abgehalten. Und dort hat Jack seinen Schatz gehoben.

Jack, stellvertretender Kurator in einem großen Museum an der Ostküste, war nur auf Bilder aus, sein Fachgebiet. Ungerahmt und verdreckt stecken sie meistens in Kisten unter den Tischen, auf denen die Händler ihre vielversprechenderen Waren ausbreiten. Mit Taschenlampe und gezückter Lupe zog Jack los, um sich jedes verstaubte Gekleckse genauer anzusehen. Irgendwann förderte er eine schmutzige Leinwand zutage, auf der die rührende Szene eines Mädchens, das einen Vogel aus seinem Käfig freilässt, kaum noch zu sehen war. Sein Kennerherz setzte für einen Schlag aus: achtzehntes Jahrhundert, kein Zweifel, nicht wahr?

«*Hélas, Monsieur*», warnte der Händler, «leider nicht, muss ich Ihnen ehrlich sagen. Ich fürchte, es ist viel jünger. Sehen Sie sich die Rückseite der Leinwand an.» Diese Leinwand, offensichtlich maschinengewebt, war in der Tat zu modern für das Gemälde.

Jack dachte jedoch, er wisse es besser, wie er uns später bei einem Kir, mit dem wir das Ereignis feierten, gestand. «Das Bild hat mir das Richtige zugeraunt.» Ihm war nämlich bekannt, dass man oft eine neue Leinwand auf die Rückseite eines Gemäldes klebt, sobald die Originalleinwand rissig zu werden droht. Dieses Wissen behielt er für sich und kaufte das Bild für einen Pappenstiel. In New York wurde es dann von Experten am Metropolitan Museum of Art als ein Gemälde von Lancret, einem ausgezeichneten französischen Maler des achtzehnten Jahrhunderts, identifiziert. Fachmännisch gereinigt und gerahmt, erzielte es einige Monate später in einer Auktion bei Sotheby eine ansehnliche Summe.

Amerikaner lassen sich überall von niedrigen Preisen verführen. Hemmungslos kaufen sie Tische, Stühle, Schränke, Spiegel, Porzellan, Silber und Kristallglas. Terry hat eine Vereinbarung mit einer Spedition getroffen, die darauf spezialisiert ist, die Sachen abzuholen, zu verpacken und nach Übersee zu verschiffen. Einige seiner Kunden geben sich jedoch mit dem Vergnügen an diesem Erlebnis zufrieden. Sie werden auch zu keinem Kauf gedrängt.

«Ich kann gar nicht glauben, dass sie mich dafür bezahlen», gesteht Terry, «weil ich jede Minute genieße. Es ist ein echter Gewinn, all diese faszinierenden Menschen kennen zu lernen, mit denen ich schon einmal das Interesse an Antiquitäten gemein habe.»

Im Laufe der Zeit erfreuen sich seine Touren anhaltender Beliebtheit. Manche Gäste kehren Jahr um Jahr wieder, manche bringen Freunde mit. Viele seiner Stammkunden sind Innenarchitekten oder professionelle Antiquitätenhändler, die sich davor scheuen würden, entlegene Orte aufzusuchen, im Ausland allein Auto zu fahren oder sich mit der fremden Sprache, der Währung und auch mit dem Versand abzumühen. Terry kümmert sich um alles, lächelnd, engagiert und so perfektionistisch, wie er eben ist.

Auch für die übrige Zeit haben sich so viele potenzielle Mieter gemeldet, die begierig darauf waren, für eine Woche oder einen Monat in sein Haus einzuziehen, dass Terry etlichen von ihnen leider absagen musste. Da klopfte er bei seinen Freunden an: «Würdet ihr *euer* Haus für ein paar Wochen vermieten, wenn ihr nicht da seid?» Ein Angebot, das diese Freunde dankbar annahmen: eine Hilfe bei den Rechnungen, die zuhauf auf Hausbesitzer herniederregnen? Ein Geschenk des Himmels! Also wird jetzt auch unser Haus, sofern wir nicht selbst hier sind, in den Monaten von März bis Oktober vermietet. Ich gebe mir alle erdenkliche Mühe, für das Wohlbehagen unserer Gäste zu sorgen: Meine Freundin Liz empfängt sie und zeigt ihnen alles, während die junge Frau, die sich um das Haus kümmert, lächelnd alles in Ordnung hält.

Selbst nach einigen Jahren können wir sagen, dass uns unsere Mieter nie den leisesten Ärger gemacht haben. Einige hinterlassen Nachrichten wie «Mir gefällt die Aussicht besonders gut» oder «Eine herrliche Terrasse!» oder Tipps für die nächsten Bewohner: «Lasst euch das Restaurant *Cheval Blanc* nicht entgehen!», und dergleichen mehr. Wie sehr sie Haus und Dorf genießen, hängt ganz von ihren eigenen Bedürfnissen und Veranlagungen ab. Diejenigen, die neuen Erfahrungen gegenüber aufgeschlossen sind und dem Charme alter Steine etwas abgewinnen können, haben an beidem ihre Freude. Wer Glücklichsein nach den Quadratmetern des Badezimmers bemisst und sich daran stört, dass es in Pertuis keine Reinigung gibt, die Sachen abholt und wieder zustellt, der kommt eben nicht mehr. Die Silver-Branson-Gruppe beweist indes überdeutlich, wie subjektiv man ländliches Leben empfinden kann.

Das Dorffest am ersten Wochenende im Juli ist eine vergnügte, aber sehr geräuschvolle Angelegenheit. Schießbuden, Autoskooter und vor allem die Bühne für die Band und die Tanzfläche liegen direkt unterhalb unseres Hauses. Lärm schallt nach oben, weshalb der Krach in den vier Nächten, die das Fest dauert, es schier unmöglich macht zu schlafen. In den ersten Jahren haben wir, von dem Schauspiel bezaubert, auf unserer Terrasse getanzt: Stellen Sie sich einmal den weiten, schwarzen, sternenübersäten Nachthimmel über dem Luberon vor und darunter nur dieses kleine, von Girlanden bunter Lampen gesäumte Geviert aus Licht, dazu dröhnende Tanzmusik und einen Sänger, der in vermeintlichem Englisch aus der Mode gekommene amerikanische Hits schmettert (*«My girl is a weenner ... »*). Eine Menschenmasse, die sich in wilden Zuckungen bewegt und – wie es von hier oben aussieht – von einer Schnur mit bunten Lichtern zusammengehalten wird.

In jenen Jahren zogen wir auch noch an den Schießbuden entlang und gewannen untrinkbaren *mousseux* und Stofftiere. Wayne schaffte es, seine langen Beine in einem der Autoskooter zu verstauen und mit Christophe einen Wettkampf à la Terminator auszutragen, nach dem er sich noch eine Woche später die Knie rieb. Dann, mit der Zeit, verlor der Spaß an Reiz – wurden wir etwa älter? –, und wir sahen im Fest schließlich nur noch jene Tage, an denen es ratsam war, zum Essen auszugehen und spät nach Hause zu kommen oder besser gleich einen kleinen Ausflug zu machen.

Nicht so die Silver-Branson-Gruppe, der wir zwar nie begegnet sind, die aber aus zwei attraktiven Paaren bestehen soll. Sie bewohnten das Haus in jener Woche, als ich in Kalifornien zufällig auf den Kalender schaute und zu meinem Entsetzen merkte, dass Dorffest war. Nicht nur das, nach französischer Zeit musste genau in dem Moment der Krach am ohrenbetäubendsten gewesen sein. Mit schlechtem Gewissen und entsetzlich verlegen griff ich zum Telefon, um mich zu entschuldigen und ihnen vorzuschlagen, wohin sie entrinnen könnten. Erleichtert stellte ich fest, dass niemand zu Hause war.

Anstatt sich die Ohren gegen den Höllenlärm zu verstopfen, waren unsere vier Mieter angeblich zum Fest hinuntergegangen, hatten sich unter die Einheimischen gemischt, mit ihnen getanzt und an einem langen Tisch gesessen, an dem Ströme von Pastis auf die franko-amerikanische Kameradschaft getrunken wurden. Dabei freundeten sie sich mit Leuten an, die sie zu sich nach Hause mitnahmen, um sie auf den Geschmack der provenzalischen Küche zu bringen, und die später noch eine Kletterpartie in den Bergen und Picknicks für sie organisierten. Dafür, so wurde uns begeistert erzählt, luden die Silver-Bransons ihre neuen Freunde ein, sie zu Weihnachten zu besuchen, und gingen mit ihnen auf den zugefrorenen Seen von Michigan zum Eissegeln und Eisfischen.

Jetzt haben sie das Haus, falls wir es nicht gerade selbst belegen, ständig für diese besondere Woche reserviert, die sie «eine Zeit mit dem gewissen Etwas» nennen. Gelegentlich sprechen uns Leute auf der Straße an, weil sie wissen wollen, ob die Silver-Bransons in diesem Jahr wieder kommen.

«Dabei hätten sie ebenso gut einen Preisnachlass verlangen können», kommentiert Wayne, «und den hätt ich ihnen verdammt nochmal auch gegeben.»

Wovon Terrys Gäste schwärmen ...

Gigot Grillé et Gratin de Courgettes
à la Thérèse
(Gegrillte Lammkeule und Zucchini-Gratin)

Diese schmackhafte Kombination ist eine der
Spezialitäten von Terrys Haushälterin. Sie können
den Gratin vorher zubereiten und ihn erst zur
Essenszeit überbacken. Die Lammkeule wird
im Sommer auf dem Gartengrill und im Winter
auf dem über der Glut im Kamin aufgestellten
Rost gegrillt.

Gigot (Lammkeule)

Vom Fleischer aufschneiden, den Knochen
entfernen und die Keule flach klopfen lassen. Etwa
eine Stunde vor dem Grillen bei Raumtemperatur
halten. Gründlich mit Salz und Pfeffer würzen.
Kleine Schlitze ins Fleisch schneiden, in dünne
Scheiben geschnittenen Knoblauch hineinschieben
und ein wenig Salz und Pfeffer hineinstreuen.
Den Grill sehr heiß werden lassen, damit das Fleisch
außen sehr kross wird, während es
innen rosig bleibt.

Gratin de Courgettes (Zucchini-Gratin)

12 mittelgroße Zucchini
2 EL Olivenöl
½ l Sahne
Salz und Pfeffer

Muskat (nach Belieben)
½ TL Thymian
3 oder 4 Eier
Paniermehl und geriebener Schweizer Käse
zum Bestreuen

Beim Schälen der Zucchini nur die dunkelgrünen Stellen entfernen. Schräg in Scheiben schneiden.

In einer großen Pfanne Öl erhitzen und Zucchini darin andünsten, bis sie glasig sind, aber nicht bräunen. Sahne zufügen und unterrühren, bis sie aufgesogen ist. (Ein eventueller Rest wird beim Überbacken aufgesogen.) Reichlich mit Salz, Pfeffer, Muskat (falls gewünscht) und mit ein wenig Thymian würzen. Eier mit einer Gabel gut verschlagen und mit den Zucchini mischen.

Masse in eine Auflaufform füllen. Paniermehl und geriebenen Käse darüber streuen. Bei 180 °C etwa 30–40 Minuten oder so lange überbacken, bis ein Messer, mit dem Sie in den Gratin stechen, sauber herauskommt. Sollte die Oberfläche nicht genug gebräunt sein, schieben Sie den Gratin kurz unter den Grill, bis sie appetitliche Blasen wirft.

Wein: Sie brauchen einen, der dieser eleganten Kombination gerecht wird. Ein Châteauneuf-du-Pape (ein Château de la Nerthe zum Beispiel) wäre angemessen. Sollten Sie allerdings noch mehr prassen wollen, wie wäre es dann mit einem Burgunder Château-Pommard?

Berater bei
Marquis de Sade

Der Luberon bietet den perfekten Hintergrund für Kino- und Fernsehfilme. Burgen, malerische Bergdörfer, Plätze, auf denen wie seit Jahrhunderten Boule gespielt wird, altes Gemäuer, Reste aus der Römerzeit, all das liefert eine vorgefertigte, authentische Kulisse. Die Burg des Marquis de Sade, nur noch eine schartige Ruine in dem nahe gelegenen Dorf Lacoste, hat schon mehrere Filmversionen vom Leben des exzentrischen Sadisten inspiriert.

Die Burg in unserem Dorf dient des Öfteren als Schauplatz und hat erst jüngst ihre Gärten und Salons für die erste französische TV-Serie zur Verfügung gestellt. Der Obrigkeit liegt hierzulande daran, die überaus erfolgreichen amerikanischen Endlosserien durch patriotisch in Frankreich und mit französischen Schauspielern produzierte Filme zu verdrängen. Freilich muss man einräumen, dass *Dallas* ein Klassiker geworden ist, dass man im ganzen Land von *Denver Clan* nicht genug kriegen konnte und *Falcon Crest*, unablässig wiederholt, einen derartigen Zauber ausgeübt hat, dass seine Figuren weiterleben, wenn man in den Dörfern junge Mütter rufen hört: «Jonathan? Fallon?», und die Kleinen antworten: «*Oui, mamaing*», wobei ihr provenzalischer Akzent den exotischen Namen Lügen straft. *Baywatch*, unter dem französischen Titel *Alerte à Malibu*, und *Beverly Hills 90210* versetzten die Bevölkerung ebenfalls in Entzücken. Da die Regierung aber jede Unterwanderung der heimischen Kultur mit gleicher Sorge beobachtet, mit der sie der radioaktiven Wolke aus Tschernobyl entgegengesehen hat, beschäftigt diese Entwicklung nun das Kulturministerium. Vielleicht ist ja unter seiner Sponsorschaft der besagte Vierteiler geplant, geschrieben und produziert worden: eine Geschichte, in der es sich darum dreht, einen provenzalischen Familienbesitz vor dem Zugriff ruchloser Immobilienmakler zu retten.

Sie erwies sich übrigens als erstaunlich gut.

Zufällig war ich im Dorf, als eine der Episoden vor der Burg gedreht wurde. Für die Verpflegung von Crew, Schauspielern, Regisseur, Assistenten und Gästen hatte man ein großes Zelt aufgestellt, und in jenen Tagen lautete die in Bäckerei, Postamt oder *Bar des Sports* am häufigsten gehörte Frage: «Was gibt's bei denen wohl zum *déjeuner*?», oder falls noch nächtliche Dreharbeiten anstanden: «... zum *diner*?» Ebenso daran interessiert wie alle anderen, habe ich dem Sohn der Herzogin, der in Abwesenheit seiner Mutter nach dem Rechten sah, eine Einladung abgeluchst. Das Abendessen – danach sollte noch eine Nachtszene gedreht werden – war der reinste Festschmaus.

Zuerst gab es Appetithäppchen mit paniertem und ausgebackenem Brie zum Aperitif. (Ja, Aperitif mitten in der Arbeit! Oder hat da irgendwer geglaubt, die Menschen vom Fernsehen seien Wilde?) Dann wurden an dem langen Tisch Platten mit Aufschnitt und verschiedenen Pasteten gereicht, denen ein Provenzalischer Schmortopf (zartes Fleisch in kräftiger Soße) mit einem Nudelauflauf folgte. Als Nächstes servierte man Salat, danach Käse und Obst und hinterher noch Kaffee mit Gebäck. Die ganze Zeit über wurde eine Auswahl an Weiß- und Rotweinen aus der hiesigen Kellerei angeboten.

Bei einer so bescheiden budgetierten Produktion wie dieser – die umso bescheidener anmutete, wenn man je die Extravaganzen Hollywoods erlebt hat – war es zweifellos ein weiser Entschluss, die Mittel hauptsächlich dorthin fließen zu lassen, wo sie am meisten nützten: ins Essen.

Die Szene, die in jener Nacht noch gedreht werden soll, umfasst folgende Schritte: Ein von einer jungen Schauspielerin (weibliche Nebenrolle) gesteuertes Auto fährt bei strömendem Regen vor das Burgtor und hält. Nach vielen Aufregungen kehrt das Mädchen nach Hause zurück, glücklich und voller Hoffnung. Sie stellt Scheinwerfer und Zündung ab, öffnet die Wagentür, steigt aus, schließt die Tür und geht auf die Burg zu. Dort stößt sie das Tor auf, tritt ein und zieht hinter sich das Tor zu. Was sie drinnen sieht, muss sie zutiefst erschrecken oder schmerzen, denn gleich darauf kommt sie wieder herausgerannt, schlägt das Tor zu und verharrt einen Moment – mit Blick in die Kameras und Qual im Gesicht. Dann reißt sie die Autotür auf, steigt ein, schaltet das Licht an, startet den Motor und fährt im Rückwärtsgang aus dem Bild.

Als Crew und Gäste vom Abendessen kommen, haben sich bereits etliche Dorfbewohner vor der Burg versammelt. Erst später begreife ich, dass das gefördert wird, damit kräftige Männer mit anpacken und den personell unterbesetzten technischen Stab verstärken können.

Inzwischen ist auch die Feuerwehr von Pertuis mit ihrem Löschwagen samt Pumpe und einem hohen Gerüst mit einem langen Sprinklerarm eingetroffen, aus dem der Regen fallen soll. Es dauert ewig, bis alle Gerätschaften an Ort und Stelle und die Scheinwerfer aufgestellt sind. Dann fährt das Auto vor, ein brandneuer BMW, von einem Händler in Avignon geliehen, der ihn in Begleitung seines Sohnes persönlich hergebracht hat. Es werden Beleuchtungsproben gemacht, einige Scheinwerfer abgeschaltet, andere dazugeschaltet. Wo Lichtreflexe auf dem Auto unerwünscht sind, wird eine Paste aufgetragen, die den Glanz dämpft, aber beim ersten Regentest abgespült wird. Also bringt jemand nach längeren Beratungen eine Dose Schuhcreme an und schmiert die drauf. Es kommt zu weiteren Verzögerungen, während die Regenmenge eingestellt und ein neuer Test durchgeführt wird. Die Schuhcreme erweist sich als wasserfest und dürfte für ein paar Takes halten, befindet der Regieassistent.

Es heißt wieder warten, bis die Schauspielerin aus ihrer Garderobe in der Burg kommt: ein zierliches Mädchen mit blondem Haar, das ihr lockig über die Schultern fällt, in einem dünnen, eng gegürteten, seidig schimmernden Regenmantel. Hilfsbereite Dorfbewohner schieben das Auto in seine Startposition und sie steigt ein. Nach den Anweisungen des Regisseurs schaltet sie erst die Zündung ein, dann die Scheinwerfer, startet, lässt die Kupplung kommen und – würgt den Motor ab. Das passiert drei- oder viermal hintereinander, bis es endlich klappt. Der Wagen bewegt sich vorwärts. Genau genommen schießt er vorwärts und bleibt erst stehen, nachdem er mit einem dumpf widerhallenden Schlag an das alte hölzerne Burgtor geprallt ist.

Vom Autohändler, der eine Delle in der Stoßstange entdeckt, ist ängstlicher Protest zu hören, und auch der Sohn der Herzogin lässt Besorgnis verlauten, während er über eine Schramme an seinem Tor streicht. Entnervt gibt die Schauspielerin zu, dass sie nicht imstande sei, ein Auto mit Gangschaltung zu fahren, worauf sich eine längere Unterredung zwischen ihr und dem Regisseur entspinnt.

«Mach dir keine Sorgen», besänftigt er sie. «Es war nur ein *Test*. Ein bisschen Wachs bringt das verdammte Burgtor wieder in Ordnung. Na, und das mit dem Auto ist nicht so schlimm. Schau, sie haben es schon wieder zurückgeschoben. Probierst du es noch einmal?» Sie weigert sich. Nein, gewiss nicht! Sie ist wütend, weil die Szene in letzter Minute dazugeschrieben worden ist und sie bis zu diesem Abend nicht gewusst hat, dass sie ein Auto *fahren* müsste. Der Sohn der Herzogin kommt ihr zu Hilfe und lässt taktvoll durchblicken, dass es ihm auch lieber wäre, wenn sie es nicht täte.

In dem Moment taucht die Mutter des Mädchens auf, die sowohl ihre leibliche als auch ihre Filmmutter ist. Sie schließt die Tochter in die Arme, wischt ihr die

Tränen ab, beruhigt sie und entschwindet wieder, nachdem sie den Regisseur wegen seiner Herzlosigkeit beschimpft hat.

«Okay, dann machen wir es anders», entscheidet er. «He, Leute, bindet Seile an die hintere Stoßstange!» Freiwillige Helfer, die von der Kamera nicht erfasst werden, sollen den Wagen vor das Tor schieben, während die Schauspielerin so tut, als fahre sie. Und wenn sie zurücksetzen muss, ziehen sie ihn einfach an diesen Seilen nach hinten. Prima, aber diese Methode macht dem Händler Angst, denn er befürchtet, dass dabei womöglich die Stoßstange abgerissen wird. Er erlaubt einen Versuch, mehr nicht.

Endlich ist alles an Ort und Stelle, zu jeder Schandtat bereit. Die Feuerwehrleute sind auf ihrem Posten, die Schauspielerin sitzt im Auto und schaltet die Scheinwerfer ein. Die Berieselung wird in Gang gesetzt, heftiger Regen prasselt nieder. Es wird kräftig geschoben. Das Auto bleibt genau vor dem Tor stehen. Das Mädchen springt heraus, lässt das Licht brennen, die Tür offen und rennt auf die Burg zu.

«Aus!», ruft der Regisseur. «Du musst unbedingt das Licht ausschalten und die Tür hinter dir zumachen. Du kommst nach Hause, du willst hier bleiben! Erst nach dem, was du drinnen antriffst, rennst du wieder raus. Nicht vergessen, ja? Okay, jetzt müssen wir dich erst trocken kriegen, bevor wir es noch einmal versuchen.»

Sie ist völlig durchnässt, das arme Ding, der dünne Mantel klebt an ihrem Körper, das triefende Haar hängt ihr wie angeklatscht ins Gesicht. In dieser kühlen Märznacht ist uns allen in Pullovern und Parkas nicht gerade übermäßig warm, ihr muss eiskalt sein. Man bringt sie in die Burg und eine Stunde vergeht, ehe sie wieder herauskommt, frisch geschminkt, mit wieder glänzendem Haar, trockenem Regenmantel und entschlossenem Blick.

Das Auto ist inzwischen zurückgezogen worden, und weil der Händler davon überzeugt ist, dass die Stoßstange abreißen würde, will er die Stricke an die Achse binden lassen. Das bereitet einige Mühe, aber schließlich kommen die zwei Feuerwehrleute, die unter das Fahrzeug gekrochen sind, wieder hervor, grinsend und voller Wagenschmiere, heben aber die Hand zum Siegeszeichen.

Neuer Versuch.

Diesmal vergisst sie, das Burgtor hinter sich zu schließen. «Denk dran», wiederholt der Regisseur geduldig, «du glaubst, dass du nach Hause kommst, um hier zu *bleiben*. Da kannst du doch nicht gut das Tor offen lassen, oder? Aber weil du wieder pitschnass bist, *ma chère*, musst du rein und dich aufwärmen.»

Eine Stunde später der nächste Versuch.

Das Auto wird vor den Eingang geschoben. Sie schaltet das Licht aus, springt heraus, mitten in den Wolkenbruch, und schlägt die Tür zu. Braves Mädchen! Die Zuschauer sind wie hypnotisiert, drücken ihr die Daumen. Ja, ja, sie macht das Burgtor auf, läuft hinein und schließt es hinter sich. Großartig! Dieses Mal hat's geklappt. Da stürzt sie wieder heraus, rennt zum Auto – und jetzt steht das Tor weit offen. Das Publikum stöhnt hörbar auf.

«Aus», ruft der Regisseur. «Vergiss nicht, *ma chère*: Du bist furchtbar entsetzt über das, was du drinnen

gesehen hast, deshalb knallst du die Tür hinter dir zu, du willst diesen unseligen Anblick wegsperren ...»
Das Mädchen zittert vor Kälte, wischt sich mit einem Handtuch das Gesicht ab. Ich sehe ihre Schultern beben.

Die Maskenbildnerin führt sie wieder hinein.

Alle versuchen sich zu entspannen. Kaffee wird herumgereicht. Ein Feuerwehrmann bemerkt, dass ein Schuss Branntwein im Kaffee nicht schaden könnte. «Richtig!», pflichtet ihm ein Assistent begeistert bei, verschwindet und kommt mit einer Flasche Cognac zurück.

Die Schauspielerin taucht wieder auf, Haare getrocknet und gekämmt, frisches Make-up, trockener Mantel. Die müssen eine ganze Batterie Föhne da drinnen haben.

Sie sitzt wieder im Auto. Der Regisseur fleht sie an: «Bitte denk dran, du glaubst, du bist endlich nach Hause gekommen. Du fühlst dich wie im Himmel! Du machst die Tür auf, gehst hinein und ... Weißt du noch, was du siehst? Du hast doch das Skript nicht vergessen? Gut, du gehst rein, bleibst zehn Sekunden drinnen, dann rennst du raus und knallst die Tür hinter dir zu. Und vergiss nicht, einen Augenblick entsetzt in die Kamera zu schauen! Okay, also los!»

Diesmal vergisst sie, beim Wegfahren die Scheinwerfer wieder einzuschalten, bevor das Auto aus dem Bild gezogen wird. Bei der Dunkelheit kann sie nicht gut ohne Licht zurücksetzen. Außerdem sieht das Drehbuch vor, dass in der Burg drinnen irgendjemand diese Lichter entdeckt. Sie müssen also eingeschaltet sein.

Zugegeben, Mumm hat die Kleine. Eine Stunde später, als alle Umstehenden nur noch gähnen, mit den Füßen stampfen, damit sie ihnen nicht einschlafen, und die Feuerwehrmänner kopfschüttelnd auf die Uhr schauen, da ist sie tapfer wieder da. Aber sie sieht trotz der Schminke blass aus, beißt erkennbar die Zähne zusammen und in ihren Augen glitzern Tränen. Ganz zu schweigen von der Gefahr, sich eine Lungenentzündung zu holen, hätten andere an ihrer Stelle schon aufgegeben. «Bravo, *Mademoiselle*», begrüßt sie ein Feuerwehrmann.

Auf ein Neues.

Der Regen strömt auf sie herunter, während sie hineinrennt, wieder herausrennt – und vergisst, stehen zu bleiben, um in die Kamera zu blicken. Und damit ist sie wieder für eine Stunde drinnen. «Na ja», sagt der Regisseur, als sie danach zurückkehrt und er ihr auf die Schulter klopft, «jetzt kommen wir schnell voran. Beim nächsten Mal haben wir die Szene im Kasten.»

Inzwischen fällt echter Regen, nicht nur auf sie und das Auto, sondern auf alle, weshalb sich die kleine Schar der Zuschauer in schützenden Hauseingängen zusammendrängt. Dennoch ist niemand bereit zu gehen. Alle wollen wir mit ansehen, wie das Kind es letzten Endes doch noch schafft. Wer in dem Moment nach Hause liefe, hätte das Gefühl, sie im Stich zu lassen.

Nächster Versuch, in prasselndem Regen.

Das Auto wird in Position geschoben, man hilft ihr einsteigen, hält einen Schirm über sie. Und los geht's. Diesmal macht sie alles richtig. Gerade als sie in die

Kamera schaut und ihr der Regen über das Gesicht läuft, reißt ein Blitz den Himmel auf und spiegelt sich in ihren tränennassen Augen, dem gehetzten Blick. Das Publikum bricht in Freudengeschrei aus, applaudiert.

Die Tragik, die im Gesicht der jungen Schauspielerin zum Ausdruck kommt, ist so bewegend, dass die Szene, so kurz sie auf dem Bildschirm auch ist, als die mitreißendste und unvergesslichste aus der ganzen Serie hervorsticht.

«Kein Problem, wirklich», kommentiert der Regisseur später. «Wir haben's im Nu im Kasten gehabt. Gutes Mädchen, großes Talent. Man sieht auch gleich, dass sie schon viel Erfahrung hat. Wie sie das durchgezogen hat, das hätte ihr nicht so schnell eine nachgemacht.»

Dennoch stammt unsere lebhafteste Erinnerung an die Burg als Drehort aus der Zeit, in der sie den Schauplatz für einen weiteren Fernsehfilm über das Leben des perversen Marquis de Sade abgab. Als der Film entstand, waren wir nicht im Dorf, also haben wir von der ganzen Aufregung nur erzählen hören. Und die Herzogin schrieb:

Im Film ist unsere Burg die des Marquis de Sade. Die Schauspieler sind auch hier untergebracht, ein hübsches kleines Zusatzeinkommen für uns.

Wie Sie wissen, steht von der echten Burg der Sades im nahe gelegenen Lacoste nur noch eine Ruine und es gibt keine Interieurs mehr. Auch keine Gärten. Unsere kunstvoll angelegten Gärten sind indes liebevoll so beibehalten worden, wie sie zu Lebzeiten des Marquis im spä-

ten achtzehnten Jahrhundert ausgesehen haben. Darüber hinaus mussten wir Möbel und Gemälde nur geringfügig anders anordnen, um authentische Räume jener Zeit zu schaffen.

Sowohl der Regisseur als auch der Produzent sind charmante junge Herren und stellen mir unablässig Fragen zur Familie der Sades, von der es hier in der Gegend immer noch Nachfahren gibt. Habe ich Ihnen je erzählt, dass ein Mädchen unserer Familie einst einen Sade geheiratet hat? Aber das war Jahrhunderte bevor dieser ungehörige Marquis den Namen entehrte. Sie wollen bei allem meinen Rat: Ist das der beste Platz für diese Szene? Sollte das Bild da im Hintergrund woanders hingehängt werden?

Auf diese Weise konnte ich etwas zu einigen bewegenden Auseinandersetzungen zwischen dem Marquis, seiner unglücklichen Ehefrau und seinem frommen Vater beitragen. Natürlich drehen sie hier nur die Szenen, die angeblich in der Burg von Lacoste stattfinden. Alles andere wird überwiegend in Paris in den Studios gedreht.

Stellen Sie sich vor, diese jungen Herren wollen mich sogar im Abspann nennen. Das hätte ich gewiss nicht erwartet, zumal es mir Vergnügen bereitet, ihnen zu helfen, aber ist es nicht aufmerksam von ihnen, mir das vorzuschlagen?

In jenem Winter waren wir kaum eingetroffen, als die Herzogin anrief und sich freute, dass wir endlich im Dorf waren, weil an ebendiesem Abend im Fernsehen der Sade-Film gezeigt werden sollte.

«Ich möchte gern, dass Sie in die Burg kommen

und wir ihn gemeinsam anschauen. Dann werden wir in dem Salon sitzen, in dem einige Szenen gedreht worden sind. Es macht Ihnen bestimmt Spaß, ihn auch auf dem Bildschirm zu sehen. Ja, auf dem großen Fernseher, den mir mein Sohn letzten Monat aus Paris gebracht hat.»

Um halb zehn saßen wir zu dritt im Salon und warteten auf das Ende der Spätnachrichten. Dann füllte der Titel den ganzen Bildschirm

Le Marquis de Sade

Die Gärten kommen in Sicht. Der Marquis ergeht sich mit seiner Gemahlin, schreitet ungeduldig voran, während sie versucht, sich an ihn zu klammern, und ihm ihre Liebe beteuert. Überblendung in den Salon, wo der Marquis einen furchtbaren Streit mit seinem alternden Vater hat. Seine Frau kommt herein, wirft sich dem bejahrten Mann zu Füßen und fleht ihn an, ihrem Gemahl einen Vorschuss auf sein künftiges Erbe zu gewähren. Er müsse an den Hof zu Versailles ziehen und dort die Gunst des Königs erringen. Wie es um ihre Mitgift bestellt sei, wünscht der Vater zu wissen. Widerstrebend gesteht sie ihm, die habe ihr Gemahl verprasst, sie liebe ihn aber dennoch und sei gewiss, dass er nach ihr schicken werde, sobald er sich bei Hof etabliert habe.

Nach einigen harmlosen Szenen dieser Art, in deren Verlauf viele Tränen fließen, der Vorschuss aber schließlich gewährt wird, kann der angebetete Marquis – mittlerweile in der Hauptstadt und in sicherer Entfernung von seinen Lieben – letzten Endes sein wahres Gesicht zeigen. Sadismus heißt ja nicht nur für das Durchbringen einer Mitgift so. In Begleitung eines lasterhaften Dieners, zu dem er offenkundig eine verbotene Beziehung unterhält, durchstreift er Paris auf der Suche nach seinen eigentümlichen Vergnügungen. Als Gast im Hause eines Freundes bedrängt er eine Kammerzofe und beugt sie über eine Fensterbank. Schreie. Blut spritzt. Noch mehr Schreie, als er eine Peitsche zückt und wiederholt auf das unglückliche Mädchen einschlägt, das letztendlich in seinem blutüberströmten Unterrock davonlaufen kann. Die Herzogin ist entrüstet. Sie hatte ja keine Ahnung, dass es ein Film dieser Art werden würde.

«So nette junge Herren! Was unterstehen die sich! Davon haben sie nichts verlauten lassen, und wer hätte das gedacht!»

Auf Orgien mit nackten, sich windenden Leibern folgen Szenen, in denen das Treiben taktvollerweise wenigstens zum Teil der Vorstellungskraft der Zuschauer überlassen bleibt. Aber der gute Marquis ist immer mittendrin und immer mit der Peitsche zur Hand. Großaufnahme von Hinterteilen mit blutunterlaufenen Striemen ... Als der Diener kleine Jungen hereinbringt, erträgt es die Herzogin nicht mehr und steht auf.

«Rufen Sie mich, wenn diese Gräuel vorüber sind», bittet sie, während sie hinausgeht.

Später sind der Diener und sein Herr wieder in Marseille, weil sie nur knapp ihrer Verhaftung entronnen und auf der Flucht vor der Pariser Polizei sind. In einem Bordell verabreichen sie einigen Prostituierten Wein, dem sie Spanische Fliege zugesetzt haben. Allem Anschein nach experimentieren sie mit einer Überdosis, denn anstatt liebestrunken zu werden, ächzen und stöhnen die Frauen und schwören, sie würden gleich sterben.

Die Herzogin kehrt zurück, als die Schlussszenen den in Aix-en-Provence zum Tode verurteilten Marquis zeigen. Das Urteil kann jedoch nicht vollstreckt werden, weil Ludwig XVI. ihn eingedenk der Tatsache, dass Sade trotz all seiner Verbrechen ein Aristokrat ist, dem Zugriff der Justiz entzieht und in seinem königlichen Gefängnis, der Bastille, in Sicherheit bringt. Deshalb wird statt seiner nur eine Puppe auf der Place des Prêcheurs in Aix verbrannt.

Der Film endet, als die Strohpuppe mitten auf dem Platz unter dem Jubel einer zerlumpten Menschenmenge glimmend am Galgen baumelt. Die Herzogin ist erleichtert.

Leider zu früh, denn nun läuft der Abspann. Als Erstes, in besonders großen Lettern, zieht sich ihr Name über den oberen Teil des Bildschirms. Das Produktionsteam zollt ihr Tribut und dankt ihr überschwänglich:

Für ihre großzügige Unterstützung und
wertvollen Ratschläge
Für ihre Sachkenntnis aus erster Hand
und ihre Mithilfe bei der Entstehung dieses
bestdokumentierten Films über
das Leben des
MARQUIS DE SADE

Beide Hände auf den Mund gepresst, hyperventiliert die Herzogin, und die Entrüstung schnürt ihr derart die Kehle zu, dass sie kaum mehr als erstickte Laute von sich geben kann. Aber sie muss sich schnell erholen, denn ihre zwei Telefone beginnen gleichzeitig zu klingeln. Zuerst ihre Kinder, die aufschreien: «Mutter! Wie konntest du nur?» Dann verschiedene Verwandte, die sich künstlich darüber aufregen, ihren edlen Namen mit einem so abstoßenden Film in Verbindung gebracht zu sehen – mit einem Film, den sie sich natürlich von Anfang bis Ende angeschaut haben. Schließlich noch der Bischof in Avignon, der sich ebenfalls keine Sekunde hat entgehen lassen und sie nun abkanzelt wie ein Schaf, das sich von seiner Herde entfernt hat.

Also nimmt die Herzogin resolut beide Telefone ab und knallt die Hörer auf den Tisch. Dann lehnt sie sich zurück, lächelt und blinzelt uns zu.

«Immerhin haben all diese Leute heute Abend ihren doppelten Spaß gehabt. Erstens bei diesem widerlichen Film und zweitens bei dem Gefühl, größere Heilige zu sein als ich. Also, wenn sie mir etwas zu sagen haben, dann sollen sie mir *schreiben*. Übrigens, wenn mein Mann noch lebte, fände er das recht lustig: Wie viele Menschen kennen Sie denn, die als Berater bei Marquis de Sade infrage kämen?»

Mit Ravioli
oder Nudelauflauf …

Daube Provençale
(Provenzalischer Schmortopf mit Rotwein)

Das ist das klassische Rindfleischgericht mit einer dunklen Weinsauce, das die meisten Menschen von einer Reise in die Provence in Erinnerung haben. Das Fleisch ist zart, die Soße köstlich und sättigend. In Nizza werden zur *daube* Ravioli serviert (mit Mangold gefüllt), in der Provence eine *macaronade*, ein Nudelauflauf, der ein wenig von der Fleischsauce enthält.

Daube

1 ½ kg mageres Rindfleisch, in Würfel geschnitten
Olivenöl
150 g Champignons
3 Zwiebeln, in Scheiben geschnitten
1 kleine Zwiebel, mit 5 Nelken besteckt
5 Knoblauchzehen, fein gehackt
4 Karotten, schräg in Scheiben geschnitten
4 oder 5 Schalotten, in Scheiben geschnitten
2 Brühwürfel Rinderbouillon
1 Flasche guter, trockener Rotwein
1 EL Tomatenmark
1 Lorbeerblatt
2 EL Weinessig
Salz und Pfeffer

In einem großen Schmortopf Fleisch in sehr
heißem Öl anbraten, damit es rasch bräunt, ohne
seinen Saft zu verlieren. Beiseite stellen.
Champignons putzen und in Scheiben schneiden
(kleine Pilze ganz lassen). So rasch anbraten,
dass auch sie ihre Flüssigkeit behalten.
Beiseite stellen.
Wenn nötig, ein wenig Öl zugeben und Zwiebeln,
Knoblauch, Karotten und Schalotten anbraten,
bis die Zwiebeln leicht gebräunt (aber nicht
schwarz) sind. Fleisch, Champignons und Brühwürfel zugeben. Mit dem Wein aufgießen. Tomatenmark, Lorbeerblatt und Essig zufügen, nach
Geschmack salzen und pfeffern. Zugedeckt zum
Kochen bringen. Bei niedriger Temperatur
mindestens eine Stunde lang köcheln lassen.
Abschmecken. Fleisch probieren, ob es schon
weich ist. Bei Bedarf noch weiter köcheln lassen.
(Sie können die *daube* einen oder noch mehr Tage
im Voraus zubereiten. Sie wird vom Aufwärmen
nur besser.)

Macaronade

1 Pfund Hörnchen in Salzwasser kochen, bis sie
fast gar sind. In eine Auflaufform füllen. Mit einem
Schöpflöffel etwas Fleischsauce darüber verteilen.
Mit Paniermehl und geriebenem Käse bestreuen
und 30 Minuten überbacken.
Wein: Dazu passt ein herzhafter Rotwein, idealer-
weise der gleiche, den Sie für die Soße verwendet
haben. Mit einem Côtes-du-Rhône oder einem Côtes-
de-Provence können Sie nichts falsch machen.

Gesang im Wind

Die Stadt Orange gibt sich heute Abend festlich. Flatternde Spruchbänder kündigen Verdis *Aïda* an. Die Nebenstraßen, die zum Theater führen, sind für den Verkehr gesperrt worden, und statt der Autos stehen jetzt in leuchtenden Farben gedeckte Tische hier. Wir nippen an unserer letzten Tasse Kaffee und warten auf den Einbruch der Dunkelheit, den Beginn der Vorstellung.

Dieses Jahr bildet *Aïda* den Höhepunkt der *Chorégies*, eines Sommerfestivals mit Opern und Konzerten in der majestätischen Kulisse des römischen Theaters von Orange. Die Eintrittskarten sind sehr gefragt und müssen Wochen im Voraus gekauft oder an Ort und Stelle zu Wucherpreisen auf dem Schwarzmarkt erworben werden. Es ist in der Tat ein Privileg, bei einer Aufführung von Verdis großartiger Oper in diesem grandiosen Amphitheater dabei zu sein, das vor etwa zweitausend Jahren erbaut worden ist, kurz nachdem die Römer die Provence eroberten.

Seit dem Morgen war es drückend heiß. Am späten Nachmittag, während unserer gemächlichen Fahrt, auf der wir die Klimaanlage des Autos genossen, war es noch immer schwül, es regte sich kein Lüftchen. Orange liegt wenige Kilometer nördlich von Avignon. Die Straße hierher folgt dem Rhônetal und führt an uralten Dörfern vorbei, die sich düster am Rand der steilen Ufer abzeichnen, zwischen denen sich der Fluss in grauer Vorzeit sein Bett gegraben hat. Jetzt, gegen halb zehn, hat sich die Hitze noch nicht richtig gelegt. Ich fächle mir mit meinem Strohhut Luft zu, und wir freuen uns darauf, wenn es mit der einsetzenden Dunkelheit ein wenig kühler wird. In dieser lauen Nacht unter Sternen zu sitzen und in Verdis phantastischer Musik zu schwelgen wird bestimmt ein herrlicher, unvergesslicher Abend.

Die Fassade des Theaters, obgleich im Laufe der Jahrhunderte ihrer Marmorverkleidung und Statuen beraubt, ist immer noch beeindruckend wuchtig. Als wir aus dem engen Durchgang in das Amphitheater treten, staunen wir erst einmal über seine ungeheure Größe. Das Halbrund der steinernen Sitzstufen reicht weit hinauf und hat Ähnlichkeit mit der Zuschauertribüne eines modernen Stadions. Eine gigantische Statue des Kaisers Augustus blickt über eine Bühne überwältigenden Ausmaßes hinweg. Mein erster Gedanke: Wie um alles in der Welt wollen die jemals eine so breite Bühne füllen?

Scharenweise strömen die Leute herein und wir sind amüsiert, wenn auch verblüfft, dass fast alle mit Pullovern, Decken, Daunenjacken, Polstern und Kissen, Thermosbehältern und sogar Wärmflaschen beladen sind. Was erwarten die an einem Abend wie diesem? Schnee? Frost? Hagel? Einen novemberlichen Footballnachmittag in Chicago? Ich lache und zeige auf einen Mann, der in Lammfellstiefeln hereinschlurft, worüber Wayne ungläubig den Kopf schüttelt. Inzwischen haben wir uns selbstgefällig hingesetzt und sind zufrieden, dass es endlich ein wenig abkühlt, als uns eine abendliche Brise streift. Wir fühlen uns äußerst wohl in unserer leichten Sommerkleidung: Wayne in einem kurzärmeligen Hemd, ich in einem tief ausgeschnittenen Voilekleid. Der Anblick der farbenfrohen (allerdings sonderbar eingemummten) Menschenmenge, die rasch die Sitzreihen füllt, und die Vorfreude auf Stunden voller Musik verschmelzen zu angenehmer Erwartung.

Als bereits jeder Platz belegt ist, muss immer noch viel Zeit verstreichen, denn der Himmel ist erst fahl geworden und die Vorstellung kann nicht beginnen, bevor es dunkelt, was in diesen Mittsommernächten spät geschieht. Also, ich will ja die Erhabenheit stimmungsvollen Zwielichts in so exklusiver Umgebung nicht schmälern, aber jetzt, nachdem über eine Stunde vergangen ist, erscheint mir der Gedanke an ein Kissen nicht mehr annähernd so lächerlich. Diese Steinstufen ohne Arm- und Rückenlehnen oder Fußstützen verlangen der Wirbelsäule einiges ab. Entweder haben die Römer daran gedacht, Kissen mitzubringen, wie es ihre Nachfahren heute anscheinend tun, oder ihr Knochengerüst war dem Fehlen jedweder Polsterung besser angepasst als unseres. Wayne knurrt leise, rutscht ein wenig steif hin und her, beklagt sich aber nicht. Er hütet sich auch davor, mir die Freude mit Gemecker zu vergällen.

Endlich überfluten Lichter die Bühne, und das Orchester stimmt die berühmte, Unheil verkündende, von Tragik überschattete Ouvertüre an. Trompeten schmettern. Eine riesige, weiße Treppe ohne Geländer schiebt sich langsam in die Bühnenmitte, vor die Säulen des bedrohlich aufragenden, goldverzierten Tempels des Vulkan. Kulissen und Kostüme sind alle in Gold, Weiß und Schwarz gehalten, eine atemberaubende Kombination. Als der erste Akt beginnt, ist es beinahe elf Uhr nachts.

Jetzt sehe ich, wie sie diese großen leeren Flächen zu füllen gedenken. Ein gewaltiger Chor von etwa fünfhundert Leuten, alle in Weiß mit goldenem Kopfschmuck, marschiert auf, verteilt sich auf zwei über die Bühne wogende Gruppen, die sich letztendlich wieder vereinen. Das ist ein elegantes, aber zeitraubendes Manöver, wie auch später der Auftritt von acht golden bemalten, mit schimmernden schwarzweißen Schabracken behängten Elefanten, die mit frenetischem Beifall empfangen werden. Der Clou des Abends – und auch sein Klau. Denn solange der Applaus auch anhält, er verebbt allemal, bevor das letzte gewichtige Tier an den ihm zugewiesenen Platz geführt worden ist. In gleicher Weise entwickelt sich auch der Chor zum Zeitklau. Wann immer er sich neu formiert, bringt sein Wogen und Wandeln, so faszinierend es auch anzusehen ist, die Aufführung zum Erliegen. Inzwischen tut mir mein Rücken wirklich weh und ich merke, wie Wayne in sich zusammensinkt. Versuch, dich in eine bequemere Position zu winden, die Knie für eine Weile unters Kinn, aber verdirb vor allem nicht durch kleinliches, selbstsüchtiges Genörgel den Zauber des Augenblicks … Nur, wenn mich nicht alles täuscht, beginne ich auch noch zu frösteln.

Ich schmiege mich enger an Wayne. Er seufzt, knöpft sein Hemd bis obenhin zu und legt mir einen Arm um die Schultern.

Ganz in meiner Nähe sagt plötzlich jemand: «*Peuchère!* Verdammt und zugenäht! Ich spüre, dass ein Mistral aufzieht. Die haben Recht gehabt, in den Nachrichten, dass er heut Nacht noch kommen soll. Da wird's hier drinnen schön kalt werden!»

Schon die ganze Zeit frage ich mich, weshalb Gesang und Musik so leise klingen. Aber erst nach einer Weile merke ich, dass es keine Mikrophone, keine Lautsprecher, überhaupt keine Tontechnik gibt. Ihr wollt römisches Theater, also kriegt ihr römisches Theater, wie die New Yorker sagen würden. Mir fällt ein, dass ich gelesen habe, in der Antike seien diese Theater so angelegt worden, dass ihre perfekte Akustik die Töne bis zu jedem Platz in dem gigantischen Halbrund unter freiem Himmel trägt. Fürwahr keine schlechte Leistung, und in gewissem Sinn tut sie das ja auch. Nur, die Römer waren noch nicht durch Verstärker verwöhnt, die das gesamte Klangspektrum bis in die hinterste Reihe jedweder Arena übertragen … Sie waren mit einer tröpfelnden Stimme und einem dünnen Rinnsal von Tönen zufrieden.

Unsere Ansprüche sowohl in dieser Hinsicht als auch an den Sitzkomfort sind heutzutage viel höher, überlege ich, während ich die Ohren spitze, um dem Duett der Sklavin Aida und der Prinzessin Amneris zu folgen, in dem sie um Radames' Liebe streiten.

Und nun ist der Mistral da! Der *Meisterwind*, wie er im Provenzalischen heißt, fegt zu jeder beliebigen Jahreszeit durch das Rhônetal und ist immer kalt. Es lässt sich nicht vorhersagen, wie lange er anhält, das können drei, sechs oder neun Tage sein. Van Goghs Zypressen biegen sich unter seinem Angriff, er reißt Blätter, Blüten und Früchte von den Bäumen. Im Laufe der Jahrhunderte hat er unzählige Kirchtürme umgekippt, weshalb man heute so viele offene aus Schmiedeeisen sieht, durch die der Mistral hindurchpfeifen kann, ohne Schaden anzurichten. Jetzt, im Trichter dieses Amphitheaters gefangen, heult und faucht er fürchterlich. Decken flattern und Programmhefte fliegen davon wie toll gewordene Vögel ...

Unterdessen steht Victoria de Los Ángeles, die spanische Diva in der Rolle der Amneris, auf der sich langsam drehenden, geländerlosen Treppe, hält mit einer Hand ihre Perücke fest und versucht mit der anderen, ihr sich aufblähendes Gewand unter Kontrolle zu halten, wobei sie Gefahr läuft, das Gleichgewicht zu verlieren und von den erbarmungslosen Windstößen umgeworfen zu werden. Trotzdem singt sie tapfer ihre Arie in den sie umtosenden Sturm, der jeden Ton mit sich fortreißt.

Überall mühen sich die Leute damit ab, die Decken, in die sie sich eingehüllt, und die Schals, die sie sich um den Kopf geschlungen haben, festzuhalten. Mein Strohhut ist auf und davon geflogen und verschwindet zwischen den oberen Reihen auf der gegenüberliegenden Seite. Wie beneide ich jetzt die anderen um ihre Pullover und Wärmflaschen! Der eiskalte Wind bläst durch mein dünnes Kleid wie durch Seidenpapier, meine nackten Beine sind blauscheckig angelaufen, die Haare wehen mir ins Gesicht und geraten mir immer wieder schmerzhaft in die Augen.

Wayne, der normalerweise Kälte noch viel mehr fürchtet als ich, hat sich in dem nutzlosen Bemühen, den Wind abzuhalten, das Programmheft in sein Hemd gesteckt und versucht, das bisschen Wärme, das noch in uns ist, zu bewahren, indem er mich noch enger an sich drückt.

Eine von einem Windstoß hochgehobene karierte Decke steigt geradewegs in den Himmel und segelt, von Tausenden Blicken verfolgt, über die Arena, sinkt auf die Bühne hinunter und landet gleich flatternden Schwingen zu Füßen eines Elefanten. Erschrocken hebt er seinen Rüssel und trompetet, was ein anderer sofort nachahmt. Bricht jetzt auch noch Panik aus? Nein. Die Dresseure lenken die Tiere ab, indem sie mit ihnen die nächste majestätische Runde drehen, während der Chor feierlich von einer Seite der Bühne zur anderen schreitet, mit wehenden Gewändern.

Die arme Victoria hat heroisch ihre Arie beendet, ohne von der steilen Treppe gefegt zu werden. Ich wette, sie trinkt jetzt, in Wollsachen gehüllt, hinter den Kulissen etwas Heißes und schwört, dass niemand sie dazu bringen werde, noch einmal auf dieses verdammte Ding zu steigen. Und ich träume von der großen Kältewelle, die ich in der Provence überlebt habe. Ein Kinderspiel, verglichen mit dieser Sommernacht. Ich hatte ein Feuer, warme Kleidung, ein Dach über dem Kopf. Worüber habe ich mich damals nur beklagt?

Die anfangs von der Sonne noch so aufgeheizten Steinstufen strahlen jetzt Eiseskälte aus, die in uns hochkriecht und das Rückgrat lähmt ... Vereinzelte Musikfetzen dringen vom Orchester herauf, indes der

Maestro die Hand ausstreckt und die ihm um den Kopf flatternden Frackschöße einzufangen versucht, sie aber nicht erwischt, was beim Publikum Gekicher auslöst.

Jetzt werden die äthiopischen Gefangenen hereingeführt: beklagenswerte Geschöpfe in grauen Lumpen, die inmitten all des ägyptischen Goldes Mitleid erregend aussehen sollen, aber ihre Mützen, die ihnen der Wind vom Kopf gerissen hat, tanzen lustig vor ihren Füßen. Amonasro, ihr besiegter König und Vater der unglücklichen Aida, wäre eine gebieterische, auch im Elend noch würdevolle Gestalt, nur, gerade als er den Mund öffnet, um zu singen, klatscht ihm ein herumfliegendes Notenblatt ins Gesicht und scheint dort kleben zu bleiben. Weit davon entfernt, gerührt zu sein, prustet das Publikum vor Lachen. Aus den auf Dreifüßen stehenden Weihrauchfässern steigt zuweilen ein bisschen Rauch auf, aber da kippt eins um und rollt endlos lang zu Füßen des Chors über den Boden, bis ein Sänger es aufhebt und hinter die Bühne trägt. Gleich darauf kommen Bühnenarbeiter heraus und sammeln die übrigen Weihrauchfässer ein. Aidas Klage, als sie unter den Gefangenen ihren Vater erkennt, könnte den Zuschauern ja ans Herz rühren, wenn sie nur zu hören wäre und ihr Gewand nicht ständig um ihren Kopf wirbelte.

Als Ramphis, der Oberpriester, theatralisch den Arm mit dem Lorbeer hebt, um den siegreichen Radames zu bekränzen, fegt ihm der Wind die goldene Tiara vom Kopf, und zur unverhohlenen Erheiterung des Publikums kommt eine Zipfelmütze zum Vorschein. Trotzdem singt er weiter oder man kann zumindest vermuten, dass er es tut, weil er mit seiner großartigen Gestik fortfährt. Die Stimme geht allerdings hoffnungslos im Sturm unter. Und ich habe mein Leben lang noch nie so gefroren wie in dieser schönen, klaren Sommernacht.

Ein Blick auf die Armbanduhr verrät mir, dass es zwei Uhr morgens ist. Die Vorstellung hat spät begonnen und das Hin und Her des Chors und der gewichtigen Elefanten hat die Handlung aufs äußerste verzögert. Als endlich das Licht wieder eingeschaltet wird, sitzen wir bereits seit mehr als vier Stunden hier, und soeben ist erst der zweite Akt zu Ende gegangen.

Das wohl bekannte Libretto hat keine Überraschungen zu bieten, und da uns die Musik, wenn überhaupt, nur leise und bruchstückhaft erreicht, setzen wir der Qual ein Ende, schenken uns den Rest und hoffen nur, dass wir uns nichts Ernsthaftes wie etwa eine Lungenentzündung geholt haben. Wir werden nicht sehen, wie Radames zum Tode verurteilt wird, aber ich bin überzeugt, dass sowohl er als auch Aida sich auf den letzten Akt freuen, in dem sie – in der Krypta unter dem goldenen Tempel lebendig begraben – den Tod erwarten. Das werden sie umso lieber tun, weil sie innerhalb der Krypta vor dem Mistral sicher sind. Hoffentlich bleibt der armen Amneris von jetzt an diese verrückte Treppe erspart, obwohl die Stufen am Tempel des Vulkan auch nicht viel sicherer aussehen.

Wir stehen jedenfalls mühsam auf. Wayne reibt sich den Rücken, und meine Knie sind vor Kälte steif. Die Leute schieben und schubsen in den schmalen Gängen, schirmen uns damit aber barmherzig gegen den

Wind ab. Wir werden nicht versuchen, uns einen Weg an die winzige Bar zu bahnen, die bereits umlagert ist, sondern lassen uns wortlos vom Menschenstrom zum Parkplatz treiben. Wir sind offensichtlich nicht die Einzigen, die sich das weitere tragische Schicksal dieser edlen Äthiopier und Ägypter entgehen lassen, denn wir müssen warten, bis sich der Stau vor der Ausfahrt auflöst. Obwohl das Auto noch ein wenig von der Wärme des Tages gespeichert hat, drehen wir die Heizung voll auf, als wir erleichtert in die weichen Sitze sinken und uns im wiedergewonnenen Komfort des zwanzigsten Jahrhunderts aalen. Wir genieren uns auch nicht dafür, dass wir uns – gemessen an der nach dem heutigen Abend leicht vorstellbaren Härte der Römer – als derartige Memmen erwiesen haben.

Nachdem uns wieder etwas wärmer geworden ist, ficht uns der Hunger an. Unser leichtes Abendessen in dem Straßenrestaurant (im wahrsten Sinn des Wortes) unter den Spruchbändern des Festivals scheint schon sehr lange her zu sein.

«Was hast du denn heute früh gebacken, was da so gut gerochen hat?», fragt Wayne wie beiläufig.

Daran habe ich auch gerade gedacht.

«*Petits farcis*. Du weißt doch, diese gefüllten Gemüse, wie Madame Fabre sie macht.» Dann füge ich hinzu: «Die waren natürlich für das morgige Abendessen vorgesehen ...» Und mit der Anwendung dieser Vergangenheitsform habe ich bereits das Schicksal der *farcis* besiegelt.

Schweigen, während wir beide überlegen, wie diese *farcis* wohl kalt schmecken und wie lange es dauern würde, sie heiß zu machen.

Dann sagt Wayne verträumt:

«Erinnerst du dich noch an den Glühwein, den ich letzte Weihnachten gemacht habe? Wir haben noch Zimtstangen. Ich hab sie neulich gesehen. Und der braucht nicht lange ...»

Es kommt uns wie eine Ewigkeit vor, bis wir endlich daheim sind. Es ist fast vier Uhr und der Himmel schimmert im Osten schon rosa. Im Haus hängt noch die Wärme des vergangenen Tages.

Wir sind uns einig, dass wir noch einmal die *Chorégies* besuchen werden, am besten an einem sicheren Tag, unmittelbar nach einem Mistral. Und dann nehmen wir vorsichtshalber eine Menge Kissen und warme Kleidung mit. In angemessenem Komfort kann man auch der großartigen Kulisse und der wahrscheinlich grandiosen Musik eher gerecht werden. Die besten Plätze, um sie zu hören? Direkt vor dem Orchester und weit genug unten. Dann fällt es einem auch nicht schwer, bis zum letzten Vorhang zu bleiben. Nein, an dieser monumentalen Bühne gibt es ja keinen Vorhang. Dann eben bis zum letzten Applaus.

Sicher können wir irgendwann darüber nachdenken. Im Moment müssen wir nur entscheiden, ob wir noch den Tisch decken sollen oder ob wir ein Tablett hinauftragen, um unseren Festschmaus im Bett sitzend zu genießen und zuzusehen, wie die Sonne über dem Kamm des Luberon aufgeht: ein Lichtstreifen, der sich binnen Minuten in eine blendende, orangefarbene Kugel verwandelt.

Mistralgepeitscht in einem römischen Theater
oder halb erfroren in einem Football-Stadion?
Wärmen Sie sich auf mit ...

Vin Chaud à la Wayne (Waynes Glühwein)

1 Flasche Rotwein
1 Glas Portwein oder Sherry
Saft und Schale einer Orange
3 Nelken
2 EL Zucker
1 TL gemahlener Zimt
Zimtstangen zum Umrühren

Alle Zutaten in einen Topf geben und zum
Kochen bringen, aber nicht kochen lassen.
In schwere Bistro-Gläser füllen (ein Löffel in jedem
verhindert, dass sie springen). Stellen Sie eine
Zimtstange mit einem Stück Orangenschale in
jedes Glas. Dieser Drink bringt garantiert
Ihre Stimmung und Ihre Körpertemperatur auf
optimale Höhe.

Paul und Vincent, Brigitte und Caroline

Gemälde von Paul Cézanne dürfen, solange ich lebe, von diesem Museum weder erworben oder angenommen noch in ihm gezeigt werden», schwor der Maler und Bildhauer Henri Pontier, ein Zeitgenosse Cézannes und Kurator des Musée Granet in Aix-en-Provence. Da Pontier Cézanne um zwanzig Jahre überlebte, erklärt dieser Schwur, weshalb Aix heute kein Werk seines berühmtesten Sohns ausstellen kann.

Wayne und ich wohnten während unseres Aufenthalts in Aix aus purem Zufall in Pontiers ehemaligem Haus, in der gemieteten *Villa du Rocher du Dragon*. Villa Drachenstein? Im weitläufigen Garten gab es tatsächlich einen Brunnen mit Steinen, auf denen eine naive Skulptur stand, die entfernt einem Drachen ähnlich sah. «Als ich noch jung war», erzählte uns ein bejahrter Gärtner, «hielten die Prozessionen an kirchlichen Festtagen hier, damit die Leute aus diesem Brunnen trinken konnten.» Das war nicht so überraschend, wie es klang, denn wir wussten, dass in der provenzalischen Mythologie häufig Drachen auftauchen, und zwar in verschiedenen Formen.

215

«Aber was haben Drachen denn in der Provence zu suchen?», wunderte sich Wayne. «Haben frühere Reisende diese Fabelwesen oder die Legenden um sie aus China mitgebracht?», fragte er Bill Hope, der in den Sagen dieser Region besser bewandert ist als viele Einheimische.

«Nein», erklärte Bill. «Die hiesigen Drachen haben anscheinend im Wasser gelebt. Man nimmt an, dass es ursprünglich Krokodile aus dem Nil waren, die in römischen Arenen für Schaukämpfe mit anderen wilden Tieren herangezogen wurden. Einige sind wohl aus ihren Wasserbecken entkommen, haben in die nahe Rhône gefunden und dort in Uferhöhlen gehaust. Von Zeit zu Zeit sind sie an Land gekrochen und haben sich ein Schaf, einen Hund oder auch einen Menschen geholt. Den Rest hat die Phantasie der Bevölkerung besorgt. In Tarascon soll ein schuppiges Ungeheuer, das sie *tarasque* nannten, regelmäßig aufgetaucht sein und seine Opfer verschlungen haben, was die guten Leute in Angst und Schrecken versetzte. Das heißt, bis zur Christianisierung. Dann hat angeblich die heilige Martha, die zufällig in dieser Gegend wirkte, das Untier mit einem Kreuzzeichen oder etwas in der Art gebändigt, ihm ihren Gürtel als Leine umgelegt und es, zahm wie ein Lamm, weggeführt. Erwartet nicht von mir, dass ich mich für die Historizität des Ereignisses verbürge, aber ich kann euch bestätigen, dass sie es in Tarascon noch jedes Jahr feiern und einen hölzernen *tarasque* mit beweglichen Gliedmaßen durch die Straßen ziehen. Die Stadt Nîmes hat sogar ein krokodilähnliches Wesen in ihrem Wappen ...»

So viel zum Drachen. Wir mussten also nur noch

herausfinden, woher Pontiers Feindseligkeit rührte. Da wir in seinem ehemaligen Haus wohnten, fühlten wir uns persönlich betroffen.

Die Villa war lange geschlossen gewesen, wurde dann samt ihrem ursprünglichen Mobiliar vermietet und hat sich in den Jahrzehnten seit dem Tod des Künstlers nicht viel verändert. Dem derzeitigen Besitzer, einem älteren allein stehenden Mann, liegt nicht viel an dem Anwesen. Im Atelier fanden wir noch Skizzenbücher, Fragmente von Skulpturen und einen angelnden Knaben in Gips, den einer unserer Vormieter mit einem roten Plastikfisch verziert hat.

Unweigerlich bekamen wir Geschichten über das berühmt-berüchtigte Zerwürfnis zwischen den zwei ehemaligen Freunden zu hören: Bei schönem Wetter quetschten sich angeblich Paul und Henri mit ein paar anderen Künstlern in den Pontier'schen Einspänner und fuhren aufs Land hinaus, auf der Suche nach dem Motiv, das ihre Phantasie beflügeln sollte.

Das waren Ausfahrten Gleichgesinnter, zu deren Gelingen nicht zuletzt gut gefüllte Picknickkörbe beitrugen. Cézanne, so heißt es, begann jedoch irgendwann, sich von der Gruppe abzusondern, weigerte sich, ihnen seine Arbeit zu zeigen, und hielt sich auch abseits, wenn die Freunde mit einem Glas Wein in der Hand gegenseitig ihre Werke vehement bewunderten oder kritisierten. Wie man sich denken kann, weckte das Argwohn, und als es den anderen schließlich doch gelang, einen Blick auf Cézannes Leinwand zu erhaschen, wussten sie sich vor Entsetzen kaum zu fassen. Sein Stil – aus heutiger Sicht wegweisend für die abstrakte Malerei – erregte ihren Zorn, denn sie hielten ihn für bilderstürmerisch und sahen in ihm eine Beleidigung der Wirklichkeit und der Schönheiten der Natur. Sie hießen Cézanne einen «Verräter an der Kunst». Es kam zum Streit, und der führte dann zu dem bekannten Schwur.

Bis Pontier das Zeitliche segnete, hatte Cézannes Ruhm derartige Höhen erreicht, dass keines seiner Werke mehr verfügbar oder für das Museum erschwinglich war, abgesehen von einigen Zeichnungen, die ihm gestiftet wurden. Das ist der wesentliche Grund, weshalb Aix-en-Provence, die Stadt, in der Cézanne nicht nur geboren wurde und den Großteil seines Lebens verbrachte, sondern auch starb und die ihn am meisten inspiriert hat, heute keinen einzigen Cézanne besitzt.

Möglicherweise liegt es auch an Pontiers Groll, dass Aix nahezu ein Jahrhundert lang Cézanne geflissentlich ignorierte. Unser alter Gärtner hat uns erzählt, dass sein Vater auf Jas-de-Bouffan, dem Anwesen der Familie Cézanne, in Diensten gestanden und eines Tages eine Leinwand aus einem Abfalleimer gezogen hatte, die ihm wegen ihrer Größe aufgefallen war. Nachdem er angesichts der dunklen, steifen Figuren, die darauf gemalt waren, verächtlich die Schultern gezuckt hatte, dichtete er damit ein Loch in seinem Hühnerstall ab. Als Cézannes Ruhm dann irgendwann auch an seine Ohren drang, fiel ihm die Leinwand wieder ein, die sein Federvieh in Schach gehalten hatte, und ihm dämmerte, dass sie vielleicht wertvoll gewesen sein könnte. Aber da waren Jahre ins Land gegangen, der Hühnerhof abgerissen und die Studie zu *Die Kartenspieler* für immer verloren.

Als ich vor mehr als einem Jahrzehnt Cézannes Atelier einen Besuch abstatten wollte, hatte ich Mühe, das unscheinbare Haus zu finden, und gelangte schließlich in einen nur notdürftig instand gehaltenen Raum, in dem ein paar verstaubte Gegenstände in einem Regal noch dunkel an diejenigen auf Cézannes Stillleben erinnerten. Offensichtlich spürten damals nur wenige Menschen dem Andenken des Künstlers in seiner Heimatstadt nach.

Der Aufschwung im Tourismus hat das alles geändert. Den Touristen müssen Sehenswürdigkeiten geboten werden, sie wollen Schreine besichtigen. Wer heute auf Cézannes Spuren wandeln will, kann das tun: Bronzene, in Beton eingelassene und von Tausenden von Füßen blank polierte große C auf den Gehsteigen von Aix weisen den Weg zu seinem gut ausgeschilderten Atelier.

Es ist renoviert worden und wohlmeinende Seelen haben Gegenstände so arrangiert, wie der Meister es getan hatte; sie stehen nun neben Reproduktionen seiner Werke: Schalen mit Äpfeln, eine Flasche, Karaffen, die Kaffeekanne, der berühmte Cherub aus Gips und sogar Totenköpfe. Dies und die wenigen Zeichnungen im Museum, das ist alles, was hier von Cézannes Leben, von seinem ungeheuren Schaffen noch übrig ist. Dafür haben die Stadtväter beschlossen, seiner Zeit mit zwei pompösen Statuen des lang vergessenen Bildhauers Truphème Ausdruck zu verleihen, die den Eingang in den Cours Mirabeau flankieren. Die eine stellt *Sciences et Art* (Wissenschaften und Künste) dar und die andere *Industrie et les Arts décoratifs* (Gewerbe und angewandte Künste).

Im Umland von Aix lebt Cézanne jedoch weiter. Die schönste Huldigung ist vielleicht ein wenige Kilometer östlich von Aix an der Autobahn aufgestelltes Hinweisschild mit einem Pfeil auf die «Landschaft Cézannes». Ja, es sind die Bilder Cézannes, die sich da kaleidoskopartig vor schnell fahrenden Autos entrollen, seit er uns gelehrt hat, wie diese Gruppe von Häusern oder der Steinbruch da, jenes ineinander verschachtelte Dorf oder der Olivenhain zu sehen sind, die eine Existenz angenommen haben, die sie vorher noch nicht besessen hatten. Und was soll man erst zur Montagne Sainte-Victoire sagen, zu dem Berg, den er bei so unterschiedlichem Licht auf Leinwände gebannt hat, die heute in den bedeutendsten Museen der Welt hängen? Der Sainte-Victoire – nicht nach einer Heiligen so benannt, sondern zum Gedenken an einen großen Sieg, den der römische Feldherr Marius etwas mehr als hundert Jahre vor Christi Geburt am Fuße dieses Berges errungen hat – ist eine seltsame geologische Formation. Irgendwann in prähistorischer Zeit ist eine lange Bergkette auseinander gebrochen, sodass das kreideweiße Innere des Kalksteins zum Vorschein kam. Das abgebrochene Stück zeichnet sich als gigantischer Triangel im Hintergrund von Aix ab. Unter manchem Blickwinkel sieht es auch wie eine Pyramide aus, und seine geisterhafte Fahlheit mutet bei bestimmtem Licht transparent an. Heutzutage kann man diesen Sainte-Victoire nicht mehr betrachten, ohne ihn mit Cézannes ätherischem Sonnenlicht oder brütendem Indigo eines stürmischen Abends zu überlagern. Cézanne hat uns die Augen für die Provence bei Aix geöffnet.

Vincent van Gogh ist natürlich nicht in Arles geboren und er hat kaum zwei Jahre in der Provence verbracht. Aber was für Jahre! Das klare, mistralgepeitschte Licht des Rhônetals trieb ihn in eine Raserei, in der er es einzufangen suchte, jeden Strahl, es mit den kühnen Strichen seines Pinsels festhalten wollte. Arles sah in ihm damals bloß einen schlecht beleumundeten Zeitgenossen, umgetrieben und misstrauisch, der mittellos in einem spärlich möblierten Zimmer hauste. Nur wenige waren bereit, für ihn Modell zu sitzen, weshalb er auf Selbstporträts auswich. Und ich male mir aus, wie er sie nach seinem Bild in dem kleinen Rasierspiegel gemacht hat, der auf dem Gemälde von diesem Raum an der Wand hängt.

Die Stadt hat nie eine von van Goghs Arbeiten erworben. Ich weiß noch, wie ich vor einigen Jahren versuchte, in Arles Erinnerungen an Vincent aufzuspüren, wie ich das mit Paul in Aix getan hatte. Man schickte mich ins *Museon Arlaten*, und dort entdeckte ich schließlich einige zwischen verstaubten Volkskunstexponaten an die Wand gepinnte Reproduktionen. Diese aus einer Ausgabe von *Life* herausgerissenen Seiten waren alles, womit die Stadt ihm Tribut zollte. Nein, nicht alles: In der Grünanlage am Fuße des römischen Theaters stand eine Stele mit einem Relief der Büste van Goghs, das geschenkte Werk eines amerikanischen Künstlers. Es wurde in dem Park aufgestellt, weil die Museumsverwaltung diese Hommage zur Zeit der Schenkung als ihrer Institution unwürdig zurückwies. Ihre Missachtung hat sich zum Guten gekehrt, denn auf diese Weise kann jeder, der des Weges kommt, die Stele sehen.

Aber auch hier verbessert sich die Lage, weil die Touristen nach Kultstätten lechzen, und die Stadt Arles beginnt sich für den Ruhm ihres Adoptivsohns zu interessieren. Eine mit *Hommage à Van Gogh* betitelte ständige Ausstellung ehrt nun den Künstler mit etlichen Gemälden von einigen der renommiertesten Maler unserer Zeit. Sie wurde von Madame Yolande Clergue, der Frau des besten Fotografen von Arles und wahrscheinlich von ganz Frankreich, geschmackvoll zusammengestellt. Und eine vor kurzem veranstaltete Ausstellung japanischer Holzschnitte, wie etwa der von Hiroshige, in der auch gezeigt wurde, von welchen Gemälden Vincents sie inspiriert wurden, hat internationale Aufmerksamkeit erregt.

In der Espace van Gogh wurde ein kleiner Garten liebevoll so wiederhergestellt, wie Vincent ihn als Aquarell gemalt hatte. Leider wurde das gelbe Haus, dessen eine Hälfte er gemietet hatte, bei einem Bombenangriff während des Zweiten Weltkriegs beschädigt und ist danach abgerissen worden. *Le Café la Nuit*, das berühmte Nachtcafé, steht jedoch noch an der Place du Forum. Es ist jüngst renoviert worden, und seine ockergelbe Fassade sieht jetzt wieder genau so aus wie zu van Goghs Zeiten. In ihm werden schmackhafte kleine Gerichte serviert, und die Touristen drängen sich dort zuhauf.

Lucien Clergue, ein Günstling und enger Freund Picassos während der letzten zwanzig Lebensjahre des Künstlers, erinnert mich daran, dass Picasso dem Museum von Arles eine Serie hier entstandener Zeichnungen geschenkt habe. Sie zeigen van Gogh, wie Picasso ihn gemalt hat – entweder in Gesellschaft von Gauguin oder von Rachel, der jungen Prostituierten aus dem Bordell am Quai du Rhône.

«Picasso verehrte van Gogh», erzählt Lucien. «Jahrelang hatte er auf seinem Nachttisch das Faksimile eines alten Zeitungsausschnitts liegen.» Es war der im Dezember 1888 in *Le Forum Républicain* erschienene und in Clergues Buch *Picasso, Mon Ami* wiedergegebene Artikel, in dem darüber berichtet wird, dass am vergangenen Sonntag, nachts um halb zwölf ein gewisser Vincent Van Gogh, ein aus Holland stammender Maler, in einem Bordell erschienen sei, dort nach einer Prostituierten namens Rachel gefragt und ihr ein Ohr übergeben habe ... sein Ohr. In dem Artikel heißt es weiter, die von dem Vorfall, bei dem es sich nur um die Tat eines beklagenswert Geistesgestörten handeln könne, in Kenntnis gesetzte Polizei sei am nächsten Morgen in die Wohnung des Mannes gegangen und habe ihn im Bett angetroffen, aber kaum noch Anzeichen von Leben an ihm feststellen können. Der Unglückliche sei ins Krankenhaus eingewiesen worden.

Lucien, der in Arles geboren ist und sein Leben lang hier gewohnt hat, ist eine wahre Fundgrube für Geschichten, die sich um van Gogh ranken. Ein Großonkel von ihm betrieb eine Schmiede direkt neben dem gelben Haus. Hatte er für Vincent eine Arbeit geleistet oder ihm einen Gefallen erwiesen, wofür er mit einem Gemälde entlohnt wurde? Vielleicht mit einem Porträt seiner Frau? Auf jeden Fall stieß man beim Abriss der Schmiede auf eine zusammengerollte Leinwand, die auf irgendeinem Balken lag, wo sie jahrelang Staub und Rauch ausgesetzt gewesen war. Sie zeigte eine Frau in der typischen Tracht und mit dem Kopfschmuck, wie sie um die Jahrhundertwende in Arles getragen wurden. Die wiederholt an das Van-Gogh-Museum in Amsterdam gerichtete Bitte, das Gemälde zu identifizieren, ist nie beantwortet worden. Luciens Verwandte hängen jedenfalls an dem Bild und sind fest davon überzeugt, einen echten van Gogh zu besitzen.

Bei den Clergues wird Besuchern zuweilen gesagt: «Ihr geht auf dem Boden, den van Gogh barfuß betreten hat.» Denn während sie ihr Haus aus dem siebzehnten Jahrhundert gerade renovierten, erfuhren sie, dass die öffentliche Badeanstalt von Arles abgerissen werden sollte. Die jahrhundertealten Bodenfliesen sollten auf irgendeine Mülldeponie gebracht werden. Aber Madame Clergue, die einen Blick für Wertvolles hat, organisierte ein paar Schubkarren, und mit der Hilfe von Freunden wurde Ladung um Ladung der schönen, dicken Terrakottafliesen abtransportiert. Heute bedecken sie den Fußboden der Clergue'schen Empfangsräume und verleihen ihm die warme Ausstrahlung ihrer Patina.

«Vincent war Stammgast in der Badeanstalt», erklärt Lucien, «und er hat sicher wie jeder andere seine Schuhe ausziehen müssen. Ich weiß das. Ich war nämlich als Kind selbst oft dort, weil wir zu arm waren, um ein eigenes Badezimmer zu besitzen.» Und dann erzählt er von Besuchern, die voller Ehrfurcht ihr eigenes Schuhwerk abgestreift haben, weil sie hofften, auf diese Weise etwas von der Inspiration zu empfangen, die den von Vincent barfuß betretenen Fliesen noch innewohnen könnte.

Aber während die Clergues das Ihre tun, erhält die in der Kunst verewigte Natur selbst seinen Geist am besten lebendig. Van Goghs Sonnenblumen blühen nun als gut verkäufliches Produkt auf unzähligen Feldern in einer Fülle, die er nie gekannt hat. Seine sturmgepeitschten Zypressen schirmen heute noch Bauernhäuser ab oder stehen als Windschutz zwischen Obstgärten. Heuhaufen werfen noch immer in der Mittagssonne nur kurze Schatten, und Zugbrücken heben nach wie vor ihre spindeldürren Arme über den Kanälen der Camargue, um Frachtkähnen die Durchfahrt zu gewähren. Wir müssen Vincent dafür danken, wie wir Paul gedankt haben, dass er uns die Augen geöffnet hat, all das wahrzunehmen.

Während Aix und Arles ein Jahrhundert gebraucht haben, Genie zu erkennen, haben Saint-Tropez und Saint-Rémy aus dem Ruhm ihrer Popkulturikonen sofort Kapital geschlagen.

Saint-Tropez, ein ehedem bescheidener Fischerhafen im Westen der Riviera, verdankt sein derzeitiges Ansehen Brigitte Bardot, die auf dem Höhepunkt ihrer Karriere dort ein Haus am Meer gekauft hat. Es dauerte gar nicht lange, bis ihre Anwesenheit dem Dorf, das sich bis dahin hauptsächlich durch seine Abgeschiedenheit auszeichnete, auffallenden Wohlstand bescherte. Die in die Jahre gekommene Bardot lebt immer noch dort, seit langem abgetreten und nahezu vollständig zurückgezogen. Nur gelegentlich erweckt ihr noch bemerkenswertes Engagement für Tiere die Aufmerksamkeit des Publikums. Und so, wie Iris, Sonnenblumen und sich krümmende Zypressen für immer den Namen van Gogh begleiten werden, ist es in den letzten Jahrzehnten schwierig geworden, an Saint-Tropez zu denken, ohne das Bild einer jungen Brigitte vor Augen zu haben, die in einem schlichten Sommerkleid und mit einem Tuch im blonden Haar an ihrer privaten Anlegestelle die Zehenspitzen ins Wasser hält. Aber mit dem Ruf, ein teures Pflaster zu sein, fiel Saint-Tropez seiner eigenen Legende zum Opfer. Ein neuer Modeort musste gefunden werden.

Und so wird Saint-Rémy jetzt weitgehend nur deshalb der neue internationale Treffpunkt, weil Prinzessin Caroline von Monaco dort ein Haus gekauft hat.

Saint-Rémy ist, was es immer war: eine gewöhnliche Kleinstadt auf dem platten Land vor dem felsigen Horst Les Baux und der Römerstadt Arles. Hübsche Straßen im Schatten von Platanen führen nach Saint-Rémy, aber die Stadt selbst hatte wenig Anziehungskraft, bis Prinzessin Caroline hingezogen ist.

Es gibt da durchaus interessante Plätze. Ein Brunnen weist darauf hin, dass Nostradamus im Jahre 1503 dort geboren ist. Aber bei aller Fairness, in Salon, wo der Seher die meiste Zeit gelebt hat, stößt man auf Dinge, die nachdrücklicher an ihn erinnern. Gleich außerhalb der Stadt stehen auch gut erhaltene römische Monumente, die als *Les Antiques* bekannt sind: ein Torbogen, wie die Römer sie an den Eingängen in ihre Städte errichtet haben, und dicht daneben ein Ehrenmal zum Gedenken an die Enkelsöhne des Kaisers Augustus.

Direkt gegenüber haben Ausgrabungen die lang verschütteten Ruinen der galloromanischen Stadt

Glanum zutage gefördert. Und ganz in der Nähe davon stößt man auf die Tore von Saint-Paul-de-Mausole, dem Asyl für Geisteskranke, in dem van Gogh so etwas Ähnliches wie inneren Frieden fand und ein so fruchtbares Jahr zubrachte. Das Hospital, das noch immer in Betrieb ist, war lange Zeit dem Publikum nicht zugänglich, doch das störte die meisten Reisenden nicht, die auf dem Weg zum Drei-Sterne-Restaurant in Les Baux oder zu den Stierkämpfen in Arles daran vorbeirauschten.

Dann suchte sich Caroline von Monaco das stille, kleine Saint-Rémy als Heimstatt fernab von ihrem Zuhause aus, einen Zufluchtsort auf dem Land, wohin sie vor den Anforderungen des Palastes fliehen und wo sie in erhoffter Anonymität den tragischen Tod ihres Mannes überwinden wollte. Und alles änderte sich über Nacht.

Die Anonymität währte, bis die Medien sie dort entdeckten und sich überschlugen: Caroline beim Einkaufen auf dem Markt, auf der Terrasse eines Cafés oder mit dem Fahrrad auf dem Weg zu dem für sie renovierten Bauernhaus. Ihr Bild, wie sie Schlange steht, um ihre Kinder in der Schule anzumelden, wurde zur Ikone. Und wie demokratisch, ihre Kinder schlicht als Andrea, Pierre und Charlotte Casiraghi eintragen zu lassen! Eine elegante Art, ihre fürstliche Identität zu verschleiern. Bescheidenheit auf dem Silbertablett, *n'est-ce pas*? Caroline bummelte Hand in Hand mit einem gut aussehenden Schauspieler durch die Stadt, in sehr bescheidener Aufmachung, kein bisschen modisch mehr, und die Presse jubilierte, dass sie anscheinend wieder lächeln lernte. Wenn Saint-

Rémy dem Herzen einer trauernden Prinzessin zu neuem Glück verhalf, was mochte es dann erst für gewöhnlich Sterbliche bewirken? Also rüstete man sich für den Ansturm.

Die Immobilienpreise schnellten in die Höhe. Da die Stadt selbst architektonisch nicht viel zu bieten hat, ist es angesagt, wie Caroline einen *mas* zu kaufen, einen alten Bauernhof. Davon gibt es in der Gegend zur Genüge, seit die industrialisierte Landwirtschaft viele von ihnen unrentabel gemacht hat. Man muss nur das Haus renovieren, den Hühnerhof durch einen Pool ersetzen, Zypressen als Windschutz pflanzen, den Rest Sonne und Wind überlassen und, *voilà*, schon hat man Provence pur! Ein bisschen teuer zwar, aber das ist es allemal wert, wenn man bedenkt, wen man womöglich als Nachbarn hat. Die Snobs im Luberon rühmen sich, dass ihre Überschüsse nun nach Saint-Rémy fließen.

Auch der Begriff «Wochenmarkt» gewann in Saint-Rémy eine neue Dimension. Was früher einmal mittwochs ein paar bescheidene Marktstände unter freiem Himmel waren, bietet nun in allen Straßen typisch provenzalische Waren in Hülle und Fülle feil. Kitschig bedruckte Röcke in leuchtenden Farben, mit passenden Espadrilles, flattern an hoch über den Köpfen angebrachten Stangen und tanzen in der Sonne. Körbe voll getrockneter Lavendelzweige, Schalen und allerlei Haushaltutensilien aus geschnitztem Olivenholz, verschiedene Honigsorten, hausgemachte Marmelade, geräucherte Schinken und Salamiringe machen einander den Platz streitig. Dazwischen tummeln sich so viele Verkäufer in blauen Kitteln mit roten Halstüchern, dass einen der Verdacht beschleicht, sie könnten vom Fremdenverkehrsamt gesponsert sein. Zu typisch, um echt zu sein, wie man so zu sagen pflegt. Sowohl die Menschenmenge als auch die ländliche Eleganz der Käufer und ihre Nobelkarossen zeugen vom Erfolg und neuen Wohlstand der Stadt.

Ist es ein Zufall, dass das Asyl, das van Gogh beherbergt hat, gerade jetzt dem Publikum seine Tore öffnet? Im zwölften Jahrhundert erbaut, ist das ehemalige Kloster Saint-Paul-de-Mausole immer noch ein Behandlungszentrum für emotional Gestörte. Besucher können sich nun im Garten ergehen, das Kloster betreten und die Wendeltreppe zu dem kleinen Raum erklimmen, einer ehemaligen Mönchszelle, in dem Vincent gewohnt hat und der mit einem schmalen Eisenbett ausgestattet ist. Bei einem Blick aus dem Fenster werden sie manche seiner bestens bekannten Landschaften wieder erkennen. Man hat das Gefühl, als spüre man in dem nüchternen Raum noch etwas von seiner Anwesenheit, oder rührt das mehr von dem gleißenden Licht her, das über der Landschaft liegt?

Unten, im Gewölbe der ehemaligen Kapelle, wird die übliche Auswahl an Reproduktionen und Postkarten angeboten. Auch hier nimmt einen eine atemberaubende Ausstellung gefangen: Noch heute werden die Insassen dazu gedrängt, im Rahmen ihrer Beschäftigungstherapie zu malen. Vielleicht schwebt ja Vincents Geist hier und inspiriert sie, denn einigen gelingen bemerkenswerte Arbeiten. Man kann sie nicht nur betrachten, sondern auch erwerben, zu durchaus erschwinglichen Preisen, und der Erlös kommt der Freizeitgestaltung der Insassen zugute. Zu jedem Bild gibt es ein Zertifikat, auf dem bestätigt wird, wo und unter welchen Umständen die Leinwand (auch Pappe oder Packpapier) bemalt wurde. Viele – und Wayne und ich sind glücklich, zu ihnen zu zählen – haben das Gefühl, sie seien mit einem derartigen Kauf dem Besitz eines echten van Gogh so nahe wie möglich gekommen.

Das provenzalische Sandwich ...

Pan Bagnat

Der Name bedeutet auf Provenzalisch
getränktes Brot. Es wird mit einer Vinaigrette getränkt,
und die Füllung ist nahe verwandt mit der *Salade
Niçoise*. Statt der *pan bagnat* (knusprige runde
Brötchen) kann man auch Baguettes nehmen.
Rechnen Sie drei Portionen für 1 Baguette.

4 Tomaten
1 Zwiebel, in dünne Ringe geschnitten
2 Baguettes
Butter zum Bestreichen
2 kleine Kopfsalate
2 Dosen Thunfisch
2 Gurken
13 schwarze Oliven, gehackt
2 Dosen Anchovisfilets (nach Belieben)
Vinaigrette
4 hart gekochte Eier

Tomaten drücken, um Saft auszupressen, und in Scheiben schneiden. Gurken schälen, Kerne entfernen und in Scheiben schneiden. Baguettes aufschneiden, etwas von der weißen Krume herauslösen und aufheben.

Beide Hälften dünn und gleichmäßig mit Butter bestreichen und mit Salatblättern belegen (damit die Vinaigrette sie nicht aufweicht). Auf dem Salat zerpflückten Thunfisch, Gurken- und Tomatenscheiben und Zwiebelringe verteilen. Gehackte Oliven und (falls gewünscht) Anchovis darüber streuen. Die weiße Krume der Baguettes mit Vinaigrette tränken und auf den Sandwichs verteilen. In Folie einwickeln und bis zum Verzehr kühl stellen. Kalt lassen sie sich leichter schneiden.

Die Hühnerdiebe

*E*in heißer, schläfriger Sonntagnachmittag. Wayne war irgendwo unterwegs und ich beschloss gerade träge, die nächsten Stunden auf der Terrasse am Pool zu verbringen, mich von der Sonne bescheinen zu lassen und vielleicht hin und wieder im Wasser abzukühlen. Ich musste nur noch die Energie aufbringen, aus meinem T-Shirt heraus- und in etwas anderes hineinzuschlüpfen, was mir eher zu nahtloser Bräune verhelfen würde. Da klingelte das Telefon.

«Hallo, hallo», rief eine Stimme mit britischem Akzent, die ich nicht gleich erkannte. «Ja, ich bin's, Reggie, erinnerst du dich noch an mich? Waynes Kumpel. Wie geht's dem Knaben?» Es dauerte eine Weile, in der ich höfliche Geräusche freudiger Überraschung von mir gab, bis ich in «Waynes Kumpel» einen Fotografen wieder erkannte, den ich vor Jahren in England kennen gelernt hatte. «Na ja, wir sind hier in der Gegend, und da haben wir uns gedacht, was zum Teufel sind schon ein paar hundert Kilometer unter Freunden? Ich weiß, Wayne wär ganz schön sauer, wenn er rauskriegt, dass wir in Lyon waren und uns nicht die Mühe gemacht haben, bei ihm vorbeizuschauen!» Ich stimmte ihm verhalten zu, dass Wayne möglicherweise tatsächlich enttäuscht gewesen wäre, dass wir allerdings für heute Abend ... Aber Reggie hörte mir nicht zu.

«Also, wir sind da, in unserm Kombi, ungefähr vier Stunden von euch entfernt, glaub ich, und auf dem Weg zu euch. Ich wollt ja überraschend bei euch rein-schneien, aber meine Frau sagt: Nein, nein, gib ihnen 'ne Chance, sich drauf einzustellen ... Und wir wissen ja, was ihr Ladys meint, wenn ihr sagt, ihr wollt auf Besuch vorbereitet sein!»

Mit Gedanken kann man nicht töten und eine Puppe, die ich mit Nadeln hätte spicken können, hatte ich gerade nicht zur Hand. «Na, wir glauben, dass wir so um sieben rum da sind, und wir haben auch weiter noch nichts vor bis morgen, bis wir *wahrscheinlich* wieder abdampfen müssen, ins gute alte *Pari* ...» Ich habe verstanden. Er meinte nicht bloß ein Abendessen, sondern auch eine Übernachtung mit Frühstück und wahrscheinlich noch ganz nebenbei ein Mittagessen für die beiden.

«Und ihr habt vielleicht ein Glück, muss ich sa-gen», fuhr Reggie fort. «Daphnes Schwester und ihr Schwager sind auch mit. Du wirst ganz verrückt sein auf Harry, ein richtiger Ladykiller.» Was für eine Freude, dachte ich, ich kann's kaum abwarten. Hof-fentlich bin ich auch interessant genug für den Ver-führer! «Und natürlich haben sie Tony mitgebracht, ihren Sohn. Der ist jetzt an der Uni, weißt du, und er hat seine Freundin dabei, ein piekfeines Dämchen ist die. Hoffentlich findet sie euer Dorf nicht so schmut-zig wie manche Kaffs, in denen wir schon waren, sonst rührt sie nämlich nichts an. Da ist die echt eigen, sag ich dir. Übrigens, mach dir bloß keine Umstände, kein Festmahl und so, uns ist alles recht, kennst uns ja, wir sind keine Feinschmecker. Nur hungrig wie die Wölfe, ha, ha! Also, bis später und *cheerio*!»

Mein Ärger legte sich erst, als mir mit Schrecken klar wurde, dass am Sonntagnachmittag alle Läden geschlossen sind. Ich hatte nur die üblichen Dauervorräte im Haus, denn wir wollten für einige Tage wegfahren. Wie sollte ich diese Horde bloß abfüttern? Weil mir gerade nichts Besseres einfiel, machte ich die Küchentür auf und schaute hinaus. Da ging zufällig meine Nachbarin Madame Janot, die etwas weiter unten wohnt, vorbei. Wir grüßten einander.

Madame Janots Haus fällt in dem sonst gerade restaurierten Teil des oberen Dorfes richtig auf. Ein alter Bauernhof, der geblieben ist, wie er immer war: ungepflegt, freundlich, mit einem Garten, der seit Jahrzehnten als Müllplatz der Familie benutzt wird. Unbrauchbar gewordenes Werkzeug, ganze Rollen Hühnerdraht und zerrissene Plastikplanen, die man längst hätte entsorgen sollen, liegen wahllos verstreut inmitten notdürftig zusammengezimmerter Kaninchenställe und wellblechgedeckter Hühnerställe. Dazwischen wuchern Kräuter, wachsen planlos ausgesäte oder gepflanzte, aber üppig blühende Blumen und der duftendste weiße Flieder aller Zeiten. Die Hähne, die jeden Morgen den Tag herbeikrähen, sind die in Madame Janots Hof, und das Gefieder ihrer Hennen glänzt in der Sonne, wenn sie zwischen all dem Unrat herumpicken und scharren.

Nach Mitgefühl heischend, weil ich mich sonst an

nichts festhalten konnte, vertraute ich Madame Janot meinen Kummer an.

«Sechs Leute zum Abendessen, *à l'improviste*, unvorhergesehen, und nichts im Haus», jammerte ich. Madame Janot schnalzte teilnahmsvoll mit der Zunge und erzählte mir ihre Horrorgeschichten: Ihre Enkelkinder aus Marseille mochten das Essen nie, das sie ihnen vorgesetzt hat. Die wollten nur *hambourgères*, da war guter Rat teuer. Dann watschelte sie wie ein pralles Kissen, das man in der Mitte abgebunden hat, zu ihrem Haus hinunter.

Kurz danach brach in ihrem Hof ein Riesenspektakel aus: Gackern, Flügelschlagen und laute Drohungen von Madame, denen Stille folgte.

Einen Augenblick später klopfte es an meine Tür. Da stand eine lächelnde, rotgesichtige Madame Janot mit wogendem Busen vor mir und hielt in jeder Hand ein kopfüber hängendes Huhn mit gespreizten Flügeln, offenem Schnabel und angstvoll aufgerissenen Augen.

«Da», sagte sie. «Nehmen Sie die. Die reichen allemal für Ihr Abendessen. Es sind ziemlich große junge Hennen, die schmecken gebraten gut.» Als sie mein Zögern bemerkte, erklärte sie: «Packen Sie sie an den Füßen. Ja, so. Um sie zu schlachten, schneiden Sie ihnen einfach den Kopf ab, und sie lassen sich leichter rupfen, wenn Sie sie vorher kurz in kochendes Wasser tauchen.» Stotternd versuchte ich, etwas zu sagen, aber Madame ließ mich gar nicht zu Wort kommen. «Also Sie können ganz beruhigt sein. Ihre Gäste kriegen genug zu essen.» Dann ging sie wieder, rund wie eine Assel und zufrieden, zurück in ihren schmudde-

ligen Hof, während ich dastand und mit ausgestreck-
ten Armen unbeholfen die zwei Hennen festhielt.

Mein Problem hatte sich verlagert, weil jetzt meine
größte Sorge war: Was mache ich bloß mit diesen armen Hühnern?

Ich fand, dass es das Beste wäre, sie erst einmal in
die Garage zu bringen. Später würde Wayne wieder
da sein und sich bestimmt einen Ausweg aus unserem
Dilemma einfallen lassen. Also machte ich vorsichtig
das Tor auf und schob die Hühner hinein. Sie flüchte-
ten sich sofort auf den Brennholzstapel, wo sie empört
gackerten. Ich brachte ihnen Wasser und eine Schüssel mit zerbröckeltem Brot in Rotwein, damit sie sich
leichter von ihrer Tortur erholten.

Danach durchstöberte ich fieberhaft die Regale in
der Speisekammer und fand mehrere Sorten Nudeln
(ein Medley!) sowie Dosen mit Tomaten, Pilzen, Erb-
sen und sogar eine mit eingelegten Artischocken. Ich
würde das Gericht *pasta provençale* nennen und kümmerte mich nicht darum, ob mein Ruf als Köchin dabei litt. Zwei Dosen Thunfisch, eine Packung grüne
Bohnen, die noch von Weihnachten übrig war und die
ich aus der Eisschicht am Boden der Gefriertruhe aus-
grub, fünf Kartoffeln, eine Zwiebel, sechs Eier, die
restlichen für den Aperitif gedachten Oliven, die noch
im Glas waren, samt ein paar Tomaten und, *voilà*, eine
richtige *salade niçoise*. Sollte ich es wagen, noch eine
rohe Aubergine hineinzutun? In einem halben Dutzend verschiedener Behälter mit Eis und Sorbets war
noch genug drinnen, um damit eine große Schale zu
füllen und sie zur Eisbombe zu erklären. Wayne, der
gerade eintraf, meinte, wenn er genügend Wein ein-

schenkte, würden die Gäste es mit dem Essen nicht so genau nehmen. Er huschte in die Garage, um nach den Hühnern zu sehen, und berichtete, sie hätten das ganze weingetränkte Brot aufgefressen und seien, den Kopf unter einen Flügel gesteckt, eingeschlafen.

«Ich weiß, was wir mit ihnen machen können», versicherte Wayne. «Darum kümmern wir uns, sobald sich unser Besuch zurückgezogen hat.»

Höchste Zeit, die Gästezimmer und im Studio die Ausziehcouch vorzubereiten – in einem Ferienhaus sechs Leute zusätzlich zu beherbergen stellt einen auf eine harte Probe. Dann deckte ich noch schnell den Tisch und mischte den Festschmaus zusammen, während Wayne mehrmals hintereinander einen Arm voll Flaschen aus dem Keller holte. Da kamen sie auch schon an, waren furchtbar laut, luden so viele Taschen aus, dass ich einen Moment befürchtete, sie hätten vor, für immer zu bleiben, und die angeblich piekfeine junge Dame wollte sich sofort die Haare shampoonieren. (Nein, eine Kräuterspülung mit Minze hatte ich nicht da, aber ich könnte ja hinaufgehen und schauen, *was* ich hatte.) Sie war den ganzen Tag noch nicht dazu gekommen, sich den Kopf zu waschen, weshalb sie sich «eklig» fühlte. Alle liefen rauf und runter, machten sich kreischend über unseren kleinen Pool lustig, und Killer Harry robbte sich heran, um mich eine «bombige Biene» zu nennen.

Wir überlebten den Abend, und dank Wayne, der unablässig die Gläser nachfüllte, schliefen sie alle praktisch über ihren Tellern ein, mit Ausnahme der piekfeinen jungen Dame. Sie hatte kaum etwas getrunken und noch weniger gegessen, aber weil sie sich wahrscheinlich mit sauberen Haaren jetzt wohler fühlte, erkundigte sie sich, was das Dorf denn an Nachtleben zu bieten habe. Ich wollte ihr gerade die *Bar des Sports* als Zentrum des Geschehens vorschlagen, doch Wayne – schneller als ich – warnte sie, dass nachts ein Lüstling durch die Straßen streife. Dann ließ er sich wie beiläufig noch zu der überflüssigen Bemerkung hinreißen, französische Gendarmen würden Anzeigen wegen sittlicher Belästigung nur mit einem Lachen abtun. Indigniert stolzierte sie nach oben und knallte die Tür zu.

Atemlos warteten wir eine Weile. Aber im Haus blieb alles ruhig. Jetzt!

Auch die Hennen schliefen in der dunklen Garage noch ihren Rausch aus, und jede hatte den Kopf und ein Bein ins Gefieder gesteckt. Sie waren derart benommen, dass sie sich nicht wehrten, als ich sie aufhob. Dabei fühlten sie sich so weich und warm an, dass ich wirklich wünschte, wir könnten sie als Haustiere behalten. Aber Vernunft geht vor. Wir steckten sie in meine weiße Neiman-Marcus-Tragetasche und stiegen ins Auto, das Wayne auf der Place du Château geparkt hatte. Lautlos ließen wir den Wagen den Berg hinunterrollen und starteten den Motor erst in sicherer Entfernung, als wir weit genug weg waren, dass weder unsere Gäste noch Madame Janot uns hören konnten.

Wayne hatte mich schon vorher in seinen Plan eingeweiht: Wir mussten einen abgelegenen Bauernhof suchen, uns mit unseren Hennen so nahe wie möglich an ihn ranschleichen und sie im oder zumindest dicht neben dem Hühnerstall aussetzen. Auf diese Weise würden sie sich dort unweigerlich zum anderen Federvieh gesellen, vielleicht sogar, wie wir hofften, dauerhafte Freundschaft schließen und unter ihresgleichen glücklich weiterleben. Der Bauer würde zwei erstklassige junge Hennen dazubekommen und hätte keinen Grund zur Klage. Nur, das musste alles klammheimlich geschehen, denn würden wir am helllichten Tag aufkreuzen und ihn bitten, die beiden Hühner aufzunehmen, gäbe es Fragen ohne Ende, und Madame Janot käme sicher zu Ohren, wie undankbar und tückisch wir waren. Wir konnten nicht riskieren, die Gefühle der guten Frau zu verletzen, nachdem sie sich als so hilfsbereite und großzügige Nachbarin erwiesen hatte.

Es dauerte eine Weile, bis wir den richtigen Bauernhof fanden. Er sollte dicht an der Straße liegen, aber nicht zu dicht, weil wir sonst Gefahr liefen, von einem vorbeifahrenden Auto aus gesehen zu werden. Er durfte auch nicht zu weit weg sein, damit wir nicht endlos lang auf einem unbekannten Pfad herumtappen mussten. Schließlich entdeckten wir, was uns geeignet schien: ein großer, etwa hundert Meter von der Straße entfernter Bauernhof, bei dem Scheunen und Wirtschaftsgebäude abseits vom Wohnhaus standen. Wir hielten eine Weile Ausschau und sahen uns gründlich um. Alles war dunkel, kein einziges Licht und kein Laut. Im schwachen Schein eines Halbmonds konnten wir niedrige Dächer ausmachen, wahrscheinlich die von Geräteschuppen und Lagerräumen, dann eine offene Garage für Traktoren und in einigem Abstand einen kleineren und niedrigeren Bau: das Hühnerhaus, kein Zweifel.

Wenn wir es schafften, uns leise und unbemerkt anzupirschen, würden wir unsere zwei Schützlinge in der Nähe des Eingangs freilassen. Dann könnten sie in aller Ruhe zu ihren Artgenossen spazieren. Wir öffneten die Autotüren und stiegen aus ... Kies knirschte unter unseren Schritten, und mir schlug das Herz bis zu den Ohren. Die Hennen gaben Gott sei Dank keinen Laut von sich, während wir langsam und vorsichtig auf den Hühnerstall zuhielten. Als wir nur noch einen Steinwurf weit davon entfernt waren, bückte sich Wayne nach einem Kiesel und zielte auf die dunklere Stelle, die der Eingang sein musste. Falls wir nun Hühner gackern hörten, wussten wir, dass wir am richtigen Ort waren. Bingo! Ein gedämpftes Gackgack bestätigte uns, dass wir uns nicht geirrt hatten, und Wayne hielt triumphierend den Daumen hoch. Da nahmen wir die zwei Hennen aus der Tragetasche, stellten sie auf den Boden und schoben sie sanft in die richtige Richtung. Verwirrt und ohne jede Orientierung, rührten sie sich aber nicht von der Stelle. Also hoben wir sie wieder auf – jeder eine – und schlichen auf Zehenspitzen zum Eingang des Hühnerhauses, der keine Tür hatte, weshalb wir sie einfach hineinschubsten.

Und da ging der Teufel los.

Jedes verdammte Huhn begann zu gackern. Eine gottlose Kakophonie! Ein Hahn krähte, andere stimmten mit ein. Zwei Hunde, die geschlafen hatten, *bien sûr*, bis der Lärm ausbrach, machten ihr Pflichtversäumnis damit wett, dass sie jetzt umso wütender bellten und knurrten und an ihren Ketten zerrten. Im Obergeschoss flammte ein Licht auf, dann überflutete ein weiteres den Hof, während wir blindlings zu unserem Auto rannten. Als das verdammte Ding nicht gleich ansprang, konnten wir noch sehen, wie der Bauer aus der Tür trat und der Lauf seines Gewehrs im Widerschein der Lampe funkelte. Er rief etwas von Hühnerdieben und von Gendarmen, aber dann kam der Motor endlich und wir preschten davon, dass der Kies unter den Reifen nur so wegspritzte.

Aus Angst, irgendwie identifiziert zu werden, trauten wir uns nicht geradewegs nach Hause, fuhren stattdessen in großem Bogen durch ein paar verschlafene Dörfer und kehrten schließlich von der anderen Seite kommend zurück. Ich war sehr erleichtert, dass uns keine Gendarmen erwarteten, sondern nur die piekfeine junge Dame, die nicht schlafen konnte und darüber klagte, dass die Fernsehprogramme um Mitternacht aufhörten. Als sie uns beschuldigte, wir seien ausgegangen, um uns zu amüsieren, ohne sie mitzunehmen, erfand ich eine kranke Freundin, die uns dringend um Hilfe gebeten habe, und war zugleich auf mich selbst wütend, dass ich ihr überhaupt zugestand, mich auszufragen.

Wir schliefen wenig, und die in Madame Janots Hof krähenden Hähne brauchten uns nicht erst an unser nächtliches Abenteuer zu erinnern. Ich war schon auf den Beinen, als um sieben Uhr die Bäckerei aufmachte, also lief ich hinunter, um größere Mengen Baguettes und Croissants zu besorgen.

Vor mir standen schon etliche Leute an. Während ich darauf wartete, bedient zu werden, kam eine Frau herein und erzählte, dass nachts Diebe beim Bauern

Lamour eingebrochen und alle Hühner gestohlen hätten.

«Ich habe vorhin die Gendarmen hinfahren sehen und wette, dass die jetzt gerade die Reifenspuren untersuchen», erklärte sie. Ich schauderte.

Ein älterer Herr fiel ihr ins Wort. Er hatte die Geschichte anders gehört. Die Hühner seien nicht gestohlen, sondern alle umgebracht worden, und dann habe man sie in ganzen Pfützen ihres eignen Bluts liegen lassen. Oh, nein, das waren keine Füchse. Ein Auto war mit im Spiel, und Füchse fahren doch nicht Auto. «Irgendwelche verrückten Leute, von denen es ja heute so viele gibt. Bin gespannt, wer der Nächste ist, wir täten alle gut daran, besser aufzupassen.»

Schließlich kam noch eine Frau herein, die von den anderen als Madame Lamour begrüßt wurde.

«Nein», beteuerte sie, «nein, sie haben nicht *alle* Hühner gestohlen, Gott sei Dank, nur eine stattliche Anzahl. Wir wissen noch nicht, was sie sonst noch haben mitgehen lassen, das überprüft mein Mann gerade. Sie waren bewaffnet, wissen Sie, man konnte ihre Pistolen aufblitzen sehen, als mein Mann das Licht einschaltete. Er hat sie auch schießen hören, sicher auf unsere Hunde, aber sie haben sie verfehlt. Wie viele es waren? Ach, vier oder fünf, mindestens. Leider haben die Gendarmen keine Spur, aber sie glauben, dass es ein paar Rowdys aus Marseille waren. Diese Gangster rauschen hier an, verüben ihr Verbrechen, und zurück geht's in die Stadt, wo man sie nicht finden kann. Wir werden von jetzt an das Licht im Hof die ganze Nacht brennen lassen.»

Ich versuchte, nicht den Kopf einzuziehen, als sich

alle darin einig waren, dass dies Zeiten seien, wie man sie noch nie erlebt habe, und man gut beraten wäre, mit einer Schusswaffe in Reichweite zu schlafen. Stattdessen nickte ich die ganze Zeit tief bekümmert – *la mort dans l'âme*, wie die Franzosen dazu sagen würden – und schaute mitfühlend drein.

«Man möchte meinen, wir sind in Amerika», brummte der Bäcker, der etwas vom Gluthauch seines Ofens mit in den Laden brachte. «Heutzutage reicht es nicht mehr, die Haustür abzuschließen. Wetten, dass es jetzt einen Ansturm auf Vorhängeschlösser für Hühnerställe gibt. Aber das stört diese Kerle nicht. Die kann nichts und niemand aufhalten, sie werden sie einfach wegschießen.»

Bis ich mit meinen Einkäufen von dannen zog, war die Diskussion um Gewalt bereits bei Kaninchen angelangt, die aus ihren Ställen gestohlen wurden, und bei Leintüchern, die von Wäscheleinen verschwunden sind.

Als ich wieder zu Hause eintraf, waren unsere Gäste bereits auf, erwarteten das Frühstück, und Harry nannte mich Glanz des Morgens. Magermilch? Süßstoff? Zuckerlose Marmelade? Fettfreie Butter? Die junge Dame fragte sogar nach Mangotee, gab sich dann aber mit Eiswasser zufrieden. Trotzdem verschwanden drei Baguettes und zwei Dutzend Croissants mitsamt der ganzen Butter und Marmelade, die ich im Haus hatte.

Danach schlich ich in mein Zimmer hinauf, schloss die Tür, und flüsternd telefonierte ich mit meiner Freundin Liz: Sie sollte zurückrufen, Wayne verlangen und ihm mitteilen, dass er um elf Uhr dreißig zu einer geschäftlichen Besprechung mit Verlegern in Marseille erwartet wurde. Sie rief sofort an. Wir ließen das Telefon lange genug klingeln, dass es auch jeder hörte, und schimpften lautstark über die Unverschämtheit dieser Verleger. Wie ungelegen uns das kam, ausgerechnet heute, wo wir doch den Tag mit unseren Freunden verbringen wollten! Aber Geschäft ist Geschäft, also müssten wir unseren Freunden in einer Viertelstunde Lebewohl sagen. Zu schade, dass wir sie nicht bitten konnten, zum Mittagessen zu bleiben oder noch länger, aber so geht es manchmal, so ist das Leben, voller Enttäuschungen.

Als die letzte Tasche aus dem Haus geschafft war und der Kombi sich durch die Grande Rue talwärts manövrierte, sanken Wayne und ich erschöpft am leer geplünderten Esstisch nieder, so erledigt, dass uns nicht einmal mehr zum Lachen zumute war.

Etwas später klopfte Madame Janot erwartungsvoll an die Tür. Sie wollte wissen, wie das Abendessen verlaufen sei. Aber inzwischen brachten mich ein paar Lügen mehr kaum noch aus der Ruhe, deshalb erdichtete ich ein Festmahl mit knusprig gebratenen Hühnern, die das Entzücken und die Bewunderung unserer ausgehungerten Gäste erregten.

«So fleischige und dabei so zarte hatten die noch nie gesehen, geschweige denn gegessen, und sie haben sie bis auf den letzten Bissen verputzt. Es waren die köstlichsten Hühnchen, die wir je hatten, und ich kann Ihnen gar nicht genug danken.»

Madame strahlte. «Das nächste Mal», sagte sie verschwörerisch, «geben Sie mir einfach Bescheid.

Dann bringe ich Ihnen zwei Kaninchen, da haben Sie dann erst recht was Gutes.»

Die Geschichte von den Hühnerdieben hielt sich ziemlich lange. Sie wurde auch im Gemeindeblatt erwähnt, das jeden Monat vom Rathaus herausgegeben wird. Voll Entsetzen tat der Bürgermeister kund, dass «ruchlose Banditen» Monsieur Lamours Anwesen überfallen und dort Hunderte seiner Hühner sowie einige wertvolle landwirtschaftliche Geräte gestohlen hätten und dass nur Monsieur Lamours heroisches Eingreifen sie vertrieben habe. Die Schuldigen seien hiermit gewarnt, dass sie im Wiederholungsfalle damit rechnen müssten, sofort erschossen zu werden, wie zahlreich sie auch sein mögen.

Wayne und ich zitterten keineswegs, denn wir gedachten nicht, unsere tollkühne Tat zu wiederholen. Im Laufe der nächsten Tage fragten wir uns, wie sich unsere zwei Hennen in ihrer neuen Umgebung eingelebt haben mochten, und wir hofften, dass sie zufrieden stellenden Anschluss gefunden hatten. Vor allem Wayne beschäftigte das sehr, bis er eines Tages, nachdem er am Hof von Monsieur Lamour vorbeigefahren war, hätte schwören können, dass er sie wieder erkannt habe, als sie in Gesellschaft neuer Freunde glücklich im Dreck neben der Straße scharrten.

Das ist der echte ...

Salade Niçoise (Nizzaer Salat)

Ein blasser Abklatsch dieses wundervollen
Salats wird überall serviert, aber eine echte *niçoise*
muss außer Kartoffeln und grünen Bohnen auch
Thunfisch, Tomaten und Oliven enthalten.
Sie können den Salat im Voraus zubereiten und
mit Folie abgedeckt kalt stellen. Schmecken Sie
ihn erst kurz vor dem Servieren endgültig ab.

Für 6–8 Personen
5 oder 6 mittelgroße Kartoffeln, fest kochend
2 Tassen Vinaigrette
Salz und Pfeffer
1 Pfund frische oder tiefgefrorene grüne Bohnen
3 Knoblauchzehen, fein gehackt
1 Dose Thunfisch, abgetropft
2 große Tomaten, geschält oder ungeschält
1 mittelgroße Gemüsezwiebel, in dünne Ringe geschnitten
20 entsteinte schwarze Oliven
6–8 hart gekochte Eier

Kartoffeln schälen und in Salzwasser gar kochen.
In Scheiben schneiden und mit einer halben Tasse
Vinaigrette vermischen,
Nach Geschmack salzen und pfeffern.
Grüne Bohnen (am besten ganze) in Salzwasser
bissfest kochen, abtropfen lassen und in einer Schüs-
sel mit einer halben Tasse Vinaigrette und dem
gehackten Knoblauch vermischen.

Kartoffeln auf einer großen Servierplatte verteilen. Thunfisch zerpflücken und in die Mitte setzen. Darum herum Ringe aus Tomaten und Zwiebeln legen, an die sich ein Ring aus Oliven anschließt und ganz außen einer aus grünen Bohnen. Mit halbierten hart gekochten Eiern verzieren (als besondere Variante das Eigelb mit einer *tapenade*, siehe Seite 47, vermischen). Mit wenig Salz und Pfeffer bestreuen. Reichen Sie dazu eine Schale mit der restlichen Vinaigrette.

Als Alternative zum Thunfisch aus der Dose können Sie ein gegrilltes Thunfischsteak verwenden.

Wein: Ein schlichter Weißwein wäre gut, vielleicht ein Côtes-du-Rhône oder ein Sauvignon Blanc, aber ein Rosé wäre auch recht interessant.

Das Irrlicht

Frohe Weihnachten, meine Liebe», sagte die Herzogin lächelnd, als ich die Tür öffnete. Sie brachte mir einen Arm voll Stechpalmenzweige und Misteln. «Die Stechpalmen habe ich selbst von einem Strauch im Park geschnitten. Na, und die Misteln», sie schüttelte den Kopf, «die sind Schmarotzer, die auf vernachlässigten Bäumen wachsen, und davon haben wir weiß Gott genug! Für die brauchen wir nur hinaufzuklettern, also hat Carlos seine Leiter angestellt und ganze Büsche davon abgeschlagen.»

In Hochform, von ihrem neuen Medienruhm beschwingt, war sie tags zuvor selbst mit dem Auto von Paris hergefahren.

Wir machten einen langen Spaziergang in den Wäldern, wo wir aufregend aussehende rote Pilze mit weißen Flecken fanden, die halb verborgen unter trockenem Eichenlaub wuchsen, und immergrüne Zweige, Flechten und Moos sammelten, um die Weihnachtskrippe zu dekorieren. Sie sprach über Pläne für ein zweites Buch, die allmählich Gestalt annahmen. Dabei wollte sie sich mehr auf die Geschichte der Burg und des Dorfes konzentrieren.

Ich hatte keine Ahnung, dass ich sie an diesem Tag zum letzten Mal sehen sollte.

Nachdem ich nach Kalifornien zurückgekehrt war, schrieben wir einander einige Briefe, und sie schickte mir Zeitungsartikel über ihre Fernsehauftritte. Im Juni telefonierte ich mit der jungen Frau, die sich um unser Haus kümmert, um mich nach einigen Dingen zu erkundigen, und dabei erwähnte sie, dass es der Herzogin nicht gut gehe. Ich rief sofort in der Burg an. Die kristallklare Stimme klang unverändert.

«Es ist wahrscheinlich nichts, überhaupt nichts, meine Kinder wollten nur sichergehen, dass alles in Ordnung ist. Deshalb bestanden sie darauf, dass ich mich eine Woche lang im Krankenhaus von Marseille gründlich untersuchen lasse. Wie erwartet, sind alle Befunde negativ, haben sie mir gesagt. Also brauche ich mir keine Sorgen zu machen. Mir geht es gut, wirklich gut, Gott sei's gedankt.»

Ihre *Kinder* haben ihr gesagt, dass alles in Ordnung sei, überlegte ich, haben die Ärzte denn *ihr* die Befunde nicht gezeigt? Ich versuchte, meine Besorgnis damit abzutun, dass es sich wohl nur um eine missverständliche Formulierung handle. Dennoch gab ich mich damit nicht zufrieden und bedrängte sie:

«Bitte sagen Sie mir, was geschehen ist!»

«Oh, ich hatte nur im vergangenen Monat einen kleinen Ohnmachtsanfall, als ich gerade in mein Auto einsteigen wollte. Und dann ist es ein paar Tage später noch einmal passiert, während ich im Hof stand und mit Carlos redete. Ich weiß nicht wieso, aber ich bin anscheinend einfach umgefallen … Oh, es war nur ganz kurz, ich bin sofort wieder zu Bewusstsein gekommen, und der Vorfall war mir ziemlich peinlich, glauben Sie mir. Da haben die Kinder sich Sorgen gemacht. Aber seither geht es mir wieder ausgezeichnet.»

«Jetzt bin ich beruhigt», sagte ich, «und freue mich, dass Sie wohlauf sind. Ich kündige Ihnen nämlich nur äußerst ungern an, dass wir in diesem Jahr erst im Spätsommer kommen werden, wahrscheinlich nicht vor September.»

«Dann beeilen Sie sich, alle beide, es ist mir immer eine Freude, wenn Sie hier sind», versicherte sie mir. Danach zögerte sie kurz und senkte die Stimme, ehe sie weitersprach.

«Bitte sagen Sie mir eins, meine Liebe: Höre ich mich für Sie normal an?»

Es griff mir ans Herz, während ich ihr wahrheitsgemäß bestätigte, dass sie genauso wie immer klang. Was wusste sie, was sie mir nicht erzählte? Welche alarmierenden Symptome behielt sie für sich? Ich hätte sie gern noch mehr gefragt, wagte es aber nicht, weil ich befürchtete, sie könnte mich für neugierig halten. Deshalb werde ich es nie erfahren, denn als Nächstes beteuerte sie fröhlich, dass sie sich stets bester Gesundheit erfreut habe und dies nach wie vor tue. Und wir legten auf, doch ich war noch immer keineswegs beruhigt.

Ich schrieb ihr, vermied es aber, zu oft anzurufen, um ihr nicht lästig zu fallen. Also ließ ich einige Wochen verstreichen, bis ich schließlich wieder die Nummer der Burg wählte. Eine Männerstimme meldete sich. Ich sagte, wer ich sei und dass ich mit der Herzogin sprechen möchte. Er erklärte mir, dass er ihr jüngster Sohn sei, den ich nur flüchtig kannte.

«Ich bedaure, aber sie kann nicht ans Telefon kommen.»

«Soll ich vielleicht etwas später noch einmal anrufen?» Keine Antwort. Es entstand eine Besorgnis erregende Pause. Deshalb fuhr ich zögernd fort:

«Wie geht es der lieben Herzogin?»

«Sie ruht und sie fühlt sich so wohl, wie das unter den gegebenen Umständen möglich ist.»

Ich war bestürzt. «Wie das unter den gegebenen Umständen möglich ist!» Aus diesen Worten hörte ich eine erschreckende Endgültigkeit heraus. Sie musste wirklich sehr krank sein. Ich war ratlos, wollte aber das Gespräch nicht beenden, ohne mehr erfahren zu haben, deshalb blieb ich hartnäckig:

«Würden Sie ihr bitte bestellen, dass ich mich darauf freue, sie im nächsten Monat wieder zu sehen?»

Selbst über den Ozean hinweg war spürbar, wie er mit sich rang. Schließlich sagte er stockend:

«Hm ... Nun ... Wie es aussieht ...» Dann nahm er offenbar allen Mut zusammen: «Das steht nicht zu wünschen, Madame.»

Die Herzogin lag im Sterben. Ich schloss aus seinen sorgsam gewählten Worten, dass seine Mutter an einem schnell wachsenden Gehirntumor litt. Die medizinischen Tests in Marseille hatten eine so weit fortgeschrittene organische Schädigung ergeben, dass jeder Eingriff nutzlos gewesen wäre. Aber die Kinder waren übereingekommen, sie zu beruhigen, anstatt ihr die Wahrheit zu sagen, weil sie hofften, ihr damit noch etwas Frieden zu bescheren, wenn schon sonst nichts mehr für sie getan werden konnte. Danach war alles sehr schnell gegangen. Erst fiel es ihr schwer, sich auf Wörter zu besinnen, und dann schien sie plötzlich auch vertraute, alltägliche Gegenstände nicht mehr zu erkennen. Mittlerweile war sie die meiste Zeit ohne Bewusstsein. Die Ärzte vermochten ihr nur noch mit Morphium so viel Linderung wie möglich zu verschaffen, machten der Familie aber keinerlei Hoffnung, es konnte jeden Augenblick mit ihr zu Ende gehen.

Beklommen fragte ich:

«Kann ich sie besuchen kommen? Vielleicht würde sie sich freuen ...»

«Das hätte keinen Sinn. Wie ich Ihnen schon sagte, liegt sie in einer Art Koma, aus dem sie nur noch selten ganz erwacht. Sie würde Sie nicht einmal erkennen. Jetzt kann ihr nichts mehr helfen außer der Gnade Gottes.»

Ratlos und in dem verzweifelten Bemühen, Genaueres zu erfahren, rief ich Freunde im Dorf an. Von ihnen hörte ich, dass die Nichte häufig da war, aber wegen ihrer Konzerttermine nicht ständig bleiben konnte. Dafür war die Frau des jüngsten Sohns ins Krankenzimmer gezogen, in dem sie auf einer Matratze am Fußboden schlief und die sterbende Frau mit größter Umsicht pflegte.

Mir fiel wieder ein, dass die Herzogin vor Jahren einmal die Heirat ihres jüngsten Sohnes erwähnt hatte, die damals zu Spannungen in der Familie führte, weil die Braut – obwohl aus bestem Hause – nicht adliger Herkunft war. Dann, mit der Zeit, begann die Herzogin voller Bewunderung von der jungen Frau zu sprechen, zu der sie anscheinend immer größere Zuneigung fasste. Sie war eine mustergültige Ehefrau, die ihrem Mann vier stramme Söhne geschenkt hatte, bislang die einzigen männlichen Nachkommen, die für den Erhalt des Namens sorgen konnten. Sie mochte zwar rotes statt blaues Blut in die Familie gebracht haben, aber es sah ganz danach aus, dass es von dieser guten Sorte war, die sich selbst treu bleibt.

Die Klatschbasen des Dorfes schwärmten in den höchsten Tönen von der jungen Frau, die ihre Schwiegermutter mit einer Hingabe pflegte, die nur wenige Töchter aufbringen würden. Aber alle fügten traurig hinzu, dass der Hauch des Todes von der Burg herabwehe und sich über das ganze Dorf lege.

Ich wusste, dass die Herzogin unerschütterlich an ein Leben nach dem Tode glaubte, an ein Paradies, in das man mit Gottvertrauen und guten Taten gelangte, und an Verdammnis, die die Strafe der Sünde sei. Obwohl ich selbst seit langem des Betens entwöhnt war, ließ ich in einer Kirche in Kalifornien Messen für sie lesen, wohnte ihnen mit Tränen in den Augen bei und hoffte, Gott möge meinem flehenden Bitten sein Ohr leihen.

Und dann kam der unvermeidliche Anruf: Ich erfuhr, dass die Herzogin, die uns allen so teuer war, diese Welt für immer verlassen hatte. Ihre Enkelin brach in Schluchzen aus, als sie mir die offizielle Todesnachricht vorlas. Dann fasste sie sich und war imstande, mir zu berichten, dass die Herzogin friedlich eingeschlafen sei, nachdem sie zuvor noch einmal das Bewusstsein erlangt, klare Anweisungen erteilt und den Wunsch geäußert hatte, ihr jüngster Sohn und seine Familie möchten die aufreibende Sorge um die Burg auf sich nehmen.

Niemand erwartete von mir, dass ich an einer so weit entfernten Beerdigung teilnehme, aber nichts hätte mich davon abhalten können. Wayne brachte den Großteil der Nacht damit zu, mit Reisebüros und Fluggesellschaften zu telefonieren. Alle Flüge waren ausgebucht, denn es war Hochsommer, die Zeit, in der jeder unterwegs war und sich seinen Platz lange im Voraus hatte reservieren lassen.

Letzten Endes bekam ich doch ein Ticket: Mir stand eine komplizierte Route bevor, von Los Angeles nach San Francisco, weiter nach Atlanta und dann nach New York. Von dort nach London, wo ich mehrere Stunden auf den Weiterflug nach Paris warten musste, um schließlich noch die letzte Air-Inter-Maschine des Tages nach Marseille zu erwischen. Es würde eine lange Reise werden, mit fünf Zwischenlandungen, aber ich würde rechtzeitig eintreffen, noch am späten Abend des Tages vor der Bestattung.

In Marseille stellte ich zu meinem Entsetzen fest, dass Air Inter, die staatliche Fluggesellschaft für Inlandsflüge, es in Paris versäumt hatte, meine Reisetasche an Bord zu nehmen, in der sich die Trauerkleidung befand, die ich am nächsten Tag bei der Beerdigung tragen wollte. Ich suchte den für das Gepäck zuständigen Beamten und bat ihn, man möge meine fehlende Reisetasche der noch später in der Nacht eintreffenden Air-France-Maschine mitgeben. Naiverweise erwähnte ich, dass ich hergekommen sei, um an der Beisetzung der Herzogin teilzunehmen. Er fauchte mich an:

«Die Air France transportiert keine Air-Inter-Fracht. Außerdem ist das ein sozialistisches Land hier, Lady, haben Sie das noch nicht gehört? Ich selbst wähle kommunistisch und ich glaube an Gleichheit. Adelstitel erkennen wir nicht an, wir ehren stattdessen die werktätigen Genossen. Ihr Gepäck kann nicht vor morgen oder übermorgen da sein, und Sie werden benachrichtigt, wann Sie es abholen können.»

Ein Taxi brachte mich ins Dorf, in dem es in dieser warmen Sommernacht auffallend still war. Nirgendwo standen Leute schwatzend vor Hauseingängen oder schlenderten in Grüppchen durch die Straßen. Aus den offenen Fenstern drang weder Musik noch das Geräusch laufender Fernsehapparate. Einige Frauen mit schwarzen Kopftüchern kamen aus der Kirche, die zu dieser späten Stunde noch offen war. Dunkel ragte die Burg auf, still und düster. Es waren keine erleuchteten Fenster zu sehen, und die Fahne hing auf halbmast.

Einmal mehr stieg ich die breite Treppe hinauf. Ich wurde in die Kapelle geführt, in der ich zum ersten Mal an jenem Tag gewesen war, an dem der Prinz mit mir den Rundgang durch die Burg gemacht hatte.

Da stand der schlichte Sarg der Herzogin. Alle Blumen waren rund um den Altar verteilt worden, und in meiner Trauer fand ich ein wenig Trost darin, dass der Kranz aus weißen Lilien, der als Einziger am Fußende des Katafalks hing, derjenige war, den ich gesandt hatte.

Die Prinzessin kam herein und küsste mich. Sie war beinahe nicht wieder zu erkennen, denn sie wirkte plötzlich um Jahre gealtert und verhärmt. «Der Sarg ist offen», flüsterte sie, «aber bitte schauen Sie nicht hinein. Sie hätte es sicher lieber, dass Sie sie so in Erinnerung behalten, wie Sie sie zuletzt gesehen haben.»

Das konnte ich gut verstehen. Ich würde auch niemandem als eine von Krankheit gezeichnete Totenmaske im Gedächtnis bleiben wollen. Und es war auch ganz in meinem Sinne, mir mein eigenes Bild von der Frau zu bewahren, die ich gekannt und geliebt hatte. Während ich in einem der gobelinbezogenen Betstühle kniete, vergrub ich mein Gesicht in den Händen und versuchte die Erinnerung an diese letzten Winterferien heraufzubeschwören, an eine Herzogin, deren Wangen von der Kälte jenes sonnigen Dezembertages gerötet waren und deren weißes Haar neben den Stechpalmenzweigen mit den roten Beeren wie gesponnener Zucker schimmerte.

Als mich der Prinz später nach Hause begleitete, erwähnte ich, dass mein Gepäck nicht angekommen war, und er bot mir an, im Air-Inter-Büro anzurufen. Widerstrebend erklärte ich ihm, dies würde nichts nützen, weil das Personal anscheinend sozialistisch oder sogar kommunistisch sei. Da bezweifelte ich, dass sie auf einen Anruf von *ihm* mit Wohlwollen reagierten. Das amüsierte ihn.

«Kommunisten? Das Personal, das mag schon sein, aber nicht die Direktoren der Fluggesellschaft. *Die* sind gewiss keine Kommunisten.»

Also telefonierte er mit einigen Leuten, und im Nu hatte er einen Topmanager der Fluggesellschaft in der Leitung – in dessen Wohnung in Paris, und wahrscheinlich schon im Bett. Er begann das Gespräch mit den Worten:

«Hier ist Prinz Louis von … Sagen Sie, mein Freund …»

Irgendwie musste die Air France in dieser Nacht doch Air-Inter-Fracht akzeptiert haben, denn zwei Stunden später wurde mir die Tasche ins Haus geliefert, von einem Sonderkurier. So viel zur allgemeinen Verbreitung sozialistischer Überzeugungen. Tradition lässt sich in den Herzen der Franzosen nicht ausrotten, und der Titel Prinz übt unleugbar größere Verführungskraft aus als der des Genossen. Trotz der Devise der Republik *Liberté, Égalité, Fraternité* ist immer noch mehr Macht bei jenen verblieben, die weniger gleich sind als andere.

Am nächsten Tag zeigte sich bei der Beerdigung die schlichte Größe eines alten Ritus. Vor dem Eingang in die Burg hatte sich eine riesige Menschenmenge versammelt. Als sich das Fallgitter im Tor langsam hob, kam der von den drei Söhnen der Herzogin und ihrem Neffen, dem Prinzen, getragene Sarg in Sicht, den die rote Fahne mit dem goldenen Löwen bedeckte. Die Menge verstummte, viele knieten nieder und bekreuzigten sich, und nur vereinzeltes Schluchzen brach die Stille.

Direkt hinter dem Sarg schritt der zwölfjährige und älteste Enkel der Verstorbenen und trug die Herzogskrone auf einem samtenen Kissen. Ihm folgten die Schwiegertöchter und die übrige Familie. Die Prinzessin sah noch schmaler aus. Ohne Hut und auch ohne dunkle Brille, die ihre verweinten Augen hätte verbergen können, bot sie ein ergreifendes Bild des Schmerzes. Sie hatte ihre Tante sehr geliebt und musste den Verlust wohl besonders tief empfinden.

Die Leute, die sich vor der Burg eingefunden hatten, schlossen sich dem Zug an, der vor der Kirche auf eine sogar noch größere Menschenmenge stieß.

Alle Dorfbewohner waren gekommen und auch viele aus den Nachbarorten, darüber hinaus noch Würdenträger aus Aix, Avignon und Paris. Religiöse Orden hatten Delegationen entsandt – Gestalten, die in ihren Kapuzengewändern aus längst vergangenen Zeiten zu stammen schienen –, und auch die verschiedenen Wohlfahrtsverbände, denen die Herzogin vorgestanden hatte, waren vertreten.

Auf hohen Stativen surrten Fernsehkameras, und mit kleinen Handkameras wurde die Szene für die Abendnachrichten eingefangen. Am nächsten Tag erschien das eindrucksvolle Bild des rot verhüllten Sarges auf vielen Titelseiten.

Trotz meiner Tränen entging mir nicht, dass es in der Kirche zu einiger Verwirrung, zu Unklarheiten in der Sitzordnung kam, weil die führende Hand fehlte. Da erinnerte ich mich daran, was mir die Herzogin seinerzeit über die Beisetzung der Fürstin Gracia Patricia von Monaco erzählt hatte:

«Nichts wurde richtig gemacht. Ich spürte, dass in allem ein gewisses Durcheinander herrschte, weil zum ersten Mal *sie* nicht da war, um sich der Einzelheiten anzunehmen.» Die Herzogin hinterließ eine ebensolche Lücke, die noch niemand zu schließen vermochte, denn noch niemand lud die Verantwortung auf sich, die sie stets getragen hatte.

Der einst von ihr geleitete Chor sang, und der Bischof besprengte den Sarg mit Weihwasser, wobei er verhieß, dass die für die Welt blind gewordenen

Augen nun das Licht des ewigen Lebens und der künftigen Auferstehung erblicken würden. Der katholische Glaube mag den Lebenden viel abverlangen, aber wie tröstlich war es, in ihm zu sterben, denn er verheißt so vieles: den Himmel, die Wiedervereinigung mit geliebten Menschen in der Glückseligkeit und letzten Endes die Auferstehung. All das für jene, die glaubten, und die Herzogin hatte geglaubt.

Nach der Zeremonie in der Kirche schulterten Männer des Dorfes den Sarg. Sie wechselten einander ab, damit vielen die Ehre zuteil wurde, ihre Herzogin zur letzten Ruhe getragen zu haben. Vor der privaten Grabkapelle in der Nähe des Friedhofs hielten sie inne, während das Tor der Einfriedung feierlich geöffnet wurde. Als sie mit dem Sarg die wenigen Stufen zum Eingang hinaufstiegen, sahen wir, dass die schwere, in den Boden eingelassene Steinplatte beiseite geschoben worden war und den Blick auf mehrere Särge freigab, die in der Gruft standen. Einer von ihnen musste der des Herzogs gewesen sein, der fünfzehn Jahre vor ihr gestorben war und dem zu folgen sie sich zuweilen schon so sehr gewünscht hatte. Unterdrücktes Schluchzen schnürte allen die Kehle zu, als der Sarg an Stricken hinuntergelassen und die Steinplatte wieder an ihren Platz geschoben wurde.

Die Herzogin hatte uns für immer verlassen.

Danach gab es keinen Empfang, vermutlich nur deshalb nicht, weil der einzige Mensch, der ihn hätte vorbereiten können, nicht mehr da war, also gingen die Trauernden nach Hause.

Am späteren Abend, während ich erschöpft auf der Couch in meinem Wohnzimmer lag und wusste, dass ich am nächsten Morgen früh abreisen würde, war ich wohl schon eingenickt, als ich plötzlich meinte, ein scheues Klopfen an meiner Tür zu hören. Ich öffnete sie, aber es stand niemand draußen, ich musste es wohl geträumt haben. In dieser Nacht würde sicher niemand durch die Straßen des trauernden Dorfes streifen.

Ich war jetzt hellwach und mich ließ der Gedanke nicht los, dass ich vielleicht noch einmal zur Grabkapelle hinuntergehen sollte. Ich könnte eine Weile davor stehen bleiben und meiner Freundin ein letztes Lebewohl sagen, ehe ich in mein weit entferntes Land zurückkehrte. Und so machte ich mich auf den Weg.

Zu meiner Überraschung hatte man das Tor der Einfriedung noch nicht geschlossen und ich trat ein. Die Dämmerung war gerade in Dunkelheit übergegangen. Ich lief durch das zertrampelte Gras und über die verstreuten Blütenblätter. Alles war still, kein Lüftchen regte sich, und sogar die Zikaden hatten für diesen Abend ihr Zirpen unterbrochen.

Schließlich setzte ich mich auf die Steinbank, auf der ich einmal mit der Herzogin gesessen hatte, an einem Tag, an dem sie sich den Erinnerungen an die große Liebe hingab, die sie und ihren Mann verbunden hatte. Sie sprach von seiner Beerdigung und davon, dass man auch sie eines Tages hier zur letzten Ruhe betten würde.

Und dann ... Wenige Schritte von der Wand der Kapelle entfernt wuchs plötzlich ein kleines blaues Licht aus dem Boden, flackernd, da es zwischen den Grashalmen durchschien. Nicht größer als die Flamme eines Streichholzes, zitterte es, ging aus und wieder an, schwankte, wurde stärker, neigte sich in einem nicht wahrnehmbaren Lufthauch, richtete sich wieder auf, erhob sich und schien kaum zwei Handbreit über dem Boden zu schweben. Dann leuchtete es einen Augenblick heller, ehe es erlosch. Das alles hatte nicht mehr als zehn Sekunden gedauert. Atemlos wartete ich, aber das Licht kehrte nicht wieder. Lange saß ich da, ohne mich zu bewegen, und behielt die Stelle im Auge, an der ich es zuletzt gesehen hatte.

Vergebens.

Ein Irrlicht! Zum ersten Mal in meinem Leben hatte ich die blaue tanzende Flamme gesehen, die alte Volkssagen nährt. Es heißt, sie tritt gelegentlich in Sümpfen in Erscheinung oder an Orten, an denen nicht einbalsamierte Leichname in rohen Holzsärgen bestattet worden sind und nicht im Schutze einer Gruft oder eines Betongewölbes ruhen, sondern in Gräbern, die man nur aus dem Erdreich ausgehoben hat. Man nimmt an, dass diese Flammen auftreten, wenn bei der Verwesung entstehende Methangasblasen vom Boden aufsteigen und sich – insbesondere in warmen Sommernächten – von selbst entzünden.

Als ich mich umsah, bemerkte ich mehrere Holzkreuze, die ich zuvor noch nicht entdeckt hatte: Möglicherweise lagen hier innerhalb der Einfriedung, gleich neben der Kapelle, ehemalige Bedienstete, Gefolgsleute oder auch entfernte Verwandte begraben.

An jedem anderen Ort, zu Hause in den Staaten zum Beispiel, hätte ich eine rationale Erklärung für das schwache Licht, das ich vom Boden hatte aufsteigen sehen, gelten lassen und daran festgehalten. Aber die Provence ist ein so altes Land, in dem Mythen und

Magie nie weit von der Wirklichkeit entfernt und oft mit ihr verschlungen sind, sodass ich nicht weiter über irgendeinen chemischen Prozess nachdachte, der hier stattgefunden haben mochte. Die Volksweisheit hatte mich Besseres gelehrt.

Deshalb kniete ich nieder und dankte der Herzogin für die Flamme, mit der sie mir gezeigt hatte, dass ihr Geist noch unter uns weilte.

Selbst jetzt, Jahre später, weilt er noch immer unter uns und leuchtet über dem Dorf. Die junge Familie ihres Sohnes hat neues Leben in die Burg gebracht. Mahlzeiten im engsten Kreis werden lieber im mittelalterlichen Gewölbe der riesigen Küche eingenommen, wo der Widerschein der Flammen über Hunderte kupferner Pfannen und Töpfe tanzt, als im offiziellen Speisesaal. Und die Jungs helfen beim Auftragen. Fahrräder und Rollerskates nehmen dem Ehrenhof manchmal etwas von seiner Erhabenheit, und im Sommer ist das große *bassin*, in dem sich die Burg spiegelt, Schauplatz ausgelassener Partys mit viel Geplansche. Statt eines gelegentlichen eleganten Mittagsmahls im Park werden oft Picknicks abgehalten, zu denen die Jungs die Esswaren in großen Weidenkörben anschleppen. Sie lernen alle Englisch, und wir helfen ihnen dabei, indem wir die *Herald Tribune* mit ihnen lesen und sie nötigen, mit uns in unserer Sprache zu sprechen, «*causer Ricain*», wie sie es nennen, wenn sie mich necken wollen. Und ich bin nie glücklicher als in den Zeiten, in denen ihnen erlaubt wird, uns in Kalifornien zu besuchen.

Oft glaube ich, die Herzogin muss lächelnd auf

ihre vier Enkelsöhne herabblicken, die zu sympathischen, hoch aufgeschossenen jungen Männern heranwachsen, die dereinst den Fortbestand ihres stolzen Namens sichern werden.

Die Anreise:
Auf der Fährte der Roten R

Nach der Landung in Paris kann der Weg in die Provence schon das halbe Vergnügen sein, weil man den Großteil Frankreichs durchqueren muss, und das ist bereits eine Reise für sich.

Früher sind wir auf dem Flughafen Charles de Gaulle einfach vom Ankunftsbereich der Übersee-Passagiere zur Abflugslounge von Air Inter hinübergegangen. Falls Air Inter nicht gerade streikte, brachte einen die nächste Maschine in kaum mehr als einer Stunde nach Marseille. Allerdings waren Streiks bei Air Inter nicht selten und lagen, der größeren Wirkung wegen, oft in den Zeiten, in denen der Flugverkehr am stärksten war. So ein Streik – die Beschäftigten forderten, dass ihre Krankheitstage bei der Altersversorgung höher angerechnet werden oder irgendwas in der Art – fand einmal an einem grässlich heißen Tag statt, an dem wir ankamen, um den Sommer in Frankreich zu verbringen. (Air Inter ist mittlerweile mit Air France verschmolzen, doch die Methoden der Beschäftigten beim Aushandeln ihrer Arbeitsbedingungen haben sich anscheinend nicht viel verändert.)

Obwohl wir Tickets besaßen, wurden wir harsch beschieden, dass auf dem CDG alle für diesen Abend und den nächsten Tag vorgesehenen Air-Inter-Flüge abgesagt seien und mit einer baldigen Wiederaufnahme des Flugbetriebs dieser Gesellschaft hier nicht zu rechnen sei. Wir könnten allerdings mit einem ihrer Busse nach Orly fahren – zum weit entfernten älteren Flugplatz von Paris auf der anderen Seite der Stadt –, dort im Hilton übernachten, dem vielleicht schlechtesten der ganzen Kette, und das Abendessen verzehren, das die Airline als Entschädigung vorgesehen habe. Am nächsten Tag müssten wir nur morgens um fünf losjagen und einchecken und in der überfüllten Abflughalle darauf hoffen, dass irgendwann ein Flug nach Marseille aufgerufen würde, bei dem wir uns noch an Bord quetschen dürften. Das geschah dann schließlich am späten Nachmittag. Und nichts davon entsprach dem, wofür wir nach Frankreich gekommen waren.

Deshalb mieten wir heute stattdessen ein Auto (auch nicht teurer als zwei Tickets) und fahren direkt vom Flughafen aus etwa fünfundzwanzig Kilometer Richtung Chantilly, ins Château de Chaumontel in Luzarches.

Chaumontel ist ein kleines weißes Schloss inmitten uralter Bäume, dessen Türme sich in den stillen Wassern des blumenbewachsenen Schlossgrabens spiegeln. Die Zimmer sind romantisch eingerichtet, riechen nach Bienenwachs und Lavendel, und im Bad findet man stets einen Kristallflakon mit dem Kölnischwasser des Hauses vor. Im Winter wird das Abendessen bei Kerzenlicht und prasselndem Kaminfeuer serviert, in wärmeren Jahreszeiten unter rosa Sonnenschirmen im Garten. Sobald wir durch das Tor von Chaumontel fahren, wissen wir wieder, weshalb man diesen langen, ermüdenden Flug auf sich nimmt, und freuen uns, dass wir es getan haben.

Am nächsten Morgen stehen wir früh auf, weil unsere biologischen Uhren noch nach kalifornischer Zeit gehen, auch wenn wir unsere Armbanduhren neun Stunden vorgestellt haben. Dann brauchen wir nur noch zu entscheiden, ob wir Chantilly oder Paris eine Stippvisite abstatten, ehe wir die weite Fahrt antreten. Für gewöhnlich geben wir im Sommer Chantilly und im Winter Paris den Vorzug.

Chantilly, nur wenige Kilometer von Chaumontel entfernt, ist für sein Schlossmuseum und seine unglaubliche Wasserlandschaft berühmt. Wir haben es mehrmals besichtigt und sogar schon aufgegeben, die Schwärme hungriger Karpfen zu füttern, seit wir einmal einen mit altbackenem Brot und Unmengen von Fischfutter beladenen Lieferwagen haben vorfahren sehen. «Das tun wir zweimal täglich», erzählte uns der Mann. «Diese Karpfen lassen Futter auf dem Wasser treiben und tauchen trotzdem noch auf, um Besucher anzubetteln.» Und wer hätte noch nicht von *Crème Chantilly* gehört, einer süßen Schlagsahne, die in der Stadt auf jedem nur erdenklichen Dessert serviert wird? Leider trifft man Chantillyspitzen, die hauchdünnen und handgearbeiteten, heutzutage nur noch im Museum an. Mit der Rennbahn und seinen prunkvollen Stallungen ist Chantilly auch die selbst ernannte «Pferdehauptstadt». Die Ställe wurden unter der Herrschaft Ludwigs XIV. erbaut, erinnern in ihrer Anlage an Versailles, und die Pferde leben hier in einer Pracht, die es wert ist, dass man sie mindestens einmal besichtigt, und sei es nur, um sich die morgendliche Dressurvorführung anzusehen. Auch das haben wir des Öfteren gemacht.

Vor allem aber ist Chantilly bekannt für seinen herrlichen Wald. Er beginnt gleich hinter der Wasserlandschaft des Schlosses, und wir sind immer begierig darauf, uns am frühen Morgen, solange ihn noch die Nebel durchwallen, geradewegs hineinzustürzen.

Im Frühling über diese moosbewachsenen Pfade zu laufen und sich unter überhängenden, noch tautriefenden Zweigen zu ducken, deren unzählige Blätter sich gerade entfalten, ist nach der ausgedörrten Landschaft Kaliforniens, aus der wir eben kommen, eine echte Labsal. Zuweilen überholen uns mit rhythmischem Hufschlag ein paar Reiter, denen der Sinn nach einem morgendlichen Galopp steht. Wir sind auch schon auf riesige Flächen voller Sternhyazinthen oder blühender Maiglöckchen gestoßen. Einmal, als wir uns weit abseits des Pfades wagten, haben wir unter Eichen einen ganzen Teppich aus rot leuchtenden wilden Erdbeeren gefunden, die schon reif genug waren, um sie zu probieren.

Im Winter meiden wir den Wald und machen uns direkt auf den Weg nach Paris, fahren an der Porte de Bercy in die Stadt hinein und folgen dem Lauf der Seine bis ins Zentrum. Unterwegs halten wir an einem Bistro am Quai und gönnen uns einen *café noir* und ein Croissant aus dem Korb, der auf dem Tresen steht. Vom Auto aus erhaschen wir einen flüchtigen Blick auf die gläserne Pyramide vorm Louvre, winken dem hoheitsvollen Eiffelturm zu, dann geht es über die Place de la Concorde mit ihren frisch vergoldeten Straßenlaternen zu den Champs-Elysées, die jetzt mit blau gestreiften Gehsteigen herausgeputzt und zu dieser Tageszeit noch fast ohne Verkehr sind. Jenseits des Triumphbogens fahren wir die Avenue de la Grande Armée hinunter, und da sind wir auch schon an der *périphérique*, mit den Hinweisschildern auf die A 6, Lyon und Marseille, auf unsere eigene Autoroute du Soleil, die uns in die Provence führt.

Von diesem Moment an ist Waynes ganzes Sinnen und Trachten auf das *déjeuner* gerichtet, bis zu dem es zwar noch Stunden hin ist, doch man kann nie früh genug planen, wenn es um die Mahlzeit geht, mit der wir unsere Rückkehr feiern wollen. Und über viele Jahre war er auf Drei-Sterne-Restaurants fixiert.

Der *Guide Michelin*, unsere Reisebibel, bewertet Toprestaurants mit bis zu drei Sternen (nicht zu verwechseln mit Hotelsternen, die nur etwas über den Komfort aussagen). Wayne meinte lange, dass ein oder zwei Sterne nicht viel mehr bedeuteten als einen höheren Preis gegenüber der niedrigeren Kategorie. Es gibt Hunderte mit einem oder zwei Sternen, pflegte er verächtlich zu sagen. Ah, aber die mit *drei* Sternen! Zu dieser exklusiven Elitegruppe zählen in ganz Frankreich selten mehr als zwanzig Restaurants, und etliche liegen in der Nähe der Autobahn, in Burgund oder in der Gegend um Lyon. Man muss zugeben, jahrelang rechtfertigte die außerordentliche Qualität von Essen und Service ihre Preise, die, alles in allem betrachtet, in vernünftigem Rahmen blieben.

Dennoch hatten wir dafür unsere Spielregeln. Und

die bestanden nach unserer stillschweigenden Über-
einkunft darin, dass ich, sobald wir *Guide* und Straßenkarte zurate gezogen hatten, betont zaghaft zum Beispiel Lameloise in Burgund vorschlug, worauf Wayne
über die Zeitverschwendung und zu viele Kalorien
murrte und schließlich brummig einwilligte, um mir
einen Gefallen zu tun – bei Gott nicht, weil *er* es gewollt
hätte, sondern um mir die Freude zu machen, wenn ich
schon so hartnäckig darauf bestand. Also fuhren wir
hin und waren beide zufrieden.

Allerdings hatten wir nie einen Versuch bei Bocuse
unternommen, beim berühmtesten Drei-Sterne-Koch,
dem Spitzenreiter seines Metiers. Weshalb? Einfach
deshalb, weil sein Restaurant nördlich von Lyon lag
und damit ein bisschen zu weit im Süden für Reisende, die seit dem Morgengrauen auf den Beinen,
seit Stunden unterwegs waren und an nichts anderes
dachten als ans Essen.

Aber in jenem Jahr hatten wir tags zuvor ein neues
Auto übernommen, das den kleinen Chipper ablöste,
einen viel größeren, stärkeren Citroën mit Klimaanlage und sparsamem Dieselmotor. Wir waren zu viert
unterwegs. Außer uns beiden noch Truffles, die Hün-
din, eine Veteranin im «Frankreichen», wie Wayne
unsere Art zu reisen nannte, und Peter, ein Novize auf
seiner ersten Fahrt.

Peter war unser zweites Haustier, ein weißes
Angorakaninchen, der süßeste, flauschigste kleine
Kerl mit Puschelohren und einem ständig schnüffeln-
den rosa Näschen. Die Frau, die sonst in unser Haus
zieht, um sich seiner anzunehmen, war unabkömm-
lich, und da es in unserer Gegend keine Einrichtung

gibt, die Kaninchen in Pflege nimmt, blieb uns nichts anderes übrig, als Peter mitzubringen. Nicht, dass wir etwas dagegen gehabt hätten, aber es war leichter gesagt als getan.

Zuerst erfuhr ich, dass Kaninchen nicht zu den anerkannten Haustieren zählten und deshalb außer den üblichen Impfzeugnissen eine Genehmigung der französischen Behörden brauchten, um in ihr Territorium einreisen zu dürfen. Allerdings konnte mir niemand sagen, *wer* dazu befugt war, eine solche Erlaubnis zu erteilen. Der Wirtschaftsattaché im französischen Konsulat erbot sich hilfsbereit, seine Bücher mit den Importbestimmungen zu konsultieren, und fand: *Kaninchen, tiefgefrorenes Fleisch* und *Kaninchen, für industrielle Zwecke*, aber keinen Eintrag: *Kaninchen, geliebtes Haustier*. Trotzdem ließ ich nicht locker, sodass er letzten Endes den Vorschlag machte (um mich loszuwerden, wie ich glaube), ich solle mich persönlich an den Leiter der Qualitätskontrolle im Landwirtschaftministerium in Paris wenden. Zu meiner Verwunderung faxte der gute Mann umgehend zurück, erklärte Peter zum «*lapin de compagnie*», also zu einem Kaninchen, das von seiner Behörde offiziell als Begleitung anerkannt wurde und damit berechtigt war, mit uns nach Frankreich zu reisen. Mit einer dieser typisch französischen Gesten – nachdem sie einen zuvor mit ihren ausufernden Vorschriften zum Wahnsinn getrieben haben – beendete er sein Fax mit *hommages* für mich und besten Wünschen für eine glückliche Reise für den *lapin*.

Bei der Ankunft in Paris, bei der ich Peter im elegantesten Körbchen trug, das ich hatte auftreiben können, rechnete ich damit, vom Zoll, von der Einwande-

271

rungsbehörde und, wer weiß, vielleicht sogar von einer eigens dafür mobilisierten Kaninchenpolizei argwöhnisch durchsucht zu werden. Stattdessen erregte Peter bei der Zollkontrolle nicht das geringste Interesse, und niemand warf auch nur einen flüchtigen Blick auf den Packen Papier, den ich ihnen – mit dem Fax vom Landwirtschaftsministerium obenauf – sichtbar hinhielt. Aber es blieb noch eine Hürde, wir mussten noch an einigen gähnenden Gendarmen vorbei. Wollten die nicht die Dokumente prüfen, mit denen ich wedelte, um zu beweisen, dass mein *lapin* legal einreiste?

«*Messieurs*», rief ich, «ich habe hier einen *lapin*. Möchten Sie seine Papiere sehen?»

Einer der Gendarmen zuckte mit den Schultern und sagte:

«Sie brauchen keine *lapins* nach Frankreich mitzubringen, Madame. Sie schmecken hier besser als sonst wo, und wir wissen, wie man sie richtig zubereitet. Kleine Zwiebeln und Weißwein sind das Geheimnis.» Ich schwöre, ich habe Peter schaudern sehen … So viel zur absoluten Notwendigkeit einer derart schwer errungenen Genehmigung.

Sobald wir das Auto in Empfang genommen hatten, bezog Peter seine kleine Sandkiste auf dem Boden vor den Rücksitzen und blieb dort auch, nachdem sich der Wagen in Bewegung gesetzt hatte, aus Gründen der Stabilität, wie ich vermute. Nur als wir eine Dave-Sanborn-Kassette abspielten, lockten ihn die sanften Klänge des Saxophons in den freien Raum zwischen den Vordersitzen. (Es gab keinen Kardantunnel, denn Citroëns haben Frontantrieb.) Mit übereinander gelegten Vorderpfoten und wehenden Ohren lauschte er aufmerksam, bis die Musik zu Ende war, dann hoppelte er in sein Kistchen zurück. (Deshalb haben wir ihn später zum Jazzfestival von Montreux mitgenommen, aber das ist eine andere Geschichte.)

Auf der Autobahn war natürlich unser Drei-Sterne-Spiel fällig, und da wir sehr früh aufgebrochen waren, näherten wir uns gegen ein Uhr bereits Lyon. Ich konsultierte Straßenkarte und *Guide*, und mit der bereits beschriebenen Behutsamkeit raunte ich Wayne zu:

«Solltest du an der nächsten Ausfahrt rausfahren wollen, wärst du in ein paar Minuten bei Bocuse, nur für den Fall, dass du daran interessiert bist.»

«Was ist denn so großartig an Bocuse? Ist doch auch bloß einer *deiner* Drei-Sterne-Köche, oder?»

«Nicht bloß irgendeiner! Von dem heißt es, dass er der Größte ist, der Spitzenreiter seines Metiers, der Drei-Sterne-Koch, der vier Sterne kriegen würde, wenn ...»

«Wenn du so versessen darauf bist hinzugehen», sagte Wayne seufzend, «dann kommen wir nicht darum herum. Dann müssen wir eben ...» Und er fuhr mit quietschenden Reifen von der Autobahn runter.

Bocuses Restaurant befindet sich noch in dem Gebäude, das schon die bescheidene Fischerkneipe seines Vaters beherbergte, am Ufer der Saône, die sich auf Rhône reimt und deren Nebenfluss sie ist. Es ist extravagant verschönert worden, unerklärlicherweise rot gestrichen und mit grünen japanischen Motiven verziert. Unter einer sengenden Julisonne wies ein junger Mann die ankommenden Autos in Parkplätze ein, deren Kies die Hitze noch reflektierte.

«Könnten Sie nicht einen Platz im Schatten für uns finden?», fragte ich ihn. «Wir haben einen Hund im Auto.»

«Möchten Sie den Hund nicht lieber mit hinein nehmen? Er kann auch ein *déjeuner* kriegen.»

«Um ganz ehrlich zu sein, wir haben auch ein Kaninchen mit. Schauen Sie.» Und ich zeigte ihm Peter. Der junge Mann brach in Oohs und Aahs aus und wollte wissen, weshalb wir mit einem *lapin* reisten. Gute Frage!

«Na ja, wir leben in Kalifornien und sind auf dem Weg in die Provence, wo wir den Sommer über bleiben wollen. Deshalb haben wir sowohl den *chien* als auch den *lapin* mitgebracht.»

«Ein *lapin* aus Kalifornien! Spielt der in einem Film mit?»

Er spielte vielleicht nicht direkt mit, aber Peter ist in der Tat schon in einigen Werbespots und Anzeigen zu sehen gewesen, vor allem in einer Werbung für Seidenunterwäsche, für die der Art-Director zu Füßen jedes Models ein weiches, kleines Tierchen in Wolken von Tüll packte: eine Taube, Küken, ein weißes Kätzchen und Peter in seiner ganzen Angorapracht. Also gab ich voller Stolz einige seiner Verdienste zu. Das brachte uns das Privileg ein, dass für uns das große Tor geöffnet wurde. Wir fuhren hinein und parkten direkt neben der Küche unter dem Blätterdach eines riesigen Kastanienbaums. Peter kaute unterdessen eifrig an den *Stielen* einer Weintraube und nahm es nicht im Geringsten übel, zurückgelassen zu werden. Also betraten Wayne und ich, mit Truffles an der Leine, den Tempel erlesenster Kochkunst.

Wir bekamen einen Tisch neben einem offenen Fenster. Speisekarten wurden gebracht, die berühmte Bocuse-Speisekarte mit seinem Porträt darauf (der Meister signiert sie auf Anfrage) und eine kleinere (ohne Porträt) für Hunde. Die Auswahl auf der Hundespeisekarte schloss neben Vorspeisen wie etwa gehacktem, rohem, magerem Steak eine Mischung aus leicht angebratenem Lamm- und Hühnchenfleisch mit geschältem Reis ein, dazu auf Wunsch geriebene Karotten. Truffles entschied sich ohne zu zögern für Letzteres, aber bitte keine Karotten, was prompt in einer silbernen Schale gebracht und unter den Tisch geschoben wurde. Da sie nicht alles auffraß, überreichte man uns, als wir gingen, die Reste in einem eleganten Karton, wie ein kleiner Koffer mit Griff geformt und mit dem Bild eines Hundes geschmückt. Eine Drei-Sterne-Version der üblichen Tüten, in die Essensreste für den Hund verpackt wurden. Ein Pudel, der mit seinen Besitzern unmittelbar vor uns das Restaurant verließ, trug *sein* Köfferchen im Maul.

Wir hatten uns kaum an unsere *amuse-gueules* und den Aperitif gemacht, als wir durch das Fenster beobachteten, wie der junge Mann vom Parkplatz irgendwem in der Küche Zeichen gab und Paul Bocuse höchstpersönlich hinauskam, eine gebieterische Erscheinung in seiner hohen, weißen Kochmütze, mit einem Band in den Farben der Trikolore um den Hals, an dem die Medaille für den *Meilleur Ouvrier de France* hing, die mit hohem Prestige verbundene Auszeichnung des Staates für jene, die in ihrem Handwerk einen Spitzenplatz erreicht haben. Beide schauten in unser Auto hinein, und der junge Mann zeigte auf unseren Tisch.

Darauf kam Monsieur Bocuse tatsächlich zu uns, schüttelte uns die Hand, bedankte sich liebenswürdig dafür, dass wir bei ihm Station gemacht hatten, und fragte:

«Stimmt es, dass das Kaninchen in Ihrem Auto direkt aus Kalifornien kommt? Warum bringen Sie es nicht herein?»

Also ging Wayne hinaus und kehrte mit dem flauschigen, puschelohrigen Peter wieder, den sein seidiges, duftiges Fell wie eine Aureole umgab. Bocuse setzte sich an unseren Tisch.

«Geben Sie ihn mir auf den Schoß.» Dann rief er einem Kellner zu: «Bring eine Schale mit Salat!»

Hohe Kochkunst hat natürlich auch etwas von Selbstdarstellung. Bocuse, dessen Porträt nicht nur die Speisekarten, sondern auch die Wände des Restaurants und die Serviettenringe ziert, beherrscht dieses Spiel meisterhaft, pflegt sein Image in höchstem Maß und versäumt keine Gelegenheit, neben den Mahlzeiten auch sich selbst in Szene zu setzen. An jedem Tisch drehten sich die Gäste nach ihm um, Fotoapparate klickten, Videokameras surrten und die Leute brachen in Entzücken aus bei dem bezaubernden Anblick, wie der beste Küchenchef der Welt – wahrscheinlich des ganzen Universums – dieses niedliche Kaninchen auf dem Schoß hielt. Dabei muss man bedenken, dass Kaninchen für die Franzosen keine Haustiere sind, sondern etwas zum Essen. Peter mochte ein wenig Angst gehabt haben, aber er ließ es sich nicht anmerken, er zeigte Haltung und legte seine

Vorderpfoten graziös auf das damastene Tischtuch, während er an einem Salatblatt mümmelte.

Als wir zwei Jahre später erneut herkamen, dieses Mal ohne Peter, erkannte Bocuse uns wieder und fragte nach dem *lapin angora*. Wayne war sehr gerührt.

Mit den Jahren wuchsen vielleicht die Ansprüche, die wir insgesamt an ein Restaurant stellten, und zugleich sahen wir einige Drei-Sterne-Häuser nach und nach zu Touristenfallen verkommen, in denen die Qualität sank, während die Preise in die Höhe schossen. In früher – bevor der Wohlstand ausgebrochen war – anständigen Landgasthöfen tauchten nun zu viele Marmorböden, zu viele Goldfransen an samtenen Portieren auf. Ein Anflug von Arroganz überschattete das Willkommenslächeln, und das begann schon an der Garderobe: «Nein, Madame, Sie können Ihren Mantel drinnen nicht anbehalten. Mäntel bleiben hier», wurde mir erklärt, als ich an einem sehr kalten Tag darauf hoffte, mich aufzuwärmen. Je hochtrabender Gerichte hießen, desto schlechter schmeckten sie. Eine *Merveilleuse Surprise de Truffes* erwies sich in der Tat als Überraschung: ein Mund voll gewöhnlicher Kartoffelsalat und obenauf wenige Scheiben weißer Trüffeln aus der Dose (das heißt ohne Geschmack). Der Preis? Genug, um einen tagelang *gut* zu ernähren.

So langsam wir auch lernen, wir begriffen doch irgendwann, dass die auf mehreren riesigen Tabletts hintereinander präsentierten hundertfünfzig Käsesorten hauptsächlich eins bedeuteten: Schau! Denn wie viele verschiedene Käsesorten essen Sie denn am Ende eines langen Mahls? Ein oder zwei Häppchen höchstens. In *La Ronde Folle des Desserts* (Der verrückte Reigen der Desserts) werden vier Wagen an Ihren Tisch gerollt: einer mit Eis und Sorbets beladen; einer mit einer Aufsehen erregenden Pyramide aus frischem Obst, einer großen Auswahl an Kompotten sowie mit kandierten oder aufwendig zu Konfekt verarbeiteten Früchten; ein weiterer mit einer wilden Mischung noch nie gesehener Kuchen und der letzte mit vielerlei *entremets* – Puddings, Saucen, Mousses, Cremes, Flans und Flammeris. Nur, wie viele Desserts essen Sie wirklich? Eins? Zwei, mit ein bisschen Mühe? Die Zwanzig-Dollar-Flasche Mineralwasser und die Fünfzehn-Dollar-Tasse Espresso regten uns auch auf. Außerdem tat mir der erschrockene junge Kellner Leid, der einem nicht einmal ein Glas Wasser bringen durfte ohne die Erlaubnis eines hochmütigen, herrischen Maître d'…, der *uns*, nebenbei bemerkt, seit langem nicht mehr einschüchterte. Und so verloren die drei Sterne nach und nach ihren Zauber.

Gleichzeitig entdeckten wir die wahren Schätze der französischen Küche: die Restaurants mit den roten R.

Der *Guide Michelin* kennzeichnet seit Jahren jene Restaurants, die ein ungewöhnlich gutes Preis-Leistungs-Verhältnis bieten, zusätzlich mit einem roten R (für *repas*, Mahlzeit). Wir haben festgestellt, dass die legendären Michelin-Inspektoren jedes Mal Recht hatten. Deshalb folgen wir jetzt, wann immer wir durch Frankreich reisen, der Fährte dieser roten R. Oft werden diese Restaurants nur von einem Ehepaar betrieben (mit Helfern aus der Familie oder der näheren Umgebung), stets sind sie mit Blumen geschmückt,

untadelig und charmant geführt. Die meisten speziali-
sieren sich auf eine gute Küche mit dem Schwerge-
wicht auf regionalen Gerichten, den besten Weinen der
Gegend und all das zu mehr als vernünftigen Preisen.
Viele verfügen auch noch über einige Gästezimmer, die
mit dem ganzen Haus in Einklang stehen: nicht übertrieben luxuriös, aber komfortabel, mit schönen Bade-
zimmern. Also planen wir jetzt unsere Mahlzeiten und
Übernachtungen rund um diese roten R.

Auf dem Weg von Paris gen Süden ist Burgund die
erste Provinz an der Autobahn A 6. Im Norden Bur-
gunds gibt es in Chablis, etwa zwölf Kilometer von
der Ausfahrt Auxerre entfernt, kurz vor der Stadt ein
ausgezeichnetes rotes R, für dessen *déjeuner* sich der
Umweg lohnt. Danach ist es ratsam, ein bisschen
Wein einzukaufen. Als Empfehlung für die besten
Jahrgänge kann man sich an die Weinkarte des Restaurants halten, die der Wirt noch mit Tipps ergänzt.

Und wenn man schon in Burgund ist, wäre es un-
denkbar, die berühmte Weinstraße von Dijon nach
Beaune und weiter nach Chagny völlig zu ignorieren.
Kein großer Umweg, der es allemal wert ist, und sei es
nur, um die Namen der Dörfer längs der Straße zu lesen wie eine utopische Weinkarte: Romanée-Conti,
Morey-Saint-Denis, Gevrey-Chambertin, Aloxe-Cor-
ton und Corton-Charlemagne, Nuits-Saint-Georges,
Château-Pommard, Meursault ... Da man nicht überall anhalten und alles kaufen kann, entscheiden wir
uns für einige Flaschen des herrlichen Château-Pommard, zusammen mit ein oder zwei Flaschen ihres
Marc, eines Tresterschnapses, der all die konzentrier-
ten Düfte dieser berühmten Weinlage verströmt.

Wenn wir unserem Ziel schon näher gekommen sind, verlassen wir die Autobahn bei Orange für eine Stippvisite in Châteauneuf-du-Pape, um noch ein bisschen mehr Wein einzukaufen, und weil es gar nicht mehr weit ist, machen wir noch einen Abstecher nach Tavel zu den Rosé-Weingärten. Im Gegensatz zum Rosé aus unserem Dorf, der sich weder lange lagern noch transportieren lässt, kann der aus Tavel mit den Spitzenlagen mithalten und altert gut, wenn es uns auch noch nie gelungen ist, herauszufinden, wie lange er sich wirklich hält.

Danach ist die immer noch von ihren zinnenbewehrten Befestigungsanlagen umgebene, ehemalige Papststadt Avignon dran, der eine untergehende Wintersonne einen rosa Schimmer verleiht und die eine sinkende Sommersonne in leuchtendes Umbra taucht. Ein kurzer Aufenthalt, um Lebensmittel zu besorgen: die verlockendsten Früchte, vor allem die kleinen, duftenden Melonen, ein Baguette und ein bisschen *charcuterie*, um jedwedes winzige Loch im Magen zu füllen, das unser köstliches *déjeuner* gelassen hat. Dann setzt die vertraute Vorfreude auf das Dorf ein, von dem wir wissen, dass es bald auftauchen und sich gegen den Abendhimmel abzeichnen wird.

Gesegnet sei dieser Air-Inter-Streik! Hätte er in jenem Jahr nicht stattgefunden, hätten wir womöglich nie dieses immer wieder neue Abenteuer der Anreise kennen gelernt. Wir würden vielleicht immer noch Burgund überfliegen, anstatt es zu erleben. Und jetzt ...

Hallo, Provence, wir sind zurückgekehrt; öffne deine Arme für jene, die in deinem Land so viele Freuden finden! Wir halten unsere Rührung im Zaum, indem wir uns lachend in Erinnerung rufen, wie wir zum ersten Mal herkamen, fest entschlossen, *kein* Haus zu kaufen, und dann danken wir dem Schicksal, das uns hierher gebracht hat.

Eine entspannte Art,
Gäste zu bewirten ...

Apéritif Dînatoire
(Aperitif und mehr)

In der unverkrampften Atmosphäre unseres Dorfes ist das eine beliebte Art, Gäste zu bewirten. Es gibt keine korrekte Übersetzung für *apéritif dînatoire*. Gemeint ist damit eine Art Umtrunk vor dem Essen, der allmählich in ein zwangloses Abendessen übergeht. Die Gäste freuen sich, dass sie nicht nach Hause gehen müssen, in eine kalte Küche, wenn sie sich gerade so wohl fühlen. Dehnen Sie diese herrliche Dämmerstunde in Gesellschaft von Freunden einfach aus!

Getränke

Pastis
Kir
Wein (weiß, rot, rosé)
Fruchtsäfte
Mineralwasser etc.

Knabbereien für den Anfang

Oliven
Nüsse
Cracker
Gemüse zum Dippen mit tapenade (siehe S. 47)
Verschiedene Canapés (Roquefort mit Butter
vermischt, grätenlose Sardinen mit Butter zerdrückt,
geräucherter Lachs, Frischkäse etc)

Etwas später auf den Tisch stellen

Gemüsekuchen
Pizzas
Salami und Brot auf einem Schneidbrett
Stücke von Pasteten und Brot
Verschiedene Sorten Käse

Sehr spät am Abend servieren

Schokoladenkuchen (Das Rezept der Herzogin, S. 83)
Kaffee, normalen und entkoffeinierten

Stellen Sie Tassen auf den Tisch und fordern Sie die
Gäste auf, sich selbst zu bedienen.
Stellen Sie Weinbrand und verschiedene Liköre auf
den Tisch. Schlagen Sie vor, in einem Ballonglas
Weinbrand mit einem Schuss Likör zu mischen –
eine Art Kir nach dem Essen.

Lassen Sie das Aroma
der mediterranen Provence von Ihrem Teller
aufsteigen

Bouillabaisse (Fischsuppe)

Man wird Ihnen erzählen, Bouillabaisse müsste
mit Fischen aus dem Mittelmeer gemacht werden,
nämlich mit *rascasse* und *grondin*, und verschiedenen
kleinen Felsenfischen. Und dann brauchen Sie angeblich auch noch ein Schalentier, das *araignée de mer*,
also Meerspinne heißt. Nach meinem Wörterbuch
sind *rascasse* und *grondin* Drachenkopf und
Knurrhahn, aber ich kann mich nicht entsinnen, dass
ich die jemals auf dem Markt gesehen hätte. Was die
unentbehrliche Meerspinne angeht, muss ich gestehen, ich habe viele Male in den besten Häusern in
Marseille (z. B. Chez Fonfon) Bouillabaisse gegessen
und nie eine Meerspinne gesichtet. Die kleinen Fel-
senfische, ja, die waren drin, bestanden aber
hauptsächlich aus Gräten und wenig Fleisch.
Meine Freunde, sowohl in Amerika als auch in
Frankreich, machen alle Bouillabaisse mit Fischen,
die häufig auf Märkten zu finden sind. Außerdem
muss das Rezept noch einen gewissen Spielraum
lassen, falls man einer alten Geschichte trauen darf:
Wenn die Marseiller Fischer früher mit leeren
Netzen heimgekommen sind, dann haben die Frauen
für die abendliche Bouillabaisse statt des Fischs einfach einen hübschen, dicht mit Algen bewachsenen
Stein genommen, den sie bei Ebbe aufgelesen haben.
Würzen Sie den Sud nur kräftig mit Safran

(der ist wirklich unentbehrlich), und Ihre Bouillabaisse wird fast genauso gut schmecken.

Hier ist also ein Rezept, das auf die Fische und Schalentiere mit den unmöglichen Namen verzichtet und
stattdessen ausgezeichnete, gut schmeckende und
küchenfertig verfügbare verwendet. Sie haben wenig
Gräten, die leicht zu entfernen sind. Mit gleichem
Erfolg können Sie auch tiefgefrorene Fische und
Schalentiere nehmen, aber vor dem Kochen auftauen
lassen. Wie Sie es auch machen, vergessen Sie den
Safran nicht.

Der Sud

Sie können ihn im Voraus zubereiten. Bringen Sie ihn
nur zum Kochen, bevor Sie die Fische hineingeben.

Für 6 Personen
1 Dose Tomaten, geschält und in Würfel geschnitten
2 oder 3 Zwiebeln, in dünne Ringe geschnitten
2 Fenchelzweige, geschnitten
1 Stück Orangenschale (etwa die Hälfte einer Orange)
5 zerdrückte Knoblauchzehen
Safran
1 Flasche trockener Weißwein
1 l klare Hühnerbrühe
Salz und Pfeffer

Safran ist der Blütenstaub einer Krokuspflanze,
deshalb gibt es davon so wenig und er ist sehr teuer.
Manchenorts wird er unter Verschluss gehalten wie
Kaviar. Der Inhalt eines Tütchens reicht aber aus.
Besonders auf italienischen und spanischen

Märkten findet man auch Blütennarben und Staub-
fäden des Safrankrokus, die viel billiger sind. Ihr
Aroma ist zwar nicht ganz so kräftig, aber auch gut.
In einem Suppentopf Tomaten, Zwiebeln, Fenchel,
Orangenschale und Knoblauch mit Safran bestreuen.
Wein und Hühnerbrühe zugießen. Zugedeckt
mindestens 40 Minuten köcheln lassen. Mit Salz
und Pfeffer abschmecken.

Fische und Schalentiere
1/2 kg Seebarsch
1/2 kg Lachsfilet
1/2 kg Petersfisch oder Kaiserbarsch oder ein anderer
(Haut und alle sichtbaren Gräten entfernen)
12 mittelgroße (oder 6 große) Shrimps
12 Kammmuscheln
Venus- und Miesmuscheln, wenn erwünscht

Falls Fisch und Schalentiere tiefgefroren sind,
auftauen lassen. Fisch in etwa 2–3 cm große Würfel
schneiden und in den heißen Sud geben. Zum
Kochen bringen, Hitze drosseln und etwa
10 Minuten köcheln lassen. (Denken Sie dran, Fisch
sollte nicht zerkochen.) In diesem Stadium kann die
Bouillabaisse für einige Stunden beiseite gestellt
werden und abkühlen.
Kurz vor dem Servieren wieder erhitzen, Shrimps
und Kammmuscheln zugeben (und Venus- und
Miesmuscheln, wenn erwünscht). Bei niedriger
Hitze 5 Minuten kochen, mehr nicht – nur bis sich
die Schalen öffnen. (Schalentiere sollten nur
gerade durchgekocht werden.)

Zur Bouillabaisse reichen

Sauce rouille (rostfarbene Mayonnaise)
150 ml Mayonnaise
1 EL Tomatenmark
$\frac{1}{2}$ TL (oder mehr) Cayennepfeffer
3 Knoblauchzehen, gut zerrieben

Alle Zutaten gründlich mischen. Die *rouille*
sollte sehr würzig und scharf sein. Fügen Sie so viel
Cayennepfeffer zu, wie Sie vertragen können.

Getoastete Baguettescheiben
Wahre Knoblauchliebhaber bestehen darauf,
ihre Brotscheiben mit frischem Knoblauch einzurei-
ben, stellen Sie deshalb ein paar geschälte Zehen
auf den Tisch.

Eine Schale geriebener Schweizer Käse

Servieren der Bouillabaisse
Fisch und Schalentiere samt Sud in vorgewärmte
Suppenteller schöpfen, dazu Korb mit getoasteten
Baguettescheiben, Schale mit *sauce rouille* und Schale
mit Schweizer Käse reichen. Die Gäste werden die
Mayonnaise auf ihr Brot streichen, es auf der Suppe
schwimmen lassen und Käse darüber streuen.
Anmerkung: Sollte sich ein Gast bei der Menge der
rouille verschätzt haben, rot anlaufen und zu röcheln
beginnen, mit oder ohne Rauch, der zu den Ohren
herauskommt, dann soll, habe ich mir sagen lassen,
ein Teelöffel voll geraspelter Kokosnuss die Wirkung

neutralisieren und die gute Stimmung wieder-
herstellen.
Wein: Ideal ist hierzu ein spritziger Weißer,
etwa ein Cassis oder ein Bandol. Aber ein Sauvignon
Blanc oder ein Pouilly-Fumé würde ebenfalls
großartig passen.

Guten Appetit und auf Wiedersehen
Yvone

Bon appétit et au revoir,
Yvone